王丹
WANG DAN

百問中國

CHINA: THE GOOD, THE BAD, THE UGLY

你所不知道的強國假面與真相

新版自序

王丹

關於中國，有多少問題？二〇一五年九月，我出版了一本《關於中國的70個問題》，後來再版，增加了十個問題，二〇一七年七月出版了《關於中國的80個問題》。現在，又有四年過去了，我在原來的兩個版本的基礎上，刪除一些與當時的時事練習太緊密的，增加了一些這幾年的思考，重新編輯，成為這本《百問中國：你所不知道的強國假面與真相》。

這樣的思考歷程，其實符合、也揭示了一個事實，那就是：關於中國的問題，越來越多。

想寫這本書，一半是因為深感某些西方和台灣的學者對中國的誤讀誤導了很多人，一半也是為了所有關心中國發展的人。我希望我們對中國的了解能夠更深入一些，更清晰一些。

一、先說學者的部分

這些年來，無論是西方一些國家的經濟學家，甚至一些諾貝爾經濟學獎獲得者，還是台灣的某些所謂的中國問題研究專家，無時無刻給外界灌輸一幅中國盛世的清明上河圖。這個圖景看起來光輝璀璨，什麼「經濟長期快速增長」、「全球經濟的帶頭羊」、「世界的製造工廠」等等，再加上中國人消費力的近乎神話的描述，以及那些高樓大廈的圖片證明。錦上添花、謳歌強者，從來都是一些知識份子的吃飯伎倆，剛才我提到的那些學者，可以說是把這樣的伎倆發揮到淋漓盡致。

我們當然不能說這些學者說的都是錯的，實際上，他們說的大部份內容都可以在現實中得到印證，各種數據也支援了他們的觀點。但問題在於，他們對於中國的發展只說了一半，而絕口不提另一半；他們只談發展和繁榮，但是迴避勞工權益的受損；他們讚嘆建設的速度，但是不願意提及各類豆腐渣工程造成的人員傷亡；他們看到了共產黨的經濟成績，但是對於共產黨政治統治的斑斑劣跡，卻完全假裝看不到。他們描述的內容都對，但是他們的描述本身，在方法論上是錯誤的，因為他們只說了一半。

更何況，他們還不知道是有意還是無意地，迴避了一個問題，那就是：「他們到中國去，所看到的東西，有多大程度上是真實的？」這個問題——其實很關鍵；也許就是因為太關鍵，所以他們很少觸及。

我要寫的這本書，就是要把他們「自我審查」而不敢說的那些——中國的另外一些東西說出來。當然我也無意自誇我指出的中國，就是關於中國的全部真相；但是，我希望，關於我所提出對中國的一百個問題討論，至少可以作為一種必要的補充。至少，正反兩種意見都要聽，你不能因為我們的立場是反對派，就不聽我們的聲音。

二、再來就是學生的部分。

現在越來越多的青年學生開始對中國問題產生興趣，畢竟中國離大家是越來越近了，想不關心都不可能了。但是我深切地感到，過去，我們在大學的課堂上，在媒體的討論中，關於中國問題，視野實在是過於狹窄了。我們說到中國，不是討論習近平的太子黨與團派的關係，就是討論經濟增長的「新常態」會不會帶來新的中國奇蹟，還是會「硬著陸」等等……。這樣導致的結果就是：

現在關於中國的討論，基本上只從兩個角度切入：政治和經濟。我認為這是認識中國最大的誤區。為什麼這麼說呢？因為中國或許是一個正常的國家，但是絕對不是一個正常的社會。在中國的社會中，政治和經濟都是扭曲發展的，如果我們只看到了政治和經濟的層面，而忽略了集體心態、道德水準、獨生子女一代的心理素質，關於國家暴力的歷史記憶，以及全國性蔓延的謊言現象等等，你就不可能真正瞭解中國。你只會看到中國的表面，而且看得雲山霧罩，不明所以。這個道理其實也很簡單，沒有一個國家的真實面貌，是可以僅僅以政治和經濟兩張面孔來呈現的，一定還有其他一些什麼。

而我要談的，就是希望在政治和經濟之外，讓大家能夠從更多的角度——例如文化、道德、國民性、家庭關係、歷史記憶、重大事件等等一一切入，來觀察和分析中國。這樣的中國，再加上當今的政治和經濟，才是完整的中國圖景。而只有一個完整的中國圖景，才可能展示出，什麼是真實的中國。

我必須承認，深刻認識中國，是一件非常困難的事情。因為中國的發展實在是太特殊、太複雜了。所謂「中國特色」的概念雖然是中共提出的，但是我同意。中國的情況確實有它的特殊之處，很難完全用歷史經驗來進行簡單的推論。我不敢說我提出和解答的一百個問題，一定就是關於中國的全部圖景，但是，我的目的，就是在現有的關於中國的論述之外，告訴大家更多關於中國的的事情。

我知道會有人說我對中共只有批判，因此是「激進」或者「不理智」。但是我看不起這樣的說法，我也不喜歡所謂「理性、客觀、中立」這樣的學術要求，因為，知識份子的使命本來就是對國家和社會提出批判。而批判，必然帶有感情在內，理論批判不可能有著一張撲克臉。

三、我的感謝

在這裡，我要感謝那些默默支援我的網友，他們在我的臉書上對我的鼓勵是我繼續前行的巨大動力。尤其是那些來自中國的青年學子的殷殷言辭，更是令我感動和激奮，他們讓我知道，中國還是有希望的。

我也要感謝很多台灣的師長給我的幫助，特別是陳宏正先生，始終督促和支援我不斷進行有關中國問題的研究和寫作。我也要特別感謝設立在美國的「Summer Star（夏季星辰）歷史研究基金」對我的寫作計劃提供的贊助，沒有他們的幫助，我不可能有更多的餘暇來進行大量的閱讀和思考。

我要感謝台灣清大的同事兼好友姚人多為我的書寫序。他的評論激發了我更多的思考。因此我在新版的時候一字不差地保留了他的序言。

我要感謝我的母親王凌雲女士。她在短暫來台灣探親的時間裡，不顧身患肺炎的辛苦，一字一句對本書進行了仔細的校對。沒有什麼支援，比這樣的實際行動更令我溫暖和振奮的了。

我還要感謝那些對我不斷抹黑、造謠和誣衊的人，包括「五毛們」，不管他們是出於什麼動機，這樣的卑劣行徑對我來說，只起到了一個作用，那就是激勵我用更大的努力去爭取更多的成就，用正能量回應他們的負面攻擊。

序言

寫給他這樣一個有血有肉的朋友

清大社會所　姚人多

我認識王丹很多年了。他是我朋友，一個很好的朋友。

我常常忘了，他是六四天安門事件中的學運領袖。我也常常忘了，要站在他的角度與立場，去想想他的前半生到底經歷了什麼樣的波折與打擊。平常我們兩個人見面的時候，多半是在抱怨與開玩笑。他抱怨台灣怎麼會這樣子，我則抱怨中國怎麼會那樣子。他認為我對台灣獨立的看法過於樂觀，我則回敬他對中國的民主改革過於浪漫。

不過，玩笑歸玩笑，在我跟他的心裡都知道，在這個鬱悶的年代中，不管是身為台灣人或中國人，彼此的身上都有許多沈重的負擔。我們有不同的夢，可是注定要緊緊糾纏在一起。

一個月前，他拿了這本新書給我，請我寫個序。我第一個反應是訝異。我不是中國問題專家，對於中國的瞭解也不是很深入，為他這樣一本幾乎像是中國「百科全書」的著作寫序，真是讓我受寵若驚。

不過，他的解釋令我無法拒絕。他告訴我，清華大學社會學研究所現在是台灣社會科學界，從事中國研究的重鎮。我身為這個所的所長，可以這個角度來切入。

於是，我便把這個困難的工作接下來。然後，我就展開了我個人的中國研究之旅。很多個夜晚，我看著他書中所寫的東西，一方面驚訝於自己以前對中國的無知，另一方面也驚訝於他犀利的筆鋒與敏銳的觀察力。

簡單的說，從他的書中，我看到了一個以前不認識的中國。或者應該這樣說，我看到了那個中國官方不想讓學界及外界認識的中國。這本書裡面沒有對中國經濟改革的歌頌，也沒有對中國共產黨統治技術的稱讚，更沒有那種大中國主義式的情懷。王丹寫的是中國共產黨統治的本質，他寫的是中國的黑暗面，是那個社會因為極權統治所導致的種種扭曲。

這本書是他個人的自問自答。他自己問了一百個有關於中國的問題，然後一一提出他個人的回答。之所以要採取這種方式寫作，是因為有他感於目前許多關於中國的著作，並無法如實呈現他的祖國。於是，他想導正，他想用他的方式，帶著大家來認識這個複雜而神秘的國度。

再說一遍，我不是中國問題專家，對於他書中所說的內容，很多時候我無從分辨誰是誰非。不過，身為一個學者，難免有一些職業病。而且，既然要認真的幫他寫序，總是要把這一百個問題的答案來來回回盤整過幾遍，找尋它們間的關係。換句話說，我想透過釐清這一百個問題來幫助讀者，歸納出王丹眼中的中國到底是什麼。

可是，當我這樣做的時候，我開始遭遇了一些難題與困惑。這些困惑我把它歸納成三個方面來講。

首先當然是最重要的問題——中國究竟會不會在短時間之內展開民主化的工程？王丹給我們兩個不一樣的答案。比如說，在回答第2個問題時，他告訴我們：「中國唯一確定的就是它的高度不確定性。」換句話說，這個問題的答案，沒有人知道。

然而，他在回答第28個問題時，卻是這樣說：「中國共產黨目前乃腐而不敗。」腐，因為這個政黨，樹幹裡面已經千瘡百孔；不敗，乃是因為社會危機還沒有嚴重到撼動當局的程度。中國目前還沒有到風雨飄搖的時候。腐而不敗的狀態，使得中共政權不會在很短的時間內就陷入危機。

其次，是他在看待中國共產黨黨內改革的可能性上。他在回答第3個問題的時候說：「太子黨不是鐵板一塊。」第14個問題時說，從趙紫陽身上，他看到，中共黨員中，也有理想主義性格，這也是他對中國民主化充滿信心的原因之一。然後，同樣的樂觀主義也出現在第23個問題的答案上。他認為，中共內部有人可以與之合作，比如說胡耀邦、趙紫陽。共產黨是一個惡質的政治組織，但是並不是每一個共產黨員都是惡人。

然而，在這本書中的其他地方，他卻展現了悲觀的那一面。其中最明顯的例子是他在回答第20個問題時，他表示，中國不會出現戈巴契夫，因為政權裡面的人，黨性高於人性，我們不能把希望寄託在個人身上。

最後一個困惑是，他到底把民主改革的希望放在誰身上的這個問題。在第7個問題的答案中，他告訴我們：「中國的極權過於荒謬，最終將因為執行的人不相信這個制度而崩潰。」在第18個問題的答案中，他卻說：「中國的撕裂式改革，往往是在某一地區，某一領域撕開一個口子，然後逐漸撕裂拉大，最後導致整個局面的改變。今天中國問題之所在，我們沒有當年鄧小平、胡耀邦、趙紫陽那樣來自上層的撕裂者。」然後，在第40個答案中，他又把希望放在不同的人身上，他認為：「陳紀恩這種地方行政菁英，很有可能是改變中國的人。」

王丹自相矛盾嗎？

某個角度來說，他是矛盾的，但是，我會說他的矛盾不是學理上的矛盾，而是情感上的矛盾。而且，他的矛盾是根源於他的期待、他的痛苦，以及他對民主的熱愛。他跟中國一樣複雜，他身上同時存在著樂觀與悲觀，同時相信光明與黑暗。換句話說，在這本書中，讀者將不只看到真實的中國，他們還會看到真實的王丹。

我相信，任何一個有血有肉的人，多少都會有一些掙扎與徬徨，有時候他覺得國家的未來希望無窮，有時候則覺得黯淡無光；有時候覺得事情即將要轉變，有時候又覺得一切可能得從頭來過；有時候覺得民主即將在這一群人身上展開，有時候又覺得另外一群人比較有機會。

心裡知道總是會有光照進這個國家，但是不知道光何時會來，從何處來，更不知道誰會把光帶進來，這不就是他這一代的中國人，尤其是像他這樣一個經歷過百般磨難的中國人的寫照嗎？

我認識的王丹，高興的時候就會大笑，難過的時候就會痛哭，生氣的時候就會罵人。他從不掩飾，也從不假裝客觀中立。對於中國的民主，他在絕望中期待，又在期待中受挫，最後在受挫中重新期待。他苦苦找尋答案，不厭其煩地一再重來。這篇序就是寫給他這樣一個有血有肉的朋友。

衷心的祝福他，在離開清大之後，日子仍然一切順遂。想跟他說，如果我們都還有三十年可以活，我們各自的夢想也許都會實現。

目錄

I 關於中國

II 關於中共

III 如何認識中國的現實

IV 關於中國的民主運動

V 台灣、香港、西藏和新疆問題

VI 如何看待中國的未來

I

關於中國

為何一定要區分「中共」和「中國」？

有一次，我在臉書上很遺憾地說，台灣有關西方學術著作的翻譯出版，確實不如中國。台灣的翻譯作品的市場，基本是西方暢銷小說的天下，各出版社對學術書興趣缺缺。這方面，簡體字書，從選題到範疇都好太多了。這當然也是因為，在台灣，學術著作的市場很有限。看學術書的太少了，出版社就沒有動力出。所以，要多瞭解西方學術發展，簡體字書是不得不的選擇。

結果出人意料地，這番議論引發網友熱評，很多評論認為中國的翻譯，因為有中共的言論控制，而歪曲事實，隱瞞觀點等等。

經由這次關於兩岸學術書籍的討論，我感覺很多台灣朋友對於中國的瞭解還是不夠。中共當局確實在出版上有很多的限制和控制，但是還是有很多的中國出版界和學界的人士在縫隙中求生存，翻譯出版了不少好書，例如廣西師範大學出版社近年就出了不少好書。中國這麼大，人這麼多，當局是不可能完全控制得過來的。不能因為中共不好，就輕蔑中國的一切，包括民間的學術出版。

這裡根本的問題，還是把中共的統治這個概念，與中國和中國社會這樣的概念混在一起了。分不清中國和中共，我認為這是台灣民間的中國觀的大問題。

為什麼說不能把中國人跟中共劃等號？道理很簡單，因為中共不是中國人選舉產生的，所以不能要求中國人對中共的所作所為負責任。也許有朋友會說，那你們為什麼不反抗？容忍這樣的政府，中國人不是也有責任嗎？

這樣問的朋友自己可以想想看，第一、中國人真的沒有反抗嗎？如果沒有反抗，一九八九年的學生是在做什麼？簽署《零八憲章》的三百零三名著名知識份子是在做什麼？為了報導真相，不惜以七十一歲高齡，第三次坐牢的高瑜是在做什麼？如果沒有人反抗，那麼劉曉波是誰？他的反抗得到了全世界的推崇，怎麼能說中國人不反抗呢？只能說中國政府鎮壓了這些反抗，並封鎖資訊，以至於很多人不知道中國人在反抗而已。不知道，不代表沒有。

第二、針對幾十年前的台灣，是不是也可以問同樣的問題呢？我們可以說，台灣有幾十年白色恐怖，台灣人也有責任，因為你們不反抗嗎？我認為當然不能這樣說。因為我自己是學台灣史的，我當然瞭解從彭明敏到林義雄的反抗，以及他們付出的代價。

台灣在民主化的道路上，也經過了今天中國這個階段。想想看，當年美麗島事件的時候，很多很多的台灣老百姓不是也認為他們是江洋大盜嗎？自己曾經走過的路，看著我們現在正艱難地走，應當以自己的經驗給予鼓勵和支援，而不是看不起和斷言別人就走不過來，台灣應當有這樣的心胸和氣度，不是嗎？

今天的台灣是有選舉的，馬英九的當選是多數票的結果（儘管不是壓倒多數，也是多數）。儘管如此，如果我說，馬英九政府的所作所為，代表了全體台灣人，我想很多網友一定群起反對。

但是大家想想看，連多數票選舉產生的政府，很多人都不認為可以代表全體的台灣人，那麼，在中國根本連選舉都沒有，如果把中共和中國人畫等號，讓全體的中國人等同於中共，這樣公平嗎？正確嗎？重點是，這樣能看到真實的中國嗎？

問題 2 中國最確定的一件事就是它的「不確定性」

這裡，我想就認識中國的一個原則問題，提出我的主張。因為我認為，中國問題千頭萬緒，角度繁雜，要想有所把握，方法論是最主要的基本功。心中有清晰的原則在，就能夠冷靜分析層出不窮的中國問題。

而這些原則問題的第一個，就是中國的不確定性。我的觀點是：「有關中國問題，最能確定的一個判斷，就是它的不確定性。」

我經常遇到類似這樣的問題：「你認為中國還有多少年會變？」坦率說，我的答案就是簡單的「不知道」三個字。換句話說，如果有人能用具體數字來回答這個問題，那才是奇怪的事情呢！

中國問題的不可測，首先在於它規模龐大，層次複雜，外界很難把所有問題統一在一個判斷內；同時，規模過於龐大的政治體，發生各種不可測因素的可能性就會更多，突發事件隨時可能出現，導致發展路徑很難確認。另一方面，也在於至今很多資訊和數據，仍然處於中共當局嚴格的資訊封鎖之下，尤其是中共內部的運作，我們更是瞭解甚少。黑箱運作的結果，就是外界的霧裡看花。這樣的政權形態就導致了一個現象，那就是我們往往無法準確預測到它會發生的變化。

以中共的歷史為例，一九七六年十月江青等高層領導被集體清肅，在行動之前的一天，黨內省部級以上幹部知道要發生什麼事的都屈指可數，遑論民間和國外。中國可以說是一夕變天，除去參與政變決策行動的極少數人意以外，沒有任何人能預測到這個事件發生的時間點。薄熙來被拘押審查之前一周，還在「兩會」上面對中外記者侃侃而談，意氣風發，請問那個時候，又有誰確定知道他即將鋃鐺入獄呢？

這些不確定性的存在，其實有其邏輯可循，那就是我剛才講過的兩條：中國政體的規模，以及中共的黑箱作業的體制特性；這兩條是可以是確定的。因此我才說，中國最確定的一件事，就是不確定性。

認識到中國政治和發展的不確定性，有一個重要的意義，或者說必要性。那就是，它有助於我們客觀認識中國發展的各種可能性。其實，不確定性的存在不見得就是壞事，因為這也就意味著各種可能性，包括令人驚喜的可能性的存在。如果我們同意這樣的原則，那麼就可以做出以下兩個判斷：

第一、我們沒有理由認為，短期內，中國政治發展是將是正常線性的，也就是說，隨著經濟發展，必然走向民主。從人類歷史的長遠發展來看，我當然堅信中國的未來一定會走向憲政民主的政治安排，但是在短時段來看，我認為從不確定性原則出發，我們不能排除中國繼續維持現狀，甚至在政治上有所倒退的可能。

第二、但是同時，同樣是從不確定性出發，我們也沒有任何理由，認為中國短期內發生傾向於民主化的變化的可能性不存在。也許我們沒有具體而可信度很高的證據來證明民主化轉型可能在短期內發生，但是面對 個表面現象與事實狀況往往有巨大落差的政權和國家，我們顯然不能僅僅因為拿不出確切證據就做出絕對否定的結論。

也許這兩個結論看上去自相矛盾，但是它反映的恰恰就是中國的現實：中國就是一個矛盾糾結的國家和社會，它目前處在各種可能性的十字路口上。中國的命運，將取決於在這個關鍵的轉型期，不同的政治和社會變量的相互作用。

問題 3

朱雲漢先生看到的是真實的中國嗎？

台灣中研院院士朱雲漢先生前幾年在天下文化出版社出版了一本新書《高思在雲》，於此同時，他在兩岸政策菁英高階研習班發表演講，進一步闡述他關於中國和兩岸問題的見解。朱院士在學界素有聲望，也是公認的馬政府在兩岸問題上的智囊，他對中國的「高思」有何新意，自然是我輩後學應當關注的。

只不過，看了朱雲漢先生演講的大綱，以及香港《亞洲周刊》對於他的新書的極為推崇的報導之後，我決定不看也罷。因為如果他認為自己的演講和相關報導無誤的話，我可以肯定，朱雲漢先生告訴給我們的，是有選擇地呈現出來的中國。而這樣的中國，在我看來，不是真實的中國。

按照《亞洲周刊》的報導，朱雲漢先生的新著，核心思想在於指出我們現在處在一個「巨變時代」，而「過去所熟知的西方中心世界沒落，一去不復返」。那麼誰來取代呢？《亞洲周刊》告訴我們：

「以中國崛起，對舉世政治、經濟、軍事所造成的衝擊，對全球秩序的重組，影響最深，這也是貫穿整本書的精神所在。」

且不論在美國經濟一枝獨秀的前提下，「西方世界的沒落」從何說起；也無須進一步質疑所謂「一去不復返」這樣的絕對性判斷是否符合科學的歷史觀，顯然，朱院士的新論其實一點也不新，無非是在過去十幾年層出不窮的「中國模式」、「中國崛起」的論述中再錦上添花而已。但是，當西方關於「中國模式」的討論已經開始降溫的今天，朱院士繼續闡揚，一定是有他新的關於中國的看法，這些看法是什麼呢？

在上述朱院士最近發表的演講中，他告訴我們說，自從習近平上臺以來，中國出現了「八項甲午奇蹟」，具體是哪些「奇蹟」，我就不一一列舉了，無非是「中國成為世界第一大經濟體」、「金磚銀開發銀行架構確立」等等中共的政績。然後朱院士充滿激情和激賞地讚揚了中國的發展，稱之為「人類歷史上最快速的持續經濟增長」、「人類歷史上最大範圍的工業化」、「人類歷史上最大規模的消滅貧困」等等，我實在不想繼續引述了，因為這樣的宏大溢美之詞，我看連中共的宣傳部門說出來都有點不好意思。但是朱雲漢先生顯然認為，他在中國的這些創造「人類歷史」的成就上看到了全球新秩序，而這，就是《亞洲周刊》給朱雲漢的新書贈送的桂冠——「大歷史觀」。

其實，讓我說穿了吧！什麼「大歷史觀」，無非是「大中國觀」而已。

問題在於，這樣的中國，是真實的中國嗎？朱院士長期觀察中國，經常來往於兩岸，難道他真的不知道，在這些所謂的「崛起」背後，中國的發展付出了多麼大的代價，潛伏著多麼深重的危機嗎？

當朱雲漢院士拜服於中國經濟的快速發展的時候，他有沒有看到：二〇一二年十一月三十日，河南農民工劉紅衛凍死在鄭州立交橋下，因為沒有房子住。他的兒子十歲半了，都不記得他的模樣。十二天後，又一名農民工凍死，還是在這座立交橋下，也是因為沒有房子住。而鄭州最近幾年的發展，被人稱之為「不亞於香港」，這就是「中國經濟奇蹟」？更有甚者，在農民工沒有房子而被凍死的同時，鄭州市二十七區的原房管局長翟振峰的女兒，名下就擁有十一套經濟適用房，其中一套兩百八十餘平方米！這，就是「中國的崛起」？

經濟發展是中國的圖像，付出的這些代價就不是中國的圖像了嗎？何況在我看來，這對比鮮明的兩幅圖像，根本就是相輔相成的。也就是說，鄭州的迅猛發展和局長女兒的大量住房，就是剝削農民工的成果。沒有那些人的凍死，就不可能有所謂的「奇蹟」。

當朱雲漢先生為中國的經濟增長高聲喝采的時候，他有沒有想到，一個國家的發展進步，絕不是只有經濟，還有政治、教育、環境等等，這些合在一起，才叫做歷史？如果問問朱先生「中國的政治在進步嗎？」、「為何最好的一批學生紛紛留學離開中國」、「創造了八項甲午奇蹟的中國，為何富人紛紛逃難一般地轉移資產到國外」，朱先生還會覺得這樣的崛起會創造人類的新歷史嗎？還是那句話，經濟發展是中國的圖景，政治倒退、環境惡化、道德淪喪就不是中國的圖景了嗎？

最後我還想問一下朱院士，不知道他最近是否看過柴靜的《穹頂之下》？一個「創造了人類歷史奇蹟」的國家的首都，人民的呼吸都成了問題。金磚開發銀行的設立是中國的圖景，人民的健康都成了問題就不是中國的圖景了嗎？

遺憾的是，不論是朱先生的演講，還是《亞洲周刊》採訪中朱先生的宏論，對上述這些問題，這些中國的真實而殘酷的圖景都避而不談。這，顯然也是一種選擇，有些東西，朱院士不會看不到，但是他選擇不看。所以我才說，朱雲漢先生呈現給我們的，其實是他選擇給我們看的中國。那並不是全部的中國圖景，因而當然也不是真實的中國圖景。

問題 **4**

對中國的三個似是而非的認識

外界對於中國，猶如霧裡看花，有很多似是而非的判斷。這不是外界的責任，因為中國這麼龐大，歷史包袱如此沈重，它所呈現出來的面向必然是紛繁複雜的，很容易讓外界看不到廬山真面目。這就需要我們對每一個表面的現象，進入更加深入的分析，或許才能在似是而非的現象背後，把握到中國真正的脈搏。以下我就試舉三例，與大家討論。

第一個例子：很多人都說，中國人，尤其是中國年輕人，對政治和社會公共事務冷漠，不關心國家和社會，只關心自己，甚至有人由此推論出中國的民主沒有希望的結論。事實如此嗎？當然不是！

表面上來看，上述的現象似乎確實存在，但是我細緻分析起來，事實並非如此，因為：第一、這不合邏輯。古今中外，年輕世代都是相對而言最有熱情和理想的世代，這是年齡階段和那個階段的心理狀況決定的，換句話說，這是人性，不太可能中國人就是例外，因為中國人也是人。他們天生的好奇是面向外在的世界的，不可能是天然地繞過政治，如果故意繞過，一定有外在的原因；所以，如果有冷漠的現象，那也不是真實的冷漠，那是無可奈何之下的冷漠。

第二、對於中國年輕人來說，來自客觀環境的對政治熱情的壓抑，是有目共睹的。當你公開討論政治就有可能被請去當局的安全部門「喝茶」，當你有更大的政治關懷並且表達出來，很有可能就要付出自由的代價的時候，尤其是經歷了「六四」那樣的殘暴軍事鎮壓行動之後，請問你除了表現出冷漠，還能怎麼樣呢？台灣「白色恐怖」時期之後的二、三十年中，還不是一樣表現出對政治的冷漠嗎？台灣青年對政治的熱情，是一直要到一九七〇年代才開始逐漸復甦的。可見，這其實不是中國特有的問題，或者說，只有中國人對政治冷漠。因為，在任何一個國家，面臨暴力統治，大家都會表現出對政治的冷漠，這是人性的問題，是普遍的社會現象。

第三、如果你能舉例說明，在並沒有任何外在客觀條件的壓抑的情況下，中國人依舊對政治冷漠，那麼說中國人對政治冷漠的論點就能成立。但是，事實正好相反。歷史證明，任何時候，只要外在的、環境的、制度的壓抑和束縛稍有鬆懈，中國人對政治的熱情就會勃然迸發出來，其能量足以讓外界跌破眼鏡。

毛澤東發動的「文化大革命」其實就是一個例子！一旦最高領袖為了自己的政治目的，解除了青年人參與政治的枷鎖，紅衛兵的政治熱情迅速成為席捲全國的政治力量，一兩個月的時間就把中國攪得天翻地覆。這當然是一場災難和負面的例子，但是它仍然可以證明，中國人對於政治並不是沒有熱情。

另一個比較正面一些的例子就是一九八九年發生的六四民主運動，一旦大學生帶頭衝破了政治禁忌，而當時的統治當局也一度給予寬容的環境時，從大學生到普通市民的政治熱情就迅速煥發出來，以至於全世界對於中國發生的事情都瞠目結舌。

而今天的政治冷漠，其實就是那些限制、束縛，那些外在的客觀原因又重新出現的結果，這，並不是真正的政治冷漠。如果真的有這樣的政治冷漠，你就無法解釋一個現象：為甚麼中國人對於政治八卦那麼熱衷。熱衷政治八卦，其實就是政治熱情的非常無奈和扭曲的表現形式，證明著這種熱情的存在。

讓我總結一下：「中國人對政治冷漠」這樣的觀點，是典型的不了解中國實際情況的觀點。中國人目前表現出的對政治的冷漠現象，也是似是而非的現象，它是各種原因綜合作用的結果，並不是本質上的真實現象。

我要舉的第二個例子就是：「中國人對現政權大多持支持立場。」這也是很多國外的中國問題研究專家，很多的台灣人和香港人對於中國固有的認識。我必須指出，這是錯誤的成見，事實並非如此。我要從兩個方面論證我的看法：一、中國人對政府真的支持嗎？二、如果中國人對現政權的立場不是「支持」，那到底是什麼？

關於第一個方面，首先我要說的是，外界有「中國人對現政權普遍支持」的認知，其實是缺乏可靠的證據的。通常來說，選舉是檢驗政府是否獲得支持的基本判斷標準，而中國根本沒有真正的選舉，你又怎麼知道人民對政府是否支持呢？要知道，沒有反抗，並不代表支持。還有一個判斷標準就是民調，可是在一個言論自由匱乏，人民動輒因言獲罪，政治禁忌極多的國家，怎麼可能有真正的民調呢？有多少受訪者即使內心不支持當局，敢於公開說出來的？所以，這其實是一個沒有證據的論斷。

其次，如果說表面上看，一個國家的人民對政府普遍持支持態度，那麼我們就要分析，這樣的支持是怎樣來的？我不排除在中國，確實有部分的民眾是真心的支持中共；但是我們也不能排除，很多的所謂「支持」，並非真正的支持。

例如，有一部分的不滿是被國家以暴力的方式，製造恐懼的方式壓制住了，那些不支持的聲音不是被消音了，就是被掩蓋了，我們其實根本不知道不支持的比例是多少；例如，執政黨用利益收買的方式，誘惑和吸引社會精英支持現政府，但是這樣的支持，僅僅是出於對利益的追逐，並不是真正的忠誠的支持；

再例如，當局在經濟發展上適度開放，使得人民具有了一定的消費的自由，這樣的自由轉移了很多的不滿。但是，經濟發展都是有週期性的，當經濟發展開始滑坡或者經濟危機爆發的時候，原本被轉移走的不滿，是很有可能重新轉移回來的。

最後，很多人對現政權即使存在不滿，但是如果他看不到希望，如果他覺得沒有任何力量可以取代現政權，他最聰明的做法，就是轉而支持現政權。這就是所謂的「犬儒主義」。但是對於任何政權來說，犬儒主義者的支持，其實是最不可靠的，因為他們的支持來自於無奈和計算，而不是內心的擁護。他們，只不過是牆頭草而已。

因此我認為，所謂「中國人普遍支持中共」的認知，其實是非常經不起推敲的。我們在表面上看到的支持，只要認真分析，你就會發現，那其實並不是支持。那麼那是什麼呢？其實早在一九七〇年代，捷克異議領袖哈維爾在他的《致捷克總書記胡薩克的公開信》一文中，對此就曾有過精闢而具有遠見的判斷。他告訴捷共的領導人說：所有那些你以為的對你們的支持，其實只是服從而已。

那是服從，並不是支持。道理就是這麼簡單。

這個道理，不僅適用一九七〇年代的捷克，也適用當今的中國。因為這個道理從根本上講，適用所有威權和極權的國家。在這樣的國家中，政府並沒有得到人民真心的擁護和支持，那些表象上的擁護和支持，要不然就是出於無奈的結果，要不然就是恐懼下的結果，要不然就是欺騙的結果；因而都不是真實的。

一旦這樣的政權出現危機，所有這些支持都會煙消雲散，昨天還貌似強大的政黨和政權，今天就可能土崩瓦解。這樣的歷史，我們在九〇年代初的前蘇聯和東歐都已經看到了。

第三個例子：中國人真的淡忘「六四」了嗎？

今天中國的年輕一代，確實有不少人根本連「六四」是怎麼回事都不很清楚。這麼多年了，中國官方不允許任何與「六四」有關的討論公開進行，更不允許任何與「六四」有關的真相出現在公眾場合，而重點是，也很少有人站出來公開為「六四」說話。因此，說中國人已經淡忘了「六四」，聽起來似乎順理成章也符合事實。但是，事實真的如此嗎？讓我們再次地，仔細分析一下：

首先，雖然這麼多年過去了，但是當年的八九民運和「六四」鎮壓，是全國的事件，以當時的人口而言，我相信，至少二分之二以上的中國人是知道這些事情的，而這些人，絕大部分今天應當仍然健在。換句話說，就算中國四十歲以下的人都不知道「六四」，但是那些四十歲以上的人呢？除非這些人都得了老年癡呆或者健忘症，否則，僅僅是從生理上講，他們都是不可能忘記了曾經發生過的這麼大的一件事情的。而他們所占今天中國人口的比例，應當超過三分之二。因此，說「中國人都忘記了六四」，根本就是不可能的事情。對於大部分中國人來說，他們不是忘記，他們只是不說。不說不代表忘記，這個簡單的邏輯，應當沒有什麼可以質疑的吧？

其次，表面上看，中國人確實迴避「六四」這個話題。但是迴避的原因是他們決心忘記嗎？至少沒有充足的證據證明這一點。但是我們有充足的證據證明，在今天的中國，即使是你在私宅裡紀念「六四」，都很有可能鋃鐺入獄，著名律師浦志強就是例子。在這樣的嚴酷環境下，所有的記憶都只能被深深地壓抑在心中。外界看不到中國人對「六四」的態度，不是因為這些態度不存在，而是因為它們被深深地壓抑。

而多少有些心理學知識的人大概都會同意：一件陳年舊事，如果讓人忘記或者放下，最好是讓人說出來得到宣洩；而長期的壓抑，只能使得人們在內心深處更不容易刪除這段過去，於是就會默默地無法忘記。

因此，說中國人淡忘了「六四」，完全是只看表面現象得出的結論。這樣的結論是膚淺的。

最後，即使是那些四十歲以下的中國人，那些在「六四」還沒有出生或者還沒有懂事的世代，那些開始學習歷史的時候，就無法得到任何相關公開訊息的人，如果你私下做一個調查，他們也大都知道「六四」。典型的例子就是來台灣唸書的中國大陸的學生。我私下問過其中很多同學，他們中的大多數都大概知道有這麼一件事，區別只是知道的不詳細，或者知道的不正確而已。完全不知道這件事的也有，但是只是少數。

對於這些年輕世代來說，他們一旦有機會來到中國境外，上網看「六四」的事情就是很多人的選擇。而這，我們就要感謝共產黨的愚蠢了。因為他們封鎖有關「六四」的所有信息，可是他們忘了一件事，那就是年輕人的一個很大的特點，就是喜歡探索未知的事情。越是你禁止知道的事情，他們就越想知道。換句話說，只要中共還在封鎖有關「六四」的信息，讓「六四」神秘化，那麼年輕人的好奇心，就會使得「六四」繼續成為被獵奇、探索的對象。只要「六四」不翻案，中國人想忘記都不可能。

問題 5

中國的社會性質是什麼？

在台灣清大教書的時候，每學期開學第一場「中國沙龍」，我都會向在座的來自中國和台灣的同學提出了一個問題：中國的社會性質是什麼？我想，這是我們認識中國，必須要做出的基本判斷。

同學的回答五花八門：有的說是權貴資本主義，有的說是專制社會，有的說是有中國特色的社會主義，有的說是資本主義和社會主義的混合性質。在我看來，這些回答都有一定的道理，但也都不夠準確。關於中國的社會性質，或者說，今天的中國到底是一個什麼樣的國家，在我看來，很難給出一個完整的正面的定性，因為各種社會性質的因素在今天的中國都存在，各種定性都可以找到根據，也都無法概括全部。雖然我們無法正面給出一個完整的定性，但是我認為更重要的是，我們應當用負面排除的辦法，來認識今天的中國的社會性質問題。這個負面排除的結果如下：

首先，說今天的中國是社會主義國肯定是不對的。從聖西門到傅立葉，從馬克思到列寧，對於社會主義的本質性特徵的描述，都有財富平等作為核心內容；而今天中國的貧富差距之大，與社會主義均富的原則完全背道而馳。到了史達林和毛澤東的時代，他們所制定的社會主義原則，強調無產階級專政的部分，也就是說，在政治權力的體系中，無產階級要掌握絕對的權力。但是今天的中國，所謂的「無產階級」的中堅力量，也就是工人，不僅不是社會領導力量，自己本身反到成了權貴集團的剝削對象，這樣，怎麼可能稱之為社會主義國家呢？當然不是。

其次，說今天的中國是資本主義也是不對的。不管是權貴資本主義，還是具有社會主義特色的資本主義，其核心內涵都是資本主義。我們知道，資本主義這個概念，絕不是只體現在生產力和經濟關係上，作為一種制度設計，資本主義還包括了人與人的關係，國家與社會的關係，當然也有計劃與市場的關係的部分。而在今天的中國，國有企業在國民經濟中占有的份額遠遠超過私營企業，僅僅憑這一點，說中國已經進入資本主義國家的行列，根本就是笑話。這也是歐洲、美國和日本拒絕承認中國是市場經濟國家的根本原因。

另外，資本主義作為一種社會制度，還有更加豐富的內涵，包括宗教倫理在社會發展中對資本的制約作用，包括政治安排與經濟制度之間的相互制衡，而這些，在今天的中國，更幾乎找不到任何蹤跡。在這種情況下，說中國社會已經具備資本主義的性質，是完全沒有根據的。

如果以上分析可以成立，那麼我們就會知道，中國既不是一個嚴格意義上的社會主義國家，也不是一個嚴格意義上的資本主義國家，實際上，它有點像四不像，什麼因素都有一些，但是什麼制度都說不上。或許，這就是轉型期的中國具有的特點。

指出這一點的意義在於，很多對中國的轉型充滿期待的人，尤其是西方國家的學者們，大多認為中國已經進入了資本主義發展的階段，哪怕它是權貴資本主義。這樣的錯誤判斷導致的錯誤期待就是：既然已經是資本主義國家，當然就會遵循資本的邏輯，以理性和利益為標準製定國家發展計劃；而資本主義發展的結果，就是中產階級的興起，以及隨之而來的對於民主的迫切訴求。

這個邏輯，就是很多西方的中國問題學者仍然寄希望於中國統治集團最終走向民主化的理論根據。不幸的是，事實已經證明，他們的推論是錯誤的，中國強大了，但是並沒有走向民主。而我在這裡要說的就是：他們之所以錯誤判斷中國的發展，一個很根本的原因，就是他們在中國的社會性質問題上過於一廂情願了。

II

關於中共

問題 6

如何認識中國共產黨？

二〇二一年七月一日是中國共產黨建黨一百週年，中共方面很早就開始藉機進行自我歌頌，不斷強調中共的「偉大光榮正確」。這樣的自我吹噓，當然已經沒有市場，恐怕中宣部的寫作班子的成員自己都不相信自己寫下的每一個字。但是另一方面，中共成立百年，對中國這一百年來的發展產生過、而且依然正在產生巨大影響。我們當然不同意「沒有共產黨就沒有新中國」這樣的說法，但是，沒有共產黨，今天的中國肯定是另一番景象，這倒是可以肯定的。對於這樣一個左右著中國發展命運的百年老黨，在它成立百年之際，對它做一些分析和認識，也是必要的。我有一些簡單的想法，願意分幾次與聽眾朋友分享。

其一，關於暴力性。我們必須認識到，中國共產黨從其建立的第一天起，一直到現在，都具備一個鮮明的特質，那就是「暴力性」。這是一個崇拜暴力，迷信暴力，以暴力為號召而成立，靠暴力擴展政治力量，用暴力奪取政權，憑藉暴力維持和鞏固統治的政黨。這個黨，因為一切依靠暴力，所以天生就不具備自然改良為現代性政黨的條件，我們也不能幻想它會願意用現代文明的方式解決社會矛盾。即使在它已經執政四十年之後的一九八九年，當人民對它提出改革的要求的時候，它還是採取了暴力手段。這就證明——暴力，已經成了這個黨解決問題的習慣性做法。

更重要的是，暴力已經不僅僅是行為。暴力行為深刻地影響了中共的思維模式，使得中共的政治路線也具備暴力特點。這樣的路線已經滲透進這個黨的靈魂中，成為中共各種思想和政策的最深層次的基礎。暴力對中共的影響從其嬰兒時期就已經開始，一百年來不斷強化和加深，可以說，中共已經對暴力產生了路徑依賴，不可能擺脫其影響了。認識到這一點非常重要，因為只有認清中共的暴力性，我們才能丟棄那些錯誤的幻想，正視結束中共的一黨專政統治的艱鉅和必將付出的代價。

其二，關於合法性。中共成立到現在已經一百年，在中國執政也已經七十二年了，我們似乎已經習慣了中共作為執政黨的合法性。但是其實我們應當認識到，中共在中國行使統治權力，是沒有任何程序上的合法性的。中共建政，使用的是戰爭的手段，打敗國民黨之後，中共自行宣佈建立了中華人民共和國。這個過程，從來沒有經過選舉這個建立合法性的最低的標準。

儘管世界各國承認了中華人民共和國，但一個政權的合法性，從來不僅僅是建立在其他國家的承認的基礎上的，更需要的，是本國人民的承認。在這方面，中共宣稱自己得到了全國人民的擁護，但拿不出任何具體的證據。

七十二年以來，中共從來沒有通過一個合法的方式證明自己的統治的合法性。中共號稱「為人民服務」，但中國人民從來沒有過一次機會，用投票的方式自由地表達自己的選擇。更何況，作為一個具備各級組織機構的政黨，中共甚至都沒有到民政部進行政黨登記，因此，嚴格地說，中共本身就是一個非法組織。一個非法組織的統治，當然沒有合法性而言。

習近平上台以後的中共，不斷地強調各種各樣的自信。如果他們真的有自信，就應當開放選舉，讓選舉結果建立他們統治的合法性，證明他們確實得到人民的擁護。不管他們嘴上多麼自信，對於自己的合法性卻始終不敢通過正規的方式確認，這說明他們自己對自己的合法性都沒有信心，那麼我們憑什麼承認它的通知的合法性？

第三個特點，就是我們必須認識到，中國共產黨從本質上說，雖然名稱裡有一個「黨」字，但並非一個現代意義上的真正的政黨。我們知道，現代政黨有一個最基本的特點，那就是它是與選舉息息相關的。美國的共和黨和民主黨，平時並沒有太多的政黨活動，其黨員是在每次選舉的時候才確認自己的政黨身份的。

所謂政黨執政，也是通過選舉推出自己的候選人，爭取得到政府的領導權來實現的。但是在中國，根本沒有任何真正意義上的選舉，中共的執政並不需要通過選舉確認，中共執政的得失也不需要考慮民意，這樣的政黨，並非政治學範疇上的現代政黨。中共既然不是一個政黨，那麼它是一個什麼組織呢？

在很大程度上，中共更類似於一個具有封建性質幫會組織。當然，這是一個極具規模的掌握了國家政權的幫會組織。為什麼這麼說呢？

第一、從其領導機構的產生來看，現代政黨的領導層也是通過黨內選舉產生的，但中共的各級領導並非由真正的選舉產生，而是各級黨委推薦，經過各級中組部層層考察，經由上一級黨委直接指定任命而產生的，黨員對於自己的上級沒有監督的權利，只有服從的義務，這是典型的幫會特點。

第二、中共實質上的最高領導人，具有封建帝王的獨裁性質，從毛澤東到鄧小平，即使他們名義上沒有黨的職務，但實際上仍就是黨的最高領導，而且具有一言九鼎的權威，不受到任何監督，且可以對黨內的各級官員有生殺大權，對黨的政策可以一個人說了算。到了習近平的時代，仍是確立全黨對最高領導人的服從。中共的最高領導人，與封建時代的皇帝，就其權力而言並沒有什麼不同，甚至比皇帝還要獨裁專制，這種各級黨委書記決定所屬一切事務的特質，這種只要被公認為「老大」，不需要任何職務就可以作出決策的特點，跟中國歷史上的幫會組織的屬性是一樣的。

第三、現代意義上的政黨，並不會把對本黨的忠誠，當作組織的最高原則。不僅在美國，就是在民主制度剛剛建立不久的台灣，個人脫離原來政黨，參加另一個政黨甚至是反對黨，都是正常現象，並不會因此而受到本黨處分或者制裁。但中共最強調的，就是對黨，對黨的最高領袖的絕對忠誠。這一點，從中共歷史上就可以驗證。最近，外界盛傳有中共高官外逃，中共官媒就發表文章，舉出歷史上中共總書記顧順章叛黨之後全家遭到滅門的事例，意在警告黨內存有二心的的黨員。這樣以滅門來威脅叛逃黨員的組織，無論如何算不上一個現代政黨，而更像是一個幫會組織，甚至是黑社會性質的幫會組織。習近平率領政治局全體成員舉手發誓「絕不叛黨」的畫面，也更讓人想起幫會的入會儀式，而不是正常的現代政黨。

其實，回顧中共早期建黨的歷史，無論是二十年代在上海從事工人運動，在發動罷工的時候與上海黑社會的勾結，還是在進入農村地區建立政權的時期，收編包括井岡山王佐等各地土匪組織壯大自己隊伍的做法，都有著濃重的幫會氣息。即使到了今天，從他們懲治黨內不同派系的手法來看，仍舊不脫一個黑社會幫派組織的習性。這一切，都與現代政黨的性質相差太遠。中國共產黨，就是一個打著政黨旗號的大型幫派組織而已。

第四、也是最後一個特質，那就是中共具有的「先天不足，後天失調」的問題。先說「先天不足」的問題。

不可否認，中國共產黨最早成立的時候，無論是李大釗，還是陳獨秀，包括張國燾等在內，都還算得上是一批具有理想主義追求的知識分子。他們希望給中國找到一個更好的發展方向。但是，這一批知識分子在當時中國內憂外患的情況下，產生了急功近利的心態，他們把中國的強大當作了救國的最重要的任務，第一位的任務和壓倒一切其他目標的任務，這樣的心態就使得他們放棄了需要長期努力的啟蒙工作，放棄了建立穩固的自由主義思想基礎的工作，而因為羨慕前蘇聯的社會主義實驗就全面倒向了社會主義信仰。這樣的信仰，把集體利益放到個人利益之上，要求黨員犧牲自己的一切為黨工作。

中國共產黨從成立的那一天起，就強調組織紀律，強調所謂的「服從大局」，就要求參加共產黨的人要把黨性放在人性之上。這當然是對新文化運動提倡的個人自由的反動，在如何建立一個民主社會的問題上從一開始就有本末倒置的問題。中共建黨是為了建設新的國家，但其建設新的國家的理念和方式，從一開始就是錯誤的，這就是該黨「先天不足」的地方。

什麼是「後天失調」呢？

中共建立之後，就以奪取政權為目標，這本來是無可厚非的事情。但中共採取的手段卻存在很大的問題。首先，中共放棄了議會式民主的道路，走武裝革命的道路。即使是在「二戰」結束之後，在美國的調停下，中國本來有建立國民黨、共產黨兩黨相互制衡和競爭的兩黨政治的民主制度的機會，中共還是為了建立一黨專制而放棄了和平道路的可能性。

這樣的方式使得中共不可能遵循民主模式，只可能越來越加強紀律的約束。在建國之後，中共仍舊無法擺脫戰爭思維，而去強調「階級鬥爭」。階級鬥爭本身就是戰爭思維的延續。實際上，幾十年來，中共始終是在用軍事思維進行國家治理，從「人民公社」的制度設計到「工業戰線」這樣的論述用語，都顯示出，中共即使掌握了政權，仍然無法擺脫戰爭年代的思維方式。這就導致了一個嚴重後果，那就是：這樣的一個組織，「左」傾思想始終就是「神主牌」。

這個黨從大的方向上看，只能越來越左；從機制上講，不可能有內部的民主，也不可能主動進行改良，因為暴力是最省事的方式，他們食髓知味，不可能回頭去實行必須受到監督的民主制度。這樣的治理國家的方式延續了幾十年，這就是該黨「後天失調」的地方。因此，對這樣的一個執政集團，不能報任何的幻想。這是這個黨的發展歷史決定的，是不以人的意志為轉移的。

在最後，我也要指出一點，那就是——中共跟中國當然不是一個概念，是要區分開的，但是對於中共能夠影響中國百年，作為一個中國人，也都應當要去反思：為什麼其他的共產黨政權都已經紛紛瓦解，而中共能夠延續到今天？僅僅譴責中共是遠遠不夠的，結束一黨專制這樣的反現代文明的政治制度，中國人應當做哪些努力和改進，這，也是需要我們在中共建黨百年的時候去思考的。

問題7　建政七十年，七問共產黨

二〇一九年九月，北京如同進入戰時狀態：菜刀下架、鴿子禁飛、廁所嚴查，據說連特快專遞（國際速遞服務）都已經被暫停了……完全無法理解為什麼。這一切，並不是因為中國或者北京面臨戰爭威脅或者恐怖襲擊的可能，而竟然，是因為中華人民共和國十月一日建國七十週年，是因為這個政權要過七十歲過生日。

過生日本應是一件喜慶的事情，但是中共卻如臨大敵，草木皆兵，就差全城戒嚴了，這本身就是當代歷史上的一齣巨大的黑色戲劇，但也深刻反映出這個政權的自我危機感和零自信。

一九四九年十月一日，中共在經過付出無數生命的代價之後，以戰爭方式打敗國民黨，自行宣布建立新的國家取代中華民國，改國號為中華人民共和國。歷史滄桑，轉眼七十年過去了。這不是一個很短的歷史時期。在這段漫長歷史中，中國到底發生了哪些事情？我們要如何評價七十年中共的統治？也許，現在正是一個盤整的機會。

中共自己，本著一貫的「批評別人，表揚自己」的原則，當然是標榜自己在七十年的執政中建立了「豐功偉績」（這是總理李克強的原話）。但是外界的評價恐怕與中共的自我評價有很大的落差。在這裡，我並不想為中共七十年的管治蓋棺論定，我只是有十個問題，想藉這個機會公開質問中國共產黨，順便也請關心中國這七十年發展的人，或者那些對中共了解有限的人，一併進行思考。

問題一：你們（以下皆代指中國共產黨）建立政權七十年了，這七十年中，你們先後做了三件人類歷史上創紀錄的暴政：第一、一九五九年開始的大饑荒，中國有三、四千萬人活活餓死，單一自然災害導致如此多人民的死亡，人類歷史上絕無僅有；第二、你們在毛澤東的帶領下，發動「文化大革命」，用十年的時間毀滅了中國幾千年建立的傳統文化，導致全民道德大滑坡，生命和經濟的損失無法計量，連你們自己都承認這是「十年浩劫」；第三、一九八九年你們出動正規集團軍，以常規戰爭的規模，在自己國家的首都屠殺數以千計手無寸鐵的學生和市民，這樣的惡性，至今三十年了仍被全世界詬病。僅僅七十年，你們就至少犯下這三件滔天大罪，你們，為什麼至今還不向中國人民道歉？難道這些鐵一般的事實，可以這樣被你們輕易抹去嗎？

問題二：七十年前，你們在北京宣布建立中華人民共和國，請問，你們取代中華民國，自行建立另一個政權，經過全體中國人民同意了嗎？是誰給你們這個權力，用武力打敗一個合法政權，就可以自行宣布代表中國人民的？沒有經過全國人民的投票表決，你們這個政權的合法性何在？你們承不承認，你們領導中國的政治權力，其實沒有經過任何合法程序，而是你們強加在中國人民身上的？當你們說你們的政權得到中國人民的擁護時，你們的合理證據在哪裡？你們的首領毛澤東在一九四四年六月十三日回答中外記者提問的時候曾經說過：「一個不是人民選舉出來的政府，有什麼臉面代表這個國家？」請問，你們經過選舉了嗎？你們居然還要代表國家愛，按照毛澤東的話，你們要臉不要臉啊？

問題三：這七十年來，你們統治中國，號稱建立了「豐功偉績」。可以說說你們的功績在哪裡嗎？如果你們說，是你們建立了和維護了中國的主權和領土完整，請問現在俄國有大批土地是中國戰敗割讓出去的，你們既然如此強大，為什麼不向普丁要回來？無論是台灣人還是香港人，大部分在幾十年前都曾經自我認同是中國人，但今天的台灣人和香港人，尤其是他們中的年輕世代，還有幾個願意作中國人的？這就是你們幾十年號稱要完成國家統一的結果嗎？如果是這樣的結果，你們哪來的臉皮，還敢吹噓自己維護了領土完整呢？

問題四：你們這幾十年號稱帶領中國經濟發展，成了世界強國。你們動不動就把經濟發展當作自己的功勳。我問你們，在你們經濟發展的背後，有多少農民工的血淚？在你們的經濟發展的前提下，中國的環境被你們破壞到了何種程度你們知道嗎？環境的破壞可是幾十年、一百年都無可挽回的，你們知道嗎？當你們讓人民付出了巨大的人權代價，讓中國的自然資源被幾乎耗盡的情況下，才帶來了經濟的短暫高速增長，你們好意思說這是「豐功偉績」嗎？如果一個人用一百元的成本換得十元的代價，這是不是一筆賠本的買賣？而你們只告訴人民經濟增長了多少，卻不敢承認為了這樣的增長，人民和國家已經付出了多少倍的代價？未來還不知道要付出多少代價的時候，你們的經濟增長有什麼可驕傲的？

問題五：一九四九年之前，你們在爭取政權的過程中，曾經反覆向全國人民承諾，一旦你們執政，你們會實行民主，讓人民當家作主。你們告訴年輕人要支持你們，因為你們會實現美國式的「民有、民治、民享」的政體，這都是有案可查、白紙黑字的事實。就是在一九四九年你們建立政權的時候，你們還信誓旦旦地要組織聯合政府。但是七十年過去了，你們的承諾呢？

今天的中國，一個諾貝爾和平獎的得主，僅僅因為他發表了一些跟你們不一樣的言論，就被你們活活整死在監獄中；今天的中國，大學老師會因為在課堂上傳授知識被據報；今天的中國，所有的官員都不是人民通過真正的選舉產生的。今天的中國，禁止真民主，還在倒退回專制，你們七十年前說的話是放屁嗎？七十年了，你們承不承認，當初是你們故意欺騙了中國人？你們難道不應當因為自己是騙子而臉紅一下下嗎？

問題六：一九四九年你們奪取了政權之後，是把幾千年來農民私人擁有的土地通過一紙公文就劃歸國有，這不是人類歷史上最大的搶劫案嗎？除了土地之外，你們通過政治運動，強迫所有的私人資本一夜之間，成為國有資本，而你們就成了這些資本的主人。在所謂的「改革開放」時期，你們的幹部、你們的子弟，通過貪污腐敗，又從人民那裡攫取了多少錢財？你們的一個副廳級官員，就可以擁有六十五套房子，三十個車位；你們的一個將軍，家裡堆積的贓款居然自己都數不清楚。你們執政七十年來，通過腐敗從人民那裡掠奪來的資產，你們什麼時候要還給中國人民？你們的集體腐敗程度，也創下了人類歷史的紀錄，你們居然還自稱是人民的公務員，你們知道自己這麼自稱的時候，是多麼的無恥嗎？

問題七：十月一日，就是你們這個政權的七十歲生日了。按理說，如果你們真的問心無愧，如果你們真的認為自己得到了人民的擁護和支持，你們過生日應當開開心心，應當舉國同慶，應當全民狂歡不是嗎？但是你們卻如臨大敵，百般防範。你們已經統治中國七十年了，你們有強大的軍隊和警察，你們有無數的錢財和覆蓋一切的社會管控體制，但是，連一個生日都過得如此的緊張。你們是不是心裡有鬼，才會這麼緊張？你們敢不敢告訴天下，你們，到底在怕什麼？

七個問題，我當然知道中共不敢回答，事實上，他們也無法回答。我這七個問題，其實是說個那些還真的認為中共給中國帶來了「豐功偉績」的人聽得。我希望這些人能好好想想我的這七個問題。

問題 8

建政七十年，七問共產黨

如何看待在十四億人口大國執政的中國共產黨？如何看待它的現狀以及未來呢？我認為，「腐而不敗」是一個形象而深刻的比喻。

所謂「腐」，第一層的意思當然就是腐敗。習近平上臺以來，外界咸以為他高舉反腐大旗，似乎給中共帶來改變的希望，但是這顯然是一廂情願。且不說習近平反腐，其實反的只是腐敗行為，並非導致腐敗行為的制度；而且，即使是反腐敗行為，也是有選擇性的，這樣的反腐怎麼可能達到目的？重點還在於，腐敗本身所營造的巨大的尋租空間[註]，是中共得以籠絡和吸納社會精英的主要資源。若中國共產黨真正變成了一個清廉的黨，當黨環顧四周，應當就孤家寡人了吧？腐敗，其實已經是中共的生命線了。

但是談到中共的「腐」，還有一層意思，就是這個九十多歲的老黨，雖然外表看起來還是枝繁葉茂、氣宇軒昂，但實際上猶如一棵百年老樹，樹幹裡面已經是百孔千瘡。即使今日仍有大量的年輕人入黨，但是大家都清楚，他們入黨，無非是為自己前途考慮，說白了，就是希望從黨那裡得到好處而已，哪裡還有人真的是出於信仰呢？這樣的黨，只要能維持，看上去就還是巋然不動，但是一旦風雨飄搖，就會瞬間傾倒。原因無它，已經「腐朽」而已。

但是同時，我們也要看到，目前的中共，雖然腐敗加腐朽，但是並未到一敗塗地的地步，甚至可以說，離「敗」的程度還有相當的距離。這裡原因眾多，我們不可能詳細分析，只能簡單列舉一二。

除了剛才我們已經提到的腐敗本身帶來巨大的尋租空間，可以形成統治的堅實的經濟基礎之外，龐大的家底也使得它可以從容面對經濟危機。外界如果以為無法提振內需就會導致中國經濟萎縮，就小看了問題的複雜性。實際上，僅僅中國國家行政支出，就足以形成巨大的內需了。

台灣人大都知道坐落在台南市的成功大學，有一棵百年老榕樹，那也是國泰銀行的Logo。這棵老榕樹，稱得上枝繁葉茂、十分宏偉，很多同學都喜歡在樹下讀書乘涼。我曾經在成功大學任職一年，所以我知道，其實，為了維護這棵老樹的壽命和健康，從學校到國泰銀行，每年都花不少錢，來進行維護工作。換言之，如果有一天，沒有錢來進行維護工作了，這棵老樹其實堅持不了多久。而中共，即是這麼一棵老樹，雖然看上去還不錯，實際上是花了很高的成本在維持著。

更重要的是，現今的社會危機還沒有嚴重到撼動當局的程度。剛才我們說過，中共這棵老樹，一旦風雨飄搖，就會瞬間傾倒，但是問題是，中國目前還沒有到風雨飄搖的時候。那樣的時刻，需要更多的其他條件，例如中產階級的強大和覺醒、少數人的勇敢衝撞、統治階層內部的分崩離析和國際社會的壓力等等。我相信這樣的條件將逐漸積累，但是在條件還不成熟的時候，中共再怎麼「腐」也還不會「敗」。

註

尋租（英語：rent-seeking）又稱為競租，是指在沒有從事生產的情況下，為壟斷社會資源、或維持獨占地位，從而得到獨占利潤（亦即經濟租）所從事的一種「非生產性的尋利活動」。

認識到中共目前的「腐而不敗」的特點，有助於我們正確看待中國的未來。有一種意見，以為中國社會矛盾惡化，轉型時機已經成熟，三到五年就會爆發社會革命，我認為這是看到了「腐」的一面，但是沒有看到「不敗」的那些理由。而另一種意見，又覺得中共統治固若金湯，看不到崩潰的可能，他們恐怕只是看到了枝繁葉茂的表面，而沒有重視中共這棵老樹內部的腐朽程度。

而在我看來，「腐而不敗」的狀態，使得中共政權不會在很短的時間內就陷入危機，因此我們可能會看到這樣的狀態會持續一段時期。但是，因為它本身的腐朽，它的傾頹也是命中註定的，我們只是很難判斷這個時間點而已。所以，對於中國的未來，我既不悲觀，也不樂觀，我只有耐心。

問題 9　鄧小平真的是中國改革開放的「總設計師」嗎？

提到鄧小平，一般都會被認為是「中國改革開放的總設計師」，是推動中共從毛澤東式的階級鬥爭，轉向以經濟建設為中心的新治國理念決策者。按照鄧小平傳記的作者——哈佛大學教授傅高義的說法：是鄧小平帶領中國向前走，進入了一個新的時代。事實真的如此嗎？這需要一些歷史的釐清。

關於鄧小平和中國的改革開放，大家耳熟能詳的一句話，就是「摸著石頭過河」。這個比喻被認為是八十年代打開改革局面的主要策略，至今，仍然是中共官方論述中經常引用所謂「鄧小平理論」的主要內容。

「摸著石頭過河」，成了八十年代至今，鄧小平式改革的招牌。但是，這句話並不是鄧小平說的。這句話被提出，也不是改革開放時期。

提出這個理論的，是有「經濟沙皇」之稱，在八十年代的改革中被認為是堅持計畫經濟的保守派領袖——陳雲，這句話被提出的時間，是五十年代。

一九五〇年四月七日，陳雲出席政務院第二十七次政務會議，在談到物價上漲的問題時說：「物價漲不好，跌也對生產不好。上月物價跌了五％，對此要先收後放，先少後多，使物價先跌後漲。要摸著石頭過河，穩當點好。」一九五一年七月二十日，陳雲在中共中央統戰部討論如何做好工商聯工作時，再次提出「摸著石頭過河」的理論。從此，這句話在中共黨內成為名言。

元帥劉伯承就曾經對奉命組建軍事院校的張愛萍將軍說：「我給你六個字，你可要牢牢記住，那就是『摸著石頭過河』。」

此後，陳雲逐漸離開主持經濟發展政策的位置，長期被毛澤東閒置，一直到鄧小平上臺才重新出山，在中國經濟政策的制定上具有與鄧小平並駕齊驅的影響力。

將近三十年過去了，陳雲的重要政策主張，還是「摸著石頭過河」。一九八〇年十二月十六日，陳雲在中共中央工作會議的開幕式上講話，再次提出：「改革固然要靠一定的理論研究、經濟統計和經濟預測，更重要的還是要從試點著手，隨時總結經驗，也就是要摸著石頭過河。」

回顧這個歷史事實，不僅僅是要考據一個說法的提出，而是因為這個考據結果，在今天看來，其實耐人尋味。它告訴我們：我們有必要重新認識鄧小平，和鄧小平開啟的中國改革開放。

第一、「摸著石頭過河」並不是鄧小平的發明，他只是引述陳雲的觀點。這個引領八十年代改革重要戰略的制定，不是鄧小平的功勞。而戰略的具體落實，則是前後兩任總書記胡耀邦和趙紫陽的成績。因此，對於整個八十年代的改革開放，鄧小平起的推動作用到底有多大，其實是需要重新認識的。

更重要的是第二點：所謂「摸著石頭過河」的提法，是五十年代的經濟主張。鄧小平式的改革，其實是延續中共剛剛建國時期的政策，這就是所謂「新民主主義」：適度保護和發展資本主義，不急於向社會主義過渡。對鄧小平及其領導改革開放的評價，什麼「開啟新時代」、「進入新時期」，都是不符合事實的溢美之詞，鄧小平式的改革，其實不是向前走，而是向後走，回到五十年代。

而五十年代初期的發展思路的烙印，深深地刻在中共幾代領導集體的心中，歷久不衰，從鄧小平一直傳承到今天的習近平。某種程度上，習近平也是在向後走，試圖回到五十年代去尋找維護統治的經驗。這就是重新認識鄧小平，認識到鄧小平式改革具五十年代印記的現實意義。

問題10 關於鄧小平，我與傅高義的分歧在哪裡？

我的母校哈佛大學的東亞問題研究權威——已故的傅高義教授，曾經在台灣發行了他的

《鄧小平》一書的中文版，並針對鄧小平的歷史評價問題發表了不少見解。傅高義長期鑽研中國問題，其觀點自有其獨到之處，但是，也有一些觀點在我來看是錯誤得離譜，充分反映出部分西方中國研究學者的誤區所在。

傅高義的觀點中最為我所不能同意的是，針對鄧小平做出開槍鎮壓民運的決策，傅高義充滿同情和理解，他認為「如果換位思考，著眼中國的統一和中共統治基礎，當時已經沒有其他更好的辦法」，「現在看來，做出這樣的判斷可能是對的，尤其是對當時的中國而言。」我認為，這個定論有悖於基本事實，是一廂情願地為中國共產黨著想的判斷。

一九八九年數千名大學生在天安門廣場絕食，引發全國性的民主運動，難道，當時的執政當局除了開槍鎮壓，真的沒有別的解決辦法嗎？當然不是！首先，學生提出打倒官倒，剷除腐敗，這是正當合理的要求；學生絕食，佔領廣場，所提的要求無非兩條：一是與政府對話，二是修改「四二六」社論。這根本不是什麼政府做不到的事情。接受這兩個條件，又怎麼可能使得中國四分五裂呢？

如果當局宣布接受學生的兩個條件，學生自然沒有理由繼續絕食，事態也就會平息，這難道不是解決問題的選項之一嗎？這難道不是「更好的辦法」嗎？也許傅教授認為，中共不可能做出讓步，所以這不是現實的選項。但是，當時的中共中央總書記趙紫陽，實際上已經準備採取緩和的方式，部分接受學生的要求了，所以，這並不是不可能的事情。只是後來鄧小平、李鵬發動政變，迫使趙紫陽下臺，這個可能性才破滅的。顯然，事情並不是傅教授說的「當時已經沒有更好的辦法」，事實是，更好的辦法被拒絕了，因此才導致了最後的悲劇。而這個拒絕者，就是傅教授充滿尊敬的鄧小平本人。傅高義的看法，是顛倒是非的看法。

傅高義對鄧小平的評價，其實反映了部分西方中國問題專家的誤區。他們不是站在是非曲直的立場上，不是以普世價值為判斷的思想基礎；相反，他們其實內心中，是站在一黨專制的執政者立場上，為對方著想，充分體現了部分學者的研究完全是從政治現實主義出發，並不以普世價值放在重要位置的特點。傅教授所說的「換位思考」，就是很直接的表達。這是令我非常吃驚的。鄧小平坐的，是一個獨裁專制，不惜流血鎮壓人民的位子，傅高義先生是在西方享有崇高聲望的學者，為什麼要換到獨裁者的位子上去思考呢？

我在哈佛唸書的時候，與傅高義教授有過很多接觸，常聽他的講座。這一次他撰寫《鄧小平》，也曾經專門找過我進行採訪。說起來我應當叫他一句「老師」。但是中國有一句古話，叫做「吾愛吾師，吾更愛真理」。因此，我不能不公開質疑傅高義教授的治學立場。如果「著眼於中國的統一和中共統治基礎」，開槍鎮壓就是正確的決策的話，那麼，我們還有什麼理由譴責納粹對猶太人的屠殺呢？希特勒也說他的所作所為是為了德國的崛起。更重要的是，我很想問問傅教授：作為一個西方的學者，是什麼使得你做判斷的時候，不去著眼人的生命價值，反而去著眼極權者的統治基礎呢？

當然，最後我也必須要補充說明的是，我的這篇公開批評傅高義著作的文章，後來翻譯成英文，有被傅高義老師看到；他還親自跟我回信，雖然表示不同意我對他的批評，但是語氣中並無任何怨懟，反倒表示願意與我繼續討論。這樣的學術風範，還是值得肯定的，我們不能因言廢人。

問題 11 習近平是誰的兒子？

看到這個標題，一定會有讀者說，這不是廢話嗎？習近平當然是習仲勳的兒子啊。如果從血緣上講，當然說這樣沒錯；但是外界討論習近平的政治傳承的時候，可不是從血緣角度展開的。而這，就值得討論了。

從習近平還沒上臺，很多人就對「習近平是誰的兒子」這個議題感興趣，他們的興趣，無非就是習近平的父親習仲勳被認為是中共黨內的改革派代表，所以習近平是否會受到他爸爸的影響，就帶給很多人某種期待。

中共中央隆重召開習仲勳誕辰百年紀念會，這種期待再次增值。顯然，對於「習近平是誰的兒子」的討論，當然是著眼於精神資源的層次。一般性的說法，是認為因為有習仲勳這麼一個改革派的爸爸，習近平就會延續改革精神。

如果這樣的邏輯能夠成立，政治學就改成遺傳學好了。父親有什麼樣的胸懷和頭腦，子女就一定也是同樣，這樣的推論，本身就缺乏邏輯基礎。而在中共黨內，這樣的推論不僅不存在，而且其實還往往是相反的。前國務院總理李鵬是中共開國元老周恩來的養子，他能登上權力寶座，眾所周知跟這層背景有關。但是大家都知道，無論是工作能力，還是親民形象，李鵬與養父相差都不止十萬八千里。

曾經擔任書記處書記的李鐵映，是另一位元老李維漢的兒子，李維漢曾經擔任中共的宣傳部長，晚年思想解放，曾經大力反對「左派」發起的「反對資產階級自由化」運動；而李鐵映在「六四」之後，卻緊跟江澤民，在思想領域發起與「反對資產階級自由化運動」性質相同的清查工作，走了一條跟他爸爸完全不同的道路。

父子只有血緣關係，不一定就有思想繼承關係。「老子英雄兒好漢，老子反動兒混蛋」，這是「文革」期間紅衛兵提出的「血統論」，現在居然再次流行，實在有些荒謬。

如果從思想資源的傳承角度來看「習近平是誰的兒子」這個問題，就要從制度和理念兩個方面來看。

從制度上講，中共的政治倫理，從來都是黨性高於人性，是否能跟自己的家人劃清界線，從中共戰爭時期到「文革」時期，都是考驗黨員的基本條件。習近平是習仲勳的兒子，這確實曾經是他過去得以獲得好處的頭銜，所以才可以大學畢業就進入中央軍委工作；但是這不是他今天的頭銜，他今天的頭銜，是中共的總書記，是黨的利益的代表者和維護者。如果改革符合黨的利益，習近平就是一個改革者；如果有一天，他認為改革觸及到了黨的統治，他就會是一個反對改革的人。

他當然知道自己的父親在一九八九年的民主運動中是反對鄧小平的開槍決定的，他也不會忘記他的父親晚年抑鬱不樂、沈悶而死的主要原因，也是因為與鄧小平在處理「六四」問題上的看法不同。但是，習近平上臺這麼多年了，他有一絲一毫要為「六四」翻案的舉動嗎？不僅完全沒有，反而變本加厲地鎮壓民間對「六四」的紀念活動。原因無他，就是因為他認為當年的學生運動衝擊了黨的利益。他確實是習仲勳的兒子沒錯，但是，從這個角度上講，作為總書記的習近平，更是黨的兒子。

從理念上講，習近平生長於「文革」醞釀時期的一九五〇年代，那是毛澤東思想統治中國達到登峰造極的時代，像習近平這樣的紅色家庭後代，對毛澤東的崇敬不言而喻，而毛澤東思想留下的印記，牢牢地烙印在他的心中。今天我們看到的習近平，無論是語言的使用，還是政策的提出，具有鮮明的毛式色彩。

習近平剛上臺的時候，率政治局常委到國家博物館參觀《復興之路》圖片展的時候，以「人間正道是滄桑」形容當今中華民族處境。他說，中華民族的昨天，可以說是「雄關漫道真如鐵」，今天，正可謂「人間正道是滄桑」。明天可以說是「長風破浪會有時」。頭一句就引用毛澤東的詩，可見毛詩在他心中滾瓜溜熟，可以達到脫口而出的程度。

如果他真的那麼在意他父親習仲勳的影響，他應當知道，正是毛澤東的錯誤，才導致他父親被整肅和關押，而毛澤東的治國思路，與習仲勳的改革思想，是完全抵觸的。如果說到思想繼承，在毛澤東和習仲勳之間，他選擇了誰？至少目前來看，他是選擇了毛澤東的。我北京的一位與太子黨熟識的朋友曾經說過，對於太子黨來說，毛澤東是他們集體精神上的父親。從這個角度上講，習近平是毛澤東思想的兒子。

不錯，習近平是習仲勳的兒子。但是，他更是黨的兒子，毛澤東思想的兒子。

問題

12

為什麼說習近平的反腐是假的？

習近平上臺後，擺出一副大刀闊斧懲治腐敗的樣子，外界紛紛予以肯定，我覺得外界很傻。尤其是因為對習近平的反腐抱有期待，遂對他本人的政治開明抱有期待，以至於對他上臺以來政治上的倒退都假裝看不到或者保持沈默，甚至認為要給習近平時間，那就更傻。因為在我看來，習近平的反腐敗，毫無疑問是假的。把假的當成真的，這不是傻是什麼呢？

有兩件事可以為我的判斷提供佐證：一個是國際調查記者聯盟二〇一五年一月二十三日發布報告，披露了中共權貴子弟在海外成立離岸公司，涉嫌避稅或者轉移資金的情況，其中不僅包括溫家寶的兒子溫雲松、鄧小平的女婿吳建常、李鵬的女兒李小琳，而且也有習近平的姐夫鄧家貴。

其實，海外爆料這些人的海外資產，這已經不是第一次了，二〇一二年七月彭博社就直指習近平家族總資產，有將近四十億美元之巨。二〇一五年五月的《紐約時報》再次報導了習近平的姐姐出售手中的股票，獲利甚巨的事情。

試問：如果習近平的反腐敗是來真的，他敢動鄧小平、李鵬、溫家寶的家人嗎？彭博新聞社追蹤了八老的直系子孫和配偶，共一百零三人的財富。八老後代中二十六人主導經濟的國有企業，或在其中擔任高管。僅僅三名子女——王震將軍之子王軍、鄧小平女婿賀平、毛澤東的經濟沙皇陳雲之子陳元——他們領導或運營的國有公司二〇一一年總市值為1.6萬億美元。這相當於中國年度經濟產出的五分之一。習近平敢進行調查和追究嗎？

如果習近平真的要在反腐敗上樹立起光輝形象，沒有什麼比他拿自己的家人開刀更有效的了，他會這樣做嗎？大家再想想看，至今有幾個所謂的「紅二代」因為腐敗問題出事的嗎？沒有，可見他的反腐敗就是假的。這樣的反腐敗，就是他在政治上打擊敵人、樹立權威的一種手法，他的目標不是腐敗，而是權力。這樣的反腐敗，當然就是假的。

另外一則新聞發生在二〇一五年一月二十六日，在海外的強烈關注下，中國法律維權人士許志永還是被判刑四年。判處許志永當然是習近平政權殺雞儆猴的選擇，目的是打擊許領導的新公民運動，而這個運動的核心訴求是什麼呢？就是反腐敗。他們的具體要求，是呼籲官員財產公開。

老實說，許志永在中國維權運動中的政治光譜是飽受爭議的，在推特上他受到不少激進者的攻擊，這樣的一個溫和派的代表，只因為從公民社會的角度提出反腐敗，當局就無論如何也不能容忍，說明了什麼呢？說明對於中共來說，反腐敗只能他們自己做，別人不能做，不要說不能做，就是呼籲都不行。

一個人犯了錯誤，只能自己說，不能別人指出，別人說「你錯了」，他就勃然大怒，伸手打人，這樣的人，你會覺得他真的是想改正自己的錯誤嗎？別傻了！

表面上大刀闊斧的反腐敗運動，確實也拉下了不少貪腐高官；與此同時，我們也看到習近平上臺之後，嚴厲要求黨內和政府官員不得大吃大喝，要生活簡樸，雷厲風行之下，北京等地高檔消費受到衝擊，高級餐廳感嘆生意下滑。如果你覺得這就是反腐敗，那實在是傻得不可救藥。因為事情很清楚，無論是抓貪腐官員，還是禁止奢侈，反對的矛頭都只是腐敗行為，而不是導致腐敗的制度；這不是反腐敗，這是做樣子。

我們都知道，導致腐敗的，不是各級官員貪吃愛玩的個性，而是權力過於集中產生的尋租空間。不從制度的層面去分權，不去建立憲政的制約和監督機制以從源頭上防範腐敗，只是派出酷吏到處巡查人家吃什麼，或者就是要求各級官員提高自己的道德水準，這樣的反腐敗，從秦始皇的時候開始，歷朝歷代就都做過啦，要是有用的話，根本就輪不到共產黨和習近平執政了。這樣的反腐敗，怎麼可能是真的呢？

一個只撿軟柿子捏或者只盯住政敵，而放任自己家人斂財的反腐敗；一個只能自己說，別人不能說的反腐敗；一個只反結果，不反原因的反腐敗，他自己恐怕都不當真，你要是還當真，你說我能說你什麼呢？一個字：傻！

此外，現行反腐敗的組織和機制，即紀律檢查委員會和雙規機制，應當說，其實是保護腐敗的機制。因為這樣的機制將揭露、調查、確認和處理腐敗的權力交由中國共產黨各級領導黑箱作業。而中共所有官員都是由這些領導選拔和任用的，依靠這樣的制度不可能公正查處腐敗，相反地，更使查處腐敗往往成為派系鬥爭的工具。

更為嚴重的是，中國共產黨目前的中紀委組織和雙規機制，全面破壞中國法治的統一性、嚴肅性和普適性，以幫規家法式的黨章替代國法，將中共凌駕於法律之上，私設公堂，製造特權，使得法律面前人人平等成為空話，並且為人治大於法治提供制度基礎。

因此我認為，關心中國民主法治發展的人們應當敦促中國共產黨尊重國家憲法和法治，廢除與國法相抵觸的幫規家法和法外特權，回到法治的軌道上去查處腐敗案件。那樣的反腐敗，才是真的反腐敗。

習近平成為兩種意義上的孤家寡人

我曾經有機會輾轉聽到兩名來自中共體制內部的司局級高級官員的談話，都提到習近平在黨內地位不穩的問題。據這兩位官員表示，目前中共內部，對於習近平的政治倒退、經濟治理無能，以及派系傾軋等作為，已經有越來越多的人表示反感。很多人希望習近平下台，認為他很可能給中共帶來垮台的厄運。只是現在中共內部各派系之間，無法就習近平下臺一事達成一致意見，且找不到合適的，既讓習近平下臺，又不傷害到中共統治的穩定的方法，因此倒習風潮還未風起雲湧。

即管我不認識這兩名中共官員，但我傾向於相信他們傳達的信息，因為最近一段時間以來，我們從各種已經顯露出來的跡象，確實可以看到中共表面上風平浪靜，但實際上暗潮洶湧。上述兩名官員的說法，與前不久在網上盛傳的，原中共中央黨校教授蔡霞的一次內部講話的內容，幾乎如出一轍。

蔡霞長期在中央黨校工作，據傳也有「紅二代」背景，最近幾年經常發表批評性的言論但安然無事，顯然在黨內有一定的支持力量，或者說，她本人就是黨內部分力量的代言人。她的講話，也是明確提出了應當讓習近平下臺的主張。目前蔡霞本人已經離開中國，未來是否有所動作值得觀察。

習近平號稱「一尊」，上臺以來一直不斷地鞏固自己的至尊地位。其實僅就這點而言，已經表明了他的地位並不是那麼獲得普遍的認可。但即使如此，即使他不斷地透過軍隊、政法和宣傳三個系統強化自己的地位，來自黨內的，對他的權威的挑戰，確實已經比以前更加明顯。

媒體不斷炒作的「習李鬥」，或許沒有嚴重到雙方撕破臉的地步，但是作為二號人物的李克強對於習近平刻意拉開距離，卻是完全無法掩飾的事實。在他揭露中國有六億人實際上還處於低收入狀態，重創習近平要在二〇二〇年完成全國脫貧任務之後，李克強動作頻頻，包括故意釋放視察災區的親民照片，不斷強調中國經濟形式十分嚴峻等等。

有經驗的人都看得出來，李克強的任期即將結束，二〇二二年如果習近平繼續連任，是絕對不會選擇他繼續擔任副手的。在即將離開政壇之際，李克強已經不願意繼續扮演聽話的小媳婦角色，希望給自己留下一個相對正面的，與習近平有所區隔的形象。

值得注意的是，在中共多次強調不得「妄議中央」的政治紀律之下，對於習近平強硬外交路線的不同聲音還是從中共體制內部傳達出來。二〇二一年七月十二日，中國外交部宣布，中方決定制裁被認為在新疆等問題上對中國不友善的美國國會議員，隨後，北京外交學院教授周永生就接受香港《蘋果日報》的採訪，大唱反調，認為「遭中方制裁的美方官員和議員本來與中國交往就少，制裁難有效果」。他還大膽坦言，認為中美之間實力差距很大，中方沒有美國那麼多的資源和手段可以報復對方。身為培養中共外交官的最高學府的教授，這樣的直接的反對意見的表達，算是相當令人矚目的，也反映出外交系統內部對於目前中國外交政策的不滿。

現在的習近平，手中掌握軍隊力量，黨內各派敢怒而不敢言，這樣的地位，其實是不穩固的。習近平並沒有長期積累的個人威望，足以支撐他的一意孤行，長此以往，他也許真的會成為兩種意義上的孤家寡人，一種意義是至高無上，另一種意義則是眾叛親離。

問題 14 習近平的四個敵人

完全不出所料地，中國的全國人大會議上，以壓倒多數通過了修改憲法的議案，使得習近平在理論上和法律上可以無限期連任。習近平的集權之路走到今天，終於登上了巔峰。他超越鄧小平，比肩毛澤東，一統江湖的氣勢看起來氣焰萬丈。除了中國官方媒體之外，所有的輿論都是一片譁然，認為習近平已經是不可一世的新強人了。

這樣的判斷值得商榷，因為所謂強人，不是空有強人的頭銜，而是要有真正的實力。從這點來講，習近平其實表面上風光，骨子裡心虛，否則就不會下令在網絡上刪除所有對於修憲的非議了。

他的心虛是有道理的，因為他縱然大權在握，但是在未來的執政路上，他至少面臨四個可怕的敵人：

第一個敵人是一個團隊，這個團隊的名稱叫做「豬隊友」，代表人物包括北京市委書記蔡奇、青海省委書記王國生等。前者在北京驅逐所謂「低端人口」，搞得天怒人怨，後者最近聲稱，在藏人的眼裡，習近平是活菩薩。前者的顢頇會激化社會矛盾，後者拍馬屁到極端的程度，反倒對習近平的形象不利。

習近平缺乏優秀的智囊團隊，他手下的人幾乎都是投機分子，揣度上意，如同古代的佞臣宦官。這樣的一群人包圍習近平，看上去畢恭畢敬，客觀效果上看，其實會害了習近平；

第二個敵人是他的統治方式。這次習近平推動修憲，可謂霸王硬上弓，三中全會提前半年召開就可以感受到黨內對此是有分歧的，但是習近平不管外人怎樣評價，他想做的事就不容反對。這樣的統治方式，會導致一個結果，那就是久而久之，反對的意見聽不到，習近平只能聽到一面之詞，這會嚴重影響他獲得的信息質量，使得他很容易誤判形勢。信息不對稱對習近平來說，當然是潛在的危機所在。

第三個敵人是中共內部他的潛在的對手。從習近平被立為王儲開始，他的對手就層出不窮，從政治局委員薄熙來到政治局常委周永康，從軍隊的上將張陽到地方大員孫政才，可見，在中共內部，對他不服氣的大有人在，說習近平在黨內已經沒有對手，估計連他自己都不會相信。雖然經過五、六年的清洗，但是我們可以肯定，黨內還是會有潛在的對手，說不定這樣的對手因為他的清洗反倒還會增加。

現在的問題是，習近平已經可以連任，黨內暫時沒有人可以抗衡他，這點看起來可喜可賀，實際上危機四伏，因為那些潛在的對手會保持沈默，他們的不滿會更好地掩飾起來。這將導致的一個致命的危機就是，習近平會越來越難發現對手在哪裡。在殘酷的黨內鬥爭中，習近平現在站到了最明亮的地方，他的那些潛在的對手都躲在了陰影裡，用膝蓋想也知道，這是多麼危險的事情。

習近平的第四個敵人，在我看來也是他最大的敵人，就是他自己。習近平作為初中畢業的「博士生」，知識結構陳舊，意識形態保守落後，與時代發展可以說是背道而馳，水平不高是公認的。這種人，沒有危機的時候，不會有什麼問題，一旦有突發事件，能力不足的毛病就會暴露出來。

另外，打擊黨內的對手是每一個中共領導人都會做的事情，但是像習近平這樣心狠手辣，已經可以與毛澤東相提並論，但是他又缺少毛澤東那樣的自信，所以對對手更加不會寬容；這樣的作風，只會樹敵無數。如果說打敗中共的只能是中共自己的腐敗，那麼，目前來看，能夠打敗習近平的，也只有習近平自己身上存在的問題。

有這四個敵人的存在，習近平的皇帝夢固然已經做起來了，但是睡不踏實，也是可想而知的。

趙紫陽的意義是什麼？

一、

我本來是有機會見到趙紫陽一面的。

那是「八九民運」的後期，已經是趙紫陽「五四」講話和「五一九」戒嚴令頒布之後了。這時的趙紫陽，已經在政治上被剝奪了決策的權力，賦閒家中，觀察事態發展。

有一天，一位身為氣功師的長輩去看過他之後，專門到社科院我們「首都各界愛國維憲聯席會議」開會的地方找我，一方面告訴我趙已經失去權力，另一方面也建議我可以到趙紫陽家裡去看看他，並表示他可以從中安排。

當時二十歲的我的頭腦還比較簡單，儘管局勢已經發展到上層政治權力鬥爭的層面，但我仍然覺得自己參與的是學生運動，不宜介入上層政治鬥爭，也不應讓上層政治鬥爭介入我們學生。運動開始時，曾有人表示要介紹我認識鄧小平的子女，被我拒絕，就是因為這個顧慮。

這一次我還是擺脫不掉原來的框架，因此考慮的結果還是婉拒了那位長輩的建議，沒有設法去見趙紫陽。現在回想起來，實在是遺憾。倒不是說見了趙紫陽會對八九民運有什麼正面作用，那個時候的他已經無力回天了，讓我遺憾的是，錯過了一個當面向他表示敬意的機會。

同時，我也深切的感受到，在中共這樣的體制下——趙紫陽，再次扮演了一個悲劇人物的角色。這樣的角色，在中共的歷史上放眼皆是。從被中共徹底拋棄的創黨人陳獨秀，到臨終前對自己的政治選擇產生困惑的瞿秋白，從一心吹捧毛澤東但最終被毛整到死無葬身之地的國家主席劉少奇，到因為總是戴著一副眼鏡就被黨內左派看不慣，總是成為政治鬥爭靶子的黃克誠，他們的政治選擇都成了一生中致命的錯誤。

他們為之奮鬥一生的理想，其實只是一隻異化的怪獸，當他們清醒過來時，才發現為時已晚，他們已經成了自己最討厭的人和最初參加社會革命所想要打倒的勢力。自己被自己一手養大的革命怪獸吞噬，還有什麼，比這個結局更加悲劇的嗎？

趙紫陽在八九年之後，已經可以看到中共對民主的天生抗拒，而他，已經為了這個黨，這個剝奪他的自由，這個把他一生對黨的貢獻一筆抹煞的怪獸，耗盡了一生的心血。趙紫陽心中的痛，又豈是足以為外人道的呢？

趙紫陽去世了，但是作為一個政治符號，他的名字的存在也是一個機會，讓我們再次檢視今日中國的真實面目。

在趙紫陽的時代，中國的改革是全面性的，包括政治改革的討論。但是改革到了今天，已經變成完全侷限於經濟領域的局部改革。在此造就的問題便成了：在經濟高速發展的同時，中國的政治、社會、教育、文化等不能隨著經濟的發展而發展，這種不平衡發展的格局，才是中國的真實面目，也是不穩定的根源。

那些僅僅從經濟角度看中國，因而認為中國沒有政治社會變革也可以穩定發展的人，對中國的瞭解只是單一角度的。因此可以說，趙紫陽的去世，代表著真正的改革已死。今日的中國，表面的繁榮暫時掩蓋住本質上的危機，但是，能夠掩蓋多久，是十分值得質疑的。

二、

我從來不諱言我的政治立場是反共。事實上，我覺得不反共的政治立場還滿奇怪的。然而，我也從來不會因為政治立場反共，而否定共產黨做的每一件事，更不會因為整體上反共而在具體上歧視每一個共產黨員。我一向認為，作為一個擁有九千萬黨員的大黨，不可能每一個成員都是惡人——儘管這個黨是一個邪惡的政黨。

我相信很多中共黨員是惡人，他們入黨就是為了當官貪錢，他們有了權力只會壓制老百姓的權利，他們對自己所屬的政黨其實根本沒有認同和感情。這樣的黨員在中共中應當占大多數，這註定了這個黨最終會被歷史淘汰，因為他們沒有真誠的信仰者。

但是我也從來不否認，在九千萬的中共黨員中，也確實有一些人，他們具有理想主義性格，深知當今政治的弊端；他們入黨是想做一些有意義的事情，而不是想當一個壞人；他們可能力不從心，但是在力所能及的範圍內也會盡量做一些好事；他們之中，甚至真的會有一些人想做一些改變：改變這個黨，改變這個國家。他們也許最終無所作為，但那也是出於無奈。而無奈的原因之一，以及他們回天乏術的原因之一，就是他們的人數在中共黨內太少了。

但是，不管別人是否相信，我相信，會有這樣的共產黨人。這也是我對中國未來一定會走向民主化充滿信心的眾多原因之一。因為，只要中共內部還有這樣的人，那麼，一旦有一天，外部的壓力足夠強大，他們就會從中共的體制中裂變出來，與外部的改變力量站在一起，從而改變中國的走向，就像當年的葉利欽一樣。

讓我有這種貌似過於樂觀，但事實上充滿歷史經驗支撐的信念的，是一個我高度肯定和敬仰的中共黨員。而且，他不僅是一介黨員，也曾經貴為中共的總書記。他，就是趙紫陽先生。

一代悲劇英雄似乎已經從歷史中消逝。但是總有一些什麼仍舊扣人心弦。今天回顧趙紫陽的身影，我最希望世人記住的，就是在他失去權力和自由之後，曾經做出的人生選擇。

眾所週知，「六四」鎮壓之後，江澤民上臺。這個作秀水平遠高於治國水平的人，對經濟改革的熱情不大，引起鄧小平的不滿。一九九二年鄧南巡，一路發表講話，有些話公開發表，有些話至今仍然是公開的秘密。那就是他話語中重提趙紫陽，重新肯定他在八十年代的工作成績和能力。他公開講過的一句話：「十三大的決議一個字也不能動」，實際上就是間接表達對趙紫陽的肯定，因為那份「一個字也不能改」的報告，就是趙紫陽主持起草的。而此時，趙已經被軟禁三年。

另外一個公開的秘密就是，自此以後，鄧小平曾經兩次派人帶話給趙紫陽，告訴他，只要他承認當初支援學生的錯誤，然後重新表態支持「六四」鎮壓的決策，他就可以重新回到權力核心，從政協主席到甚至是重任總書記，都可以考慮。鄧小平這樣做，當然也是一種權術，希望敲山震虎，讓江澤民不要以為他是不可取代的，還是要乖乖聽我鄧小平的話。

而此時的趙紫陽，面臨兩種選擇：一種是放下良心，重新掌握權力，恢復自由，這可以使他的家人子女免除牽連，找到生路。當然，他本人也可以享受榮華富貴。另一個選擇就是，堅守自己的良知，寧願被軟禁至死，也不昧著良心支援鎮壓學生運動。

趙紫陽，選擇了第二條路，他對前來的說客表示，要我出來工作可以，但是中央一定要對「六四」給出一個正確的說法，換句話說，趙紫陽明確表示，不給「六四」平反，他堅持不認錯，不出來工作。這個堅持一直延續到他生命的最後一刻，也沒有動搖過。

瞭解中國現實的人都應當知道，這是多麼難得，多麼艱難，多麼驚天地泣鬼神的選擇啊！又有多少人能夠在曾經到達權力的頂峰，還可以抗拒重新回到頂峰的誘惑？又有誰可以放棄自由和子女的幸福而堅守自己的道德立場？這個世界上，說自己能做到的人很多，真正能夠做到的人很少，在中國人中間更少。而趙紫陽做到了。

同時我也相信，以趙紫陽的高度，他內心很清楚：歷史，早晚會為八九民運討回公道。那個時候，他將帶著榮譽載入史冊。從這一點來講，他也是中共內部頭腦最清楚的人。

趙紫陽不是完人，他的執政也問題很多，他甚至也不是一個民主主義者。但是，在一個人生命中最關鍵的時刻，他固守住了自己做人的底線，那就是寧可不要自由和權力，也不能默許、默認和支持一個政權，對手無寸鐵的愛國學生開槍鎮壓。寧可放棄榮華富貴，也不能愧對自己的良心。這不是一個多麼崇高的理念，但這，是人性的底線。因此，趙紫陽最後的選擇，充滿了人性的光輝。這種光輝，足以令我高山仰止。

問題16

胡錦濤的書法

當年青海玉樹地震，胡錦濤中斷出訪活動來到災區慰問。新聞報導中突出了一件事情，那就是他在孤兒學校的黑板上，拿起粉筆寫了幾個大字：「新校園，會有的！新家園，會有的！」。這塊黑板據說已經被送到了西寧博物館作為文物保存起來，因此，也就具有了分析價值。

眾所周知，書法是一個人的個性的表現。毛澤東為人霸氣，一手的草書也是汪洋恣肆，的確是個人特色的寫照。那麼，以毛澤東的繼承人自居的胡錦濤，他的書法讓我們看到什麼呢？

第一、我相信就算是熱愛胡總書記的人，也不能不承認，他那一筆字實在是夠難看。我們之前看過毛澤東的孫子毛新宇那著名的歪七扭八書法作品，坦率講，胡錦濤的書法只是略微比毛新宇工整一些，但是字體上顯露出的幼稚卻如出一轍。這表明，胡錦濤是一個對文化生活缺乏興趣的人；否則，稍微有一些文化品味的人，也會對自己的筆跡多少進行一些努力提升的。中國的國家領導人，喜歡到處題詞，因此對於自己的書法相當在意也是一種傳統。從毛澤東以下，一直到江澤民或者溫家寶，題詞的書法水平參差不齊，但是基本上都還看得過去。胡錦濤一貫遵循黨內傳統，但是書法如此之差，可見其政治外的生活之乾硬枯燥。而其書法，一筆一畫，極其橫平豎直，更可以看出其為人的貧乏僵硬。

第二、一般而言，國家領導人題詞，往往出秘書事先做一定準備。但是從胡錦濤用粉筆來寫的狀況分析，這次題詞應當是他心血來潮。然而，正是因為沒有腹稿，題詞的內容才能反映出一個人內心的思想線索。凡是經歷過一九五〇年代的人，都會感覺他的題詞很耳熟，因為會讓人聯想到《列寧在一九一八》裡面那句著名的台詞：「麵包會有的，牛奶也會有的」。這兩句題詞，除了明顯地缺乏文采之外，可以明顯地看出，在胡錦濤的思想意識深處，一九五〇年代的蘇聯式教育影響是根深蒂固的，以至於他在需要臨時題詞的時候，腦海中第一時間浮現的還是那個年代的敘事內容。胡錦濤曾經在回答「閱讀過什麼世界名著」的時候，提到前蘇聯的意識形態宣傳作品《卓婭和舒拉的故事》，也可以作為以上分析的又一個佐證。

我們當然不會要求作為國家領導人，一定要文采飛揚，出口成章。前任總書記江澤民，倒是琴棋書畫，樣樣都來，也只是落人笑柄而已。但是，從胡錦濤的書法，我們不難看出，貫穿他思維的一條傳承主線，顯然還是中共老一套的意識形態，而他本人，又是拘泥型個性，這樣的領導人，其治國風格就可想而知了。因此，從胡錦濤的書法看胡錦濤，我們可以得出一個結論，指望他扮演一個改變歷史的人物，那就叫做：「緣木求魚」。

問題 17
胡錦濤的數學

中共一向有「數字治國」的傳統：從華國鋒時代的「兩個凡是」到鄧小平的「四個堅持」，然後是江澤民的「三個代表」，後來，又來了胡錦濤的「八榮八恥」。

所謂「八榮八恥」，是胡錦濤統治期間提出來的政治要求，其內容是：「以熱愛祖國為榮，以服務人民為榮，以崇尚科學為榮，以辛勤勞動為榮，以團結互助為榮，以誠實守信為榮，以遵紀守法為榮，以艱苦奮鬥為榮」，「以危害祖國為恥，以背離人民為恥，以愚昧無知為恥，以好逸惡老為恥，以損人利己為恥，以見利忘義為恥，以違法亂紀為恥，以驕奢淫逸為恥」。「八榮八恥」的提出，其實進一步凸顯出了胡錦濤的平庸。

所謂「榮辱」這些道德標準，本來就是文明社會的基本準則，中共建國已經將近六十年，而且始終以改造人的靈魂，建設社會主義文明為執政重點，現在居然還要大力提倡這些最基本的道德，自曝其短的勇氣倒是令人欽佩。

問題是，為什麼從「五講四美三熱愛」到「社會主義精神文明」，中共的道德建設運動連綿不斷，現在還要從道德的ＡＢＣ提倡起，而且中國社會道德水平的下降已經成為各界的共識呢？問題在於中共都是嚴格要求人民，從來不要求自己。所謂道德建設，都是一些「假大空」的花招。現在面對中國道德滑坡的社會現實，胡錦濤無意從政治、法律等制度層面入手，只知道回到中共「假大空」宣傳，搞政治運動的老路上，這不是平庸是什麼？

就算是搞老一套的政治運動，號稱「新世紀領導人」的胡錦濤按理說也應當令人期待有一些新的做法。但是我們看看所謂「八榮八辱」的推廣，仍然是發行教育讀本，製作「八榮八恥道德歌」下放教唱，甚至是製作「榮辱觀」卡片發給中學生，還要求各級校長把推廣「八榮八辱」當作自己的工作成績標準。

這些我們在中共建國以來的歷次政治運動中耳熟能詳的政治運動手法現在重新出現在中國大地，真讓人有「不知今夕是何年」的感嘆。也再次讓我們見識到，做政工幹部出身，一生都在中共政治圈子裡面成長的胡錦濤，不僅擅長「拼政治」，而且毫無創新。從「八榮八辱」上面就可以看到胡錦濤的成長經歷對他的深刻影響。這樣的人，能不平庸嗎？

海外評論家胡平說得好：「一場文化大革命，那一代人的精華幾乎消耗殆盡，能夠存活下來並且爬到高位上的一定是平庸之輩」。胡錦濤，其實就是這樣的平庸之輩。從西方到海外，對胡錦濤都有一些過高的評價，什麼「深藏不露」啦，什麼「城府極深」啦，都是隔霧看花的幻想。最重要的標準就是他做了什麼。而「八榮八辱」告訴我們的，就是「怎樣一個平庸了得」。

習近平上臺之後，大刀闊斧地推動反腐，一度獲得了外界的一些好評。這樣的好評，一部分他當感謝胡錦濤。因為就是胡錦濤的平庸，使得他統治的十年無所作為，用國內流行的話講，就是大家都「抱著炸彈氣鼓傳花」。這樣的平庸，任何一個人上臺，只要跟胡錦濤對比一下，都會顯得大刀闊斧。

問題 18

為什麼我看到溫家寶就想笑？

中國前國務院總理溫家寶從公眾的視線中消失有一陣子了。前一段時間，前香港地區人大代表吳康民公布了一封溫家寶的來信。這封信不長，所以我先全文照登，然後再說說為什麼，我看到他的這封信就想笑。

康民先生：

在香港文匯報上，看到先生一篇短文《溫總贈書》，甚感親切。先生《論時政》一書，延東副總理早已轉我。其中，談到我的幾篇文章，先生不僅在目錄中畫了紅線，而且在文內亦紅線標明重點。先生如此細心，很讓我感動。在此，一併致謝。

我任職屆滿，離開工作崗位已經九個多月了。這段時間，我在家中過著一個退休老人的生活：鍛鍊、讀書、習作、會友。我仍十分關心國內外大事。我希望國家不僅有強大的經濟、科技、文化實力，而且有高度的文明和高尚的道德。我希望社會要團結、友愛、包容，唯其如此，才能凝聚人心，才有力量。

康民先生，我奉獻國家數十年，努力工作，絲毫不敢懈怠。我熱愛祖國和人民，追求社會公平正義，心甘情願地把自己的一切獻給民族振興的偉大事業。我追求完美，是做人的完美、人格的完美，為實現自己信念而奮鬥的完美。我從來沒有，也絕不會做一件以權謀私的事情，因為沒有任何利益能夠動搖我的信念。現在退下來了，我要走好人生最後一段旅程，赤條條來到世上，乾乾淨淨離開人間。

康民先生，我經常在香港報刊看到您的文章，透過那些肺腑之言，我深深感到您對國家和香港命運的關心，對社會和人民的責任感。您的文章，給人們以深刻的啟迪，也留下鮮明的時代印記。我時常想念先生，願先生健康長壽。新年將至，祝您及您的全家新年好，新春快樂。

好了，這就是溫家寶給朋友的信。首先，我要說，我覺得溫家寶這封信太矯情了，這是因為：

第一、這怎麼可能是溫家寶給吳康民的私信呢？吳康民縱然有天大的膽子，也不可能敢把一封私信給公開發表出來，這甚至都有違法的嫌疑了……事情很清楚，是徵得溫家寶的同意才發表的。而且，更合理的推測應當是，這根本就是溫家寶有話想對外說，才寫的信。有話你就公開說嘛，還非要用私信的形式，搞得好像自己不說，是別人說出來的一副扭扭捏捏的樣子，這不是矯情，什麼是矯情呢？溫家寶一貫如此，用這樣的方式噁心我們好幾年了。

第二、溫家寶過去被批評是影帝，就是因為他的發言聽起來冠冕堂皇、義正辭嚴，但是聽者總是有點想笑。之所以如此，很大程度上是因為他習慣用很宏大、很莊嚴、很氣壯山河的詞彙，聽起來不像是要說明一個道理，倒像是要排列組合一些格言名句。這封信中他還是老樣子（證明不是偽造），什麼「我追求完美，是為追求自己信念的完美」啊，什麼「您的文章留下鮮明的時代印記」啊之類的。一個簡單的事，非要用那麼拔高的詞語來表達，這不是矯情，什麼是矯情？而且，在我看來，這根本就是「大字報體」的語言，屬於「文革遺毒」。

但是，本文的重點不是分析他的表演藝術，而是在於提醒大家注意這封信並不矯情的一面，反映溫家寶內心的一面，以及背後反映出的中共內部權力運作的蛛絲馬跡。

如前所述，這份所謂寫給吳康民的「私」信，其實是一封公開信，是寫給外界看的，也是透過「出口轉內銷」的方式寫給自己的政治對手看的。如果溫家寶真的像他自己說的那樣——「這段時間，我在家中過著一個退休老人的生活：鍛鍊、讀書、習作、會友」，他就沒有必要公開發表這封信了。他的這個動作，應該是迫不得已的動作，是不能不為的動作，因此也並不矯情。這封信至少告訴我們兩件事：

第一、溫家寶確實受到此前外界對他的家族貪腐報導事件很大衝擊。外界已經有傳言說中共已經對他立案審查，這雖然未經證實，但是他在這個時刻，發表這封主訴「我絕沒有做以權謀私的事情」的公開信，反倒證明了他急於洗刷自己的清白。他為什麼這麼急呢？如果他的安危沒有問題，他不是應當老神在在的嗎？

其實，關於他的家族腐敗的傳聞早在他還在臺上的時候就流傳甚廣了。傳聞中，溫家寶的妻子張蓓莉和兒子溫雲松、女兒溫小萌都與平安保險集團的董事長馬明哲有很深的經濟瓜葛：化名「鄭建源」的溫雲松所接受的平安保險的巨額股票，在香港上市後的價值超過七十億，回國不久的溫雲松，一躍成為中國排名第六的富翁；而張蓓莉則是中國最大珠寶公司的大股東。另一位傳聞中溫家寶家族的富翁是他的女婿徐明，這位迅速崛起的年輕企業家，掌控著中國足壇實力斐然的「實德系」，主要在化工建材等方面發展，短短幾年，財富也達到幾十億人民幣。至於在網上流傳甚廣的馬明哲直接向溫家寶女兒贈送別墅一事，所涉及金額，與家族成員所擁有的財富相比，就顯得微不足道。

在實施嚴格新聞控制的中國，關於溫家寶家族腐敗的傳聞當然還只是傳聞，除《二十一世紀經濟報導》旁敲側擊地提及，並無其他媒體的跟進報導。但是，關於中共領導人的個人傳聞，卻往往比媒體報導更為可信。前總理朱鎔基的兒子朱雲來掌控的中金公司在中國資本市場上翻雲覆雨，早已使朱鎔基的「清官」形象蒙塵，而江澤民與宋氏歌星的傳聞，至今還是中國人酒桌上心照不宣的笑談。而溫家寶家族腐敗的傳聞，似乎比以上兩位前領導人的傳聞有更確鑿的「事實」，所以，我們有理由懷疑，傳聞未必只是傳聞。

他信中那一句「我要走好人生最後一段旅程，赤條條來到世上，乾乾淨淨離開人間」，應當是信中最不矯情的一句話。不是處於危急境遇的人，很難想像會講出這麼情緒性的話來。到底溫家寶現在遇到什麼處境了？這才是值得觀察的地方。

第二、作為中共卸任總理和政治局常委，溫家寶應當有充分的黨內渠道可以維護自己的清白。他更應當知道，這封信帶給外界的政治資訊，等於洩漏了黨內的政治動態。但是，他卻無視黨內成規，公開借助外力表達他的想法，這表明中共內部的權力鬥爭，已經到了不可能風平浪靜的程度了，過去的成規已經無法約束或者滿足不同意見者的政治需要了。這一點會在多大程度上，影響到習近平統治的穩定，更值得外界觀察。

中共統治表面上看總是穩如泰山，你要是真的這麼以為，那就是大錯特錯了。其實那僅僅是因為黑箱作業的關係，內部如何，我們無法看到。但是我們知道的是，一個龐大的專制體制，一定是從內部的鬥爭和分裂開始結束自己的生命的。這，就是我們不能不重視溫家寶這封信的原因。

問題19 周永康是因為經濟問題被整肅嗎？

原來曾經在中國政治高層中不可一世，一度權傾朝野的周永康，現在即將受到黨紀國法的處理。真是令人感慨啊，活活的一幅《紅樓夢》的場景：眼看著他樓起了，眼看著他樓塌了。雖然習近平決定懲處周永康到什麼樣的程度，現在還不得而知，但是從各種跡象看，周永康被調查，以及未來受到嚴厲的刑事懲處，應當是板上釘釘的事情了。

周永康被整肅，外界都認為是跟中共在反腐方面的部署有關，要「打大老虎」給國人看。境內外也陸續傳出周永康貪腐和玩弄女性等小道消息，似乎周的垮臺完全是因為他的貪腐和腐化行為。這當然是事實，但是應當只是事實的一部分。畢竟，如果真的是要「打大老虎」，在卸任甚至現任的更高級別的中共領導人中，家族貪腐的程度比周永康嚴重的，所在多有，原國家副主席曾慶紅就是最常被外界點名的一個。

我認為，有另外一件事，與貪腐無關，卻是使得習近平一定會整肅周永康的重要原因，那就是政變問題。

外界如果不健忘的話，應當還記得，十八人召開前夕，中共內部權力鬥爭達到血雨腥風的地步，其劇情之奇詭曲折，不亞於宮廷大戲《甄環傳》。而其中令人印象極為深刻的一幕，就是《紐約時報》、《金融時報》等西方主流媒體，接二連三爆出時任國務院總理的溫家寶，和準備接班的習近平，這兩個人的家人以權謀私，積蓄巨額財富的消息，這些報導鉅細靡遺、資料詳實，甚至披露了相關銀行往來帳戶。在北京的各個港台與西方的媒體，都曾經收到過類似的爆料，顯示出這是有組織的行為。

儘管《紐約時報》等媒體一再聲稱，這些材料都是他們自己調查的結果，但是我們也都知道媒體經常為了保護自己的消息來源而拒絕透露真實的爆料者；而連續幾篇重量級的爆料文章在「十八大」前夕刊登出來，恐怕沒有人會相信，這背後沒有中共內部的某種力量在操作。

試問：在當今中國，誰有那個膽子和能量，敢把溫家寶和習近平的家族金錢狀況調查得如此一清二楚，然後寫成材料，交給西方媒體？是哪個政治派別，會仇視強力反對「重慶模式」的溫家寶和即將接班從而阻擋了別的太子黨野心的習近平？不用多想我們就知道，在中共內部各個政治同盟中，只有周永康和薄熙來這一對政治盟友具備這樣的能力、動機和膽量。我們可以合理推測，給西方媒體遞交黑材料，試圖打擊政敵溫家寶和習近平的，應當就是周永康。他根本就是「裡通外國、洩漏國家機密」。而這樣做的目的，已經可以說是要發動一場政變了。

政變有各種形式，武裝奪取政權是一種，軟禁甚至殺死政治對手是一種，在政權內部策劃陰謀，通過向外界洩漏內部消息的方式，試圖影響既定的政治安排，也是一種政變。正是從這個角度出發，說周永康「十八大」之前的動作是某種程度的政變，也不算空穴來風。

「十八大」塵埃落定之後，習近平權勢鞏固。對於那個當初曾經想透過向外界爆料自己家族金錢利益的政治對手周永康，習近平怎麼可能放過他？習近平當然不能說周永康要政變，這等於自曝其短，所以他要找一個別的理由，來懲治周永康的洩密行為和政變企圖。這個理由是什麼呢？在中國政治中，這個理由也太好找了吧，那就是：腐敗。於是，周永康就作為腐敗分子落馬了。其實，腐敗怎麼可能是真正的問題呢？腐敗問題，只是幌子而已。外界要是以為打擊周永康，就是因為他的腐敗行為，那就太小看中國共產黨了。他們整治內部的叛徒，手法其實很高明的。這一點，周永康、薄熙來心裡最清楚了。

問題 20 為什麼說太子黨也不是鐵板一塊？

不管大家喜歡還是不喜歡，至少在未來的一段時間，作為中共內部一個堅強派系的太子黨集團，將會牢牢掌握中國的黨政軍實際權力。中國的走向，很大程度上取決於這個集團的決策。但是，如果我們以為太子黨的全面接班，就代表所謂「紅色政權」的牢不可破的話，恐怕也是把問題看得太簡單了。因為如果我們回過頭看歷史發展的脈絡，就會發現，其實，太子黨也不是鐵板一塊，他們的內部，一定會產生分歧。

一九八〇年中國開展基層人民代表選舉，在北京等地的高等院校，一批「文革」後入學的「七七屆」大學生以民主實踐為目的，投入了這次選舉。包括後來在八十和九十年代的思想界和社會運動中發揮過重要影響的胡平、王軍濤、張煒、房志遠、袁紅冰、楊百揆、張曼菱等等。其中也包括「文革」中父母被打倒的高幹子弟。

劉少奇的兒子劉源現在已經是上將軍銜，是解放軍的最高領導集團成員，也是典型的太子黨成員。讓我們回顧一下他當初參加競選的時候，關於自己的參選動機的演講，你會不敢相信自己的眼睛。他說：

「這十幾年，我與全國人民共同經歷了一場可怕的大災難，我的家中死了四個，六個進監獄。我自己，起碼可以說不比任何人受的苦再少了。我甚至都不敢完完整整地回顧自己的經歷，那太令人不寒而慄了。但是，那一幕幕，一場場景色都深刻在我心裡，不時地浮現腦際，不讓我安寧。我想任何一個曾無言地與父母生離死別的孩子都會有這樣的感覺。我走過唾沫和侮辱的狹道，曾幾次被拋入牢房，在那裡埋葬青春；在餓得發瘋的日子我像孤兒一樣生活過，像狼一樣憎恨世界。那些年，我咬著牙活下來。誰曾目睹過父母在侮辱的刑場上，在拳打腳踢中訣別？誰曾親眼見過有人往才九歲的小妹妹嘴裡塞點著的鞭炮？大家能想像我心裡的滋味。我咬著牙，一聲沒吭。從十幾歲起，我就在鞭子下勞改，在鐐銬的緊鎖中淌著鮮血；多少年，在幾千個日日夜夜裡，每一小時我的心都在流著血和淚。每時每刻都忍受著非人的待遇和壓力。我緊緊地咬著牙，不使自己發瘋。為什麼？就是為了看到真理戰勝邪惡的一天。今天，回顧以往的苦難，我絕不允許讓別人、讓我們的子孫後代再經歷這樣的苦痛！我必須站起來為人民說話。為了避免災難重演，就必須鏟除產生封建法西斯的土壤，實現民主，不管有多難，路有多長，我們必須從現在起就去爭取民主。」

「文革」的慘痛經歷，使得一些高級幹部的子女在八十年代表現出了相對其父輩較為認同民主制度的傾向，劉源並不是唯一的例子。根據曾經在中央辦公廳工作的吳稼祥的回憶，一九八七年左右，他曾經在中央政治改革研討小組看到當時擔任人大常委辦公廳研究室副主任的鄧小平的女兒肖榕的一篇發言，「充分肯定西方發達國家的議會制度，認為其中一些東西可為我國借鑑」。八十年代初期的思想解放運動中，這一批太子黨成員也扮演了一定角色。

現在，太子黨即將全面掌握中國政權，外界對於他們難免會有種種的猜想。回顧劉源在競選時期的表現，我們不知道他們經過八十年代到九十年代的演變，原來曾經有的一點傾向民主的思想還殘留多少。但是至少從歷史淵源上看，太子黨中曾經有一批人是對中共及其制度有過一定程度的反思的。這一批人還包括後來在「六四」期間主張和平解決學潮問題，並串聯鼓動幾名上將聯名反對武力鎮壓的幾名高級將領的子女，例如羅瑞卿的女兒羅點點，例如最近公開為參加「文革」打人行為而道歉的陳毅元帥的兒子陳小魯，包括公開主張為「六四」平反的胡耀邦的次子胡德華等等。

太子黨中，有薄熙來這樣為了個人權力，不惜重新尋找「文革」幽靈的，也有陳元、王軍、孔丹這樣掌控了中國經濟和金融命脈的，但是也會有對局勢持有比較清醒，甚至是開明的看法的，過去的潘嶽與現在的胡德平、陳小魯就是。總之，太子黨也不是鐵板一塊。

問題21　太子黨的政治性格是什麼？

中共「十八大」的人事大戲落幕，外界的一致看法，是在這一場黨內的權力角逐中，太子黨獲得江系的支援，大勝團派。顯然，未來的中國政局，將會在很大程度上受到太子黨的掌控。因此，對太子黨多一些瞭解和分析，有助於我們評估未來中國政治發展的可能性。

我認為，作為旗幟鮮明的政治派別，太子黨與團派相比，具有非常不同的四個政治性格：

第一、太子黨情緒化衝動的個性明顯。薄熙來就是典型的例子。他在處理谷開來的問題上一時情緒衝動，動手打了身居副市長高位的王立軍耳光，這是王立軍憤而逃奔美國領事館的直接導火索。這在溫良恭儉讓為風格的團派那裡是不可能出現的事情。試想，如果他沒有一時衝動，而是沈穩地安撫住王立軍，那麼很可能他現在就是政治局常委了。正所謂「小不忍則亂大謀」，而「忍不住」、「不想忍」，恰恰就是很多跋扈的太子黨成員的個性。習近平在前幾年看上去韜光養晦，謹言慎行，但是有一次在出訪中美洲的時候還是忍不住教訓美國「不要對中國的事情說三道四」，不經意間流露了內心的霸氣，這應當也是一時情緒衝動的結果。你很難想像胡錦濤會說出這樣霸氣的話來。這一批太子黨成員，因為家庭背景，不需要顧忌太多，因此會表現的更加情緒化也是不難想像的。

第二、與情緒化相連接的，就是太子黨成員比較會突出個人特色。如果我們說團派成員比較千篇一律，人人一張撲克臉，站在團隊中看不出誰是誰的話，那麼太子黨的很多人很容易辨識，不憚於特立獨行。薄熙來就是突出的例子，王岐山也是。習近平這一次率常委班子出來見媒體，所講的一番話完全不按照官方的腔調，也是個人色彩的凸顯。如果把團派比喻為羊群的話，太子黨的集體個性比較像狼，而狼的屬性，就有突出個體的成分。

第三、團派這個政治派系有個特點，就是團結。很少聽說團派成員互相攻擊或者挑戰派系首領的；但是太子黨則不然。這個派系尚未掌權，已經爆發薄熙來不服氣習近平的事件，深刻反映了太子黨內部嚴重的對立與分歧。這種對立與分歧，不僅僅是因為政策、路線和個人風格上的不同，也是因為身為太子黨，他們的父輩長期在戰爭和政治鬥爭中產生的派系對立和歷史恩怨。例如四個野戰軍形成的軍內四個山頭，自然會傳承到現在的權力關係中。當年除了毛澤東以外，其他開國元老基本上是平起平坐，他們的子女如今面對大位，當然會有不服氣的挑戰動機。

第四、太子黨的成員，因為父輩的關係，大多在「文化大革命」中曾經墜落塵世，飽嚐人間甘苦，也曾經成為普通的「人民」一員。這種經歷使得他們的民粹主義成分比較濃厚，因此比較會用一些拉近與人民的感情和關係的語言進行宣傳。換句話說，太子黨的「表演性政治」色彩會比胡錦濤這些人更強烈一些。習近平上臺以後，大力營造反腐氣氛，就體現出迎合民意的民粹主義趨向，排隊買包子吃的一場作秀更是典型的太子黨性格。未來我們也會看到太子黨成員更多的「貼近人民」的舉動。當然，這並不代表他們真的把自己當作人民，他們最多是民本主義者，不會是民主主義者。

個性決定命運，太子黨的政治個性，使得每一個人都不是省油的燈，這會導致未來中國的政局，一定是好戲連台、驚濤駭浪，不可能四平八穩地發展。

問題 22

為什麼不能寄希望於中共出現戈巴契夫？

中共「十八大」以後，習近平上臺，剛開始的階段，外界的評價褒過於貶。很多自由派知識份子都對新的班子充滿期待。中國幾十位知名知識分子上書，呼籲當局銳意改革，當年對「胡溫新政」的期待似乎再度上演。這樣的期待，很多是建立在對習近平、李克強、王岐山與俞正聲等新領導人之個人風格的肯定基礎上的。因為大家看到，習近平等人一反胡錦濤呆板拘謹、語言僵硬的作風，敢於用自己的表達方式，敢於展現個人風格。王岐山推薦大家閱讀《舊制度與大革命》就是一例。

這樣的期待，其實還是中國政治傳統中對於清明統治，對於開明君主的期待的翻版，還是把國家的命運寄託在某個或者某些當權者的基礎上。這樣的期待，表現出來的，就是對人的關注，大於對制度的關注。但是，大家似乎忘記了，所謂強人統治的時代已經過去，現在台面上的這些人物，其實受制於很多因素，其中就包括體制本身。

我舉兩個例子就可以說明，他們是如何被體制框限住的：胡錦濤在清華大學就學，最好的朋友就是同班同學，後來流亡海外的原四通集團總裁萬潤南，他們年輕時代曾經結伴到各地旅行，感情之好可見一斑。現在萬潤南體弱多病，但是胡錦濤執政十年，萬潤南卻始終未能被允許回到中國治病。胡錦濤曾經大權獨攬，至少，決定一個人是否可以回國這樣的事情，他只要堅持，是不會有人反對的。但是他為什麼如此沒有人情呢？

另一個例子是，現在的解放軍上將劉源，一九八〇年在北京唸書的時候，曾經參加民主選舉活動，他曾經在競選演講中信誓旦旦地表示，要致力於推動中國的民主化。那絕對是他有感於「文革」中全家受到的迫害而發出的肺腑之言，在當時的情境下，應當是可信的。然後當他進入政壇，從基層做起，一直到現在軍權在握，卻並沒有絲毫推進政治改革的動作。

我們不能說胡錦濤是一個完全沒有人性的人，一個完全沒有人性的人，也就不會那麼平庸了。我們也不能說劉源當初的宣誓是刻意的欺騙，很多經歷過「文革」的老幹部的子弟，都有跟他類似的看法。但是為什麼他們最終儘管已經掌握權力，卻不能做一些符合基本人性和初衷的事情呢？

這是因為，在中共長期的政治鬥爭形成的環境下，一個人一旦進入黨內，尤其是進入政治運作的機制中，他就不再是一個獨立的個人，他就不可以再用私人情感和立場來進行政治決策，因為他已經成了體制的一部分。換句話說，當一個人進入體制，他就不再是一個人，他就是體制或者是一個作為體制的人。而中共審查和提拔幹部，是否能把黨性放到人性之上，就是一個根本的標準。像胡錦濤和劉源這樣的人，能夠爬上現在的位子，顯然已經通過了體制的考驗。這個體制，也可以表述為所謂的黨性。

中共的政治紀律，就是黨性一定要高於人性，這是中共能夠維持黨對國家的統治的重要法寶。中共歷史上那些曾經試圖把人性放到黨性之上的人，都遭到了整肅，下場淒慘。前總書記胡耀邦和趙紫陽就是典型的例子。

因此，在我看來，外界對於習近平這一批領導人的期待，很多是出於對於個人因素的探索，例如習仲勳對於兒子的影響，例如過去插隊的經歷對知青一代領導人的影響等等。這些因素確實存在，但是都無法與體制本身，與黨性抗衡。面對中共這一套已經行之有年而且固定成型的政治機制，我們怎麼可能把希望寄託在個人身上，期待出現一個中國的戈巴契夫呢？那是典型緣木求魚的想法。

問題 23 難道中共就一無是處嗎？

這些年我在台灣教書和演講，基本的主題，就是「如何認識中國」。這是一個需要再三探討的問題，因為中國確實太大，國情特殊而複雜，如果沒有一些正確的認識方法作為前提，是很難準確判斷中國的發展變化的。對於前來台灣的中國學生，以及對中共抱有期待和友善態度的人來說，他們心中一定會對體制的批判者抱有這樣一個疑問：難道，中國一切都很糟嗎？共產黨一無是處嗎？

這其實是一個很好的問題，因為他們問得有道理。中國的現狀並不是一切都很糟糕，中共的一些政策不僅是有效的，而且甚至是進步的，這一點我當然承認。我來舉一個例子：北京市交通警察大隊，要求交警在執行檢查酒駕的任務時，必須佩戴執法記錄儀，全程記錄執法過程，一旦有執法糾紛可以作為依據。值得肯定的是，該大隊還專門規定，如果警員沒有佩戴執法記錄儀，一旦出現群眾投訴現象，則一律認為是對方說的正確。坦率講，這樣的規定，在平衡警方執法權利和人民的權利保障這一點上，是相當具備人權觀念的做法，政策的出發點是站在保護人民，限制警察權力的立場上的。我看了這個規定，都有點吃驚：這，跟我們平常認知中的那個警方過當執法，國家權力橫行無阻的中國政治現狀，不是有很大的衝突嗎？到底，哪個才是真正的中國？

套用一句台北市長柯文哲的口頭禪——我想這個事情是這樣的：

首先，我們本來就不應當有一種認知，覺得中共制定的一切政策都是錯誤的，他們做的任何事情都是邪惡的；不管他們的動機是什麼，要在這些年來中國的發展中找出進步的因素，是並不太困難的。這就是當我們批判中共的時候，有些中國的學生不服氣的原因。但是，這些學生沒有想很多的，是其次。

其次，我們在承認中共有很多政策是理性的、進步的，甚至是符合人權保障的同時，我們也絕對不能否認另一點，那就是，中共也有很多政策是非理性的、是反動的，是嚴重侵犯人權的，對互聯網的管理，對報紙言論的管制就是典型的例子。那麼，面對這樣的一個中共，它既有不斷進步的一面，也有不斷倒退的一面，我們要如何去做一個整體的判斷呢？關鍵在於第三。

第三、正確認識中國和中共，應當做的，是整體的評估，而不是執著在某一個具體的政策和做法的評價上。儘管我們隨便就可以找出一大堆中國在政府治理上已經採取的進步措施，但是同時我們也要看到，就其執政和制度的主體部分和基本規則來說，無論是軍隊接受黨的領導，還是完全沒有真正的選舉，無論是言論的治理，還是司法無法獨立，這些不僅是無法否認的存在，而且是更加本質的部分。這些本質的部分，才是我們用來評判中共統治的性質的根本標準。而那些零七碎八的現象，都無法掩飾這個本質，那就是：不管中共表面上做了哪些改革和進步，但是，它一黨專制的極權政治本質才是最重要的。這個不變，對它的批判就沒有理由改變。

這就像是狼外婆的故事：一隻狼，哪怕看上去長得慈祥如同外婆，有的時候也確實像外婆一樣慈祥，但是，它還是一隻狼。

III

如何看待中國的現實

問題
24

如何評價中國的改革開放？

一、

在回顧與反思四十多年中國所謂的「改革開放」的時候，我們首先必須要釐清兩個概念：第一、我們在回顧的時候，談論的到底是「改革」還是「經濟改革」？如果其實我們講的僅僅是「經濟改革」，那麼我們必須承認中國三十年的經濟發展是快速的，人民生活水平有了明顯提高，國家基礎設施建設有了長足發展，在「經濟改革」這個領域，成就是不容低估的。但是，如果我們是以「改革」為討論的內容，我們就必須瞭解，「改革」是綜合性的社會機制調整，經濟領域僅僅是社會的一部分，而「經濟改革」也僅僅是「改革」的一部分，當我們討論「改革」的時候，就必須把政治改革、社會改革、文化改革乃至於教育制度的改革等等統一起來做綜合的判斷，而不能以經濟改革的成就作為整個三十年中國改革的單一評估標準，否則就很難說是一個完整而客觀的判斷。

第二、當我們討論到「改革開放」的時候，我們必須注意到，「改革」與「開放」也是兩個不同的部分。中國三十年來走過的道路，到底是「開放」的成分更多，還是「改革」的成分更多，直接關係到我們對三十年改革開放總成績的評估。

在我看來，中國三十年來，基本上是以「開放」作為所謂「改革」的基本模式。對內，無論是家庭聯產責任制，還是股票市場的設立，大多是以政策放開，刺激生產力為主要目標；對外，無論是引進外資，還是加入WTO，則主要以向外開放中國的市場為主要目標。但是真正觸及舊制度核心的經濟改革卻乏善可陳，這也是三十年來，國有經濟部分增長不足，全靠外資以及民營經濟帶動經濟增長的發展模式的原因之一。舊制度不動，企圖依靠開拓新領域來拉動國民經濟增長，這導致了一邊是高速的經濟增長，另一邊是舊的矛盾沒有解決，新的矛盾不斷出現的狀況。

至於說政治和社會層面，就更是不僅沒有真正的改革，連開放也舉步維艱，以至於在改革開放三十周年之後的今天，中國要舉辦奧運會，還要以開放媒體作為交換條件。因此，開放多，改革少，也是中國三十年改革開放的特點之一，或者說，是中國特色的改革開放的真實面目之一。

只有先釐清了這樣的概念，我們才能進一步對中國的三十年發展做出客觀的評估。

二、

此外，還要釐清的概念，就是「改革」這個詞本身。

在毛澤東時代的紅色中國，最具神聖性的字眼是「革命」和「階級鬥爭」，到了鄧小平及後鄧時代，「改革開放」和「穩定壓倒一切」成了中共統治的思想基礎。尤其是「改革」二字，更是成了中共的神主牌，不僅用來作為號召國內民眾的旗幟，也是用來博取國際社會好評的標竿。

但是，這個所謂的「改革」是真正的改革嗎？我認為如果深入表象背後去探究，就大有質疑的空間。

改革者，變換革新之意，從詞義上講，並不具備必然的神聖性和合法性。只有當改革的矛頭對準錯誤、落後的東西，致力於創造正確、人性的新事物時，它才應該獲得人們的贊同。「改革」也並不必然朝向正確的方向。比如說，目前中國和美國都要求對聯合國進行改革，但二者所說的改革，顯然不是同一個含義。

自中共十一屆三中全會以來，改革開放逐漸成為中國最時髦、最權威的字眼，有賴於胡耀邦、趙紫陽、習仲勛、萬里等深切體會到文革之錯誤的中共領導人大刀闊斧的工作，上世紀八十年代，「改革」一詞的含義，基本上代表了人性、開明、思想解放、破除積弊等積極的因素，也正是由於他們卓越的工作，「改革」一詞獲得了朝野的一致喝采與支援。

但在「六四」之後，意識形態徹底破產的中國共產黨，儘管還在使用八十年代的那些字眼，可在私底下，卻對這些字眼的實質含義，進行了巧妙的篡改。我們都知道，鄧小平說過，十三大報告一個字都不能改，可是，回頭看十八年前的中共十三大報告，人們會驚訝於中共對十三大上的政治體制改革的承諾，一點都沒有兌現的誠意，反而與當時的承諾背道而馳。

而經濟改革的過程，更成為赤裸裸的資本原始積累。改革變成當權者利用國家政權，合法地剝奪屬於全民的國有財產，轉換成利益集團的私有財產的資本重新分配的「戲法」。如果說，八十年代的改革還是大多數階層受益的話，現在的所謂「改革」，卻是利益回收的過程。在利益重新分配帶動的繁榮表象下，是大多數階層的利益受到損害。難怪有人說，在今天的中國，「改革已死」。

問題是，如果「改革已死」，接下來的前景是什麼呢？是不是就是「革命萬歲」呢？相信事實會很快給出答案的。

三、

回顧中國四十年改革開放的結果，有四個特點是不應忽視的。這四個特點，使得中國的改革開放的路徑與其他國家的發展路徑大不相同，從而形成了中國自己的特色。因此，傳統的發展理論，比如中產階級與社會民主化的關係等等，無法適用於中國現實。

第一個特點就是，中國改革取得了巨大成就，特別是在經濟領域。但這些成就很難完全歸功於中共政權。社會本身積蓄了極大的能量，在政府放開的領域噴發出來，是中國經濟高速增長的重要動因。國際資本尋找市場以獲取利潤，也是支撐中國經濟增長的重要因素。如果說徹底否認這個政權在經濟方面的正面意義，有點偏激的話，那麼我們至少可以說中國當局在中國經濟發展上，在很大程度上本身也是需要克服的障礙。這種障礙尤其明顯地表現在縱容權貴集團瓜分國有資產，從而一步步加劇社會不公正程度方面。隨著改革的停頓、政府腐敗程度的加重，它的障礙作用現在越來越明顯。

同時需要注意的是，一方面，政府的權力範圍在縮小，權力的有效性、集中程度在下降，這是指在越來越多的領域、地區，比如鄉村、比如工廠，比如在各種社會福利中，連黑奴工這樣的事情都會堂而皇之地出現，而且地方、部門的利益在強化、固化。但另一方面，政府的權力受到的限制也在縮小，動員能力在加強，甚至權力的集中程度也在提高。比如，各個地方都是一把手專政，這是在改革前的時代也見不到的，由於手裡有了大量的財富，他的行動能力也得到了大大地強化。

同樣，一方面在法制的建設上，的確有了很大進步，無論是立法還是司法，程序的重要性得到了重視，但同時，政府恣意妄為的程度也在大大加強。事實上，可以這樣說，在日常的事情上，政府變得越來越講規矩，而在它認為特殊的時刻，能更加肆無忌憚地突破、終止法律的行使。這些表面上看起來矛盾的現象同時存在，表現出中國社會轉型的複雜程度，遠遠不是經濟繁榮和人民生活水平提高可以掩蓋的。

此外，在評估中國經濟增長成就的同時，我們必須看到，這樣的經濟增長實際上是依靠一黨專政的政治制度來推行的，這使得改革成本大為降低，這就是中國經濟增長的秘密。但是，這樣的增長，是建立在社會弱勢群體的利益受到剝削的基礎上，是一種不公正的增長。它的代價其實是巨大的，只是當社會矛盾被經濟增長速度掩蓋的時候，我們不可能看到這樣的代價是多麼巨大。這樣的經濟增長，它的意義僅僅是增長而已，並不是真正的社會發展。因此，也是一種畸形的增長。

第二個特點就是，我認為中國改革開放三十年後的今天，社會面臨的最大的危機，就是民族精神的匱乏和道德與倫理的全面沈淪。人民對於民族精神的渴求表現在對國家統一的捍衛以及對以奧運會為代表的民族自尊心的高需求上，但在扭曲的社會環境下，這樣萌芽的民族精神被逐漸引導到與民主、人權等人類基本價值對立的方向上，產生了具備暴力性質的民族主義狂熱，這是未來十年最令人憂心的社會動向。

但另一方面，我們也要看到，隨著個人獲得了自由，個人的精神也在成長，人們知道了自己權利的重要性，懂得了只有自己才能保衛自己的利益。應該說，最近這些年來，高調的理想主義的政治訴求在減少、降溫，但現實主義的，對自己權利、利益的捍衛卻在不斷升溫。

第三個特點就是，貧富差距和社會不公在中國變成越來越嚴重的問題。這是中國三十年改革開放的路徑選擇導致的。中國改革開放從一開始，就選擇了一條鼓勵少數人利用制度落差先富起來的方式，但是這樣的思路存在兩個問題：

首先，由誰來決定是哪些人可以先富起來？在市場經濟還沒有完善的時候，顯然不是市場做這個決定，於是就變成是政治權力來決定財富的重新分配，在沒有民主制度作為監督機制的條件下，這很自然地就會導致社會不公的出現，那些與權力沒有關係的弱勢群體成為犧牲品，某種程度上也成了利益集團獲取暴利的墊腳石，他們的不滿正在積累之中，早晚會爆發出來。

其次，當市場經濟逐漸完善，各項制度準備成型的時候，原先那些新富階層為了保有自己的利益，勢必會反對新的改革，他們，也就是權貴集團，因此將成為未來改革的最大阻力。這從某種程度上推翻了現代化理論的重要觀點——致富了的中產階級會自發產生民主化的衝動。

第四個特點是，我們還要看到，目前來說，儘管存在大規模的社會不公，但中國並不存在不同社會階層之間的階層鬥爭跡象，而官民之間的矛盾才是根本的矛盾。也就是說，政治問題，會越來越成為中國的核心問題。

這將造成三個發展的方向：一個是民眾對自己利益的捍衛，使得他們痛恨政府的肆意欺凌。第二個是利益集團之間的衝突，他們都有駕馭政治的欲望和手段，他們之間的爭鬥也要求他們建立規矩。第三個是經濟和社會菁英對專制權力的痛恨，他們迫切地希望限制權力；在未能駕馭權力的情況下，這三個方向如何發展、演化，將決定中國未來的政治走向。

四、

總的來說，我建議用「國家／社會關係」的模式來看中國四十年的改革開放。也就是說，中國要改變，必須調整國家與社會之間的關係。

我們知道，在過去的七十年中，國家制度的設計，其目的是用來改造社會、改造人，而不是用於自我調整以適應社會環境的變化。在國家／社會的關係中，雙方是不平等的，國家的力量遠遠大於社會的力量。這樣的態勢至今沒有決定性的改變。而大量的社會矛盾，實際上就是國家／社會關係失衡的表現。

因此，未來的十年，觀察中國的重要指標之一，就是看國家力量與社會力量之間的此消彼長。當有一天，公民社會的充分發展，使得社會力量開始超越國家力量的時候，就是「黃金交叉點」的出現，那時就是中國真正實現政治轉型的起點。

這樣的「黃金交叉點」會不會出現呢？我是比較樂觀的。我認為改革開放三十年的一個成果——這個成果既不是政府有意引導產生的，也不是政府樂於看到的，就是公民社會的逐漸成長。

可以預期的是，隨著公民社會成分的進一步增長，國家權力掌控社會的程度會進一步受到削弱。在國家力量持續衰落，而公民社會力量持續增長的勢頭能夠繼續的前提下，前面提到的「黃金交叉點」就會來臨。那將會是中國民主運動開始加速的時刻。

很早以前，中國國務院發展研究中心官員在接受採訪時曾經公開說：「中國的醫療衛生體制改革基本上是不成功的。」時至今日，並無更高級官員出來對此進行駁斥，因此，我們可以認定在中共內部，對醫療體制改革的失敗基本形成共識。

這是非常有趣的現象，大家知道，中共的死不認帳和死不認錯幾乎是一種天性，如果宣稱醫療體制改革失敗的人不是中共官員，而是民間異議人士的話，那麼，說這話的人麻煩可就大了。中共之所以主動承認了失敗，或許有我們尚不能瞭解的權力角逐內幕，但主要是公共衛生和醫療體系的現狀，已惹得民怨沸騰，中共再也無法掩耳盜鈴了。由於越來越多的人失去醫療保障，越來越多的人看不起病，不敢看病，中共官員承認醫療體制改革的失敗，具有推卸責任、緩解民眾怨氣的目的。

事實上，改革的不成功，絕不僅限於醫療衛生領域，教育、投資、金融、文化、農業、體育等領域，基本上都處在越改問題越多的狀況之下，只不過「偉大光榮正確」的黨，死要面子不肯承認罷了。

改革失敗的主要原因，是因為幾乎在所有的領域，中共以改革一詞作為利益集團掠奪公產的幌子，使改革一詞完全失去了它在八十年代的本意。這就像目光狹隘的朱鎔基所說：「不管我們做什麼，只要是共產黨領導著去做的，就是社會主義的」一樣，中共把自己所做的一切，都冠以改革的名義，在這個名義之下，拒絕來自各界的懷疑和批評。

教育產業化、醫療產業化、黨報為拉升股市發社論、一股獨大及此後的國有股減持、企業破產、職工下崗、糧食統購等等，這一系列值得探討的決策，哪一個不是在改革的旗號下進行的？又有哪一樣不是因為拒絕批評而引發了嚴重的負面效果？至於把改制過程中的種種爭議，一概以改革的權威加以壓制，最後造成規模和嚴重程度均為史所罕見的貧富分化、貧富對立；我們只能說，如果這也算改革的話，那麼，從今以後，我們對所有成為改革的事物，首先要採取懷疑的態度。

總體上來說，我們認為，一九八九年以後的所謂改革，是一場違背道德和公平原則，最終也將破壞效率的大肆分肥，它嚴重損害了中下層民眾的利益，有可能造成整個社會的崩潰和破產。中共官員承認醫療改革的失敗，證明至少在部分領域內，這樣的「改革」已經難以為續。現在是我們從根本上梳理「改革」一詞所包括的種種含義，還改革以透明、公正、人性等本來面目的時候了。

我認為，充分肯定中國經濟增長的同時，我們也要看到這種經濟增長的四個基礎，或者說，付出的四個代價：

①這是一個建立在社會不公基礎上的經濟增長

以吉尼係數（Gini Coefficient，是一種衡量集中度的方法，通常用來專指「所得分配的平均度」）為例，一九七八年到一九八四年，中國吉尼係數穩定在○·一六的水平。而從一九八四年開始，吉尼係數一路攀升，到二○○七年已達到○·四七三。

一般來說，○·二之下為「高度平等」，○·二到○·四為「低度不平等」，○·四以上叫「高度不平等」。根據中國社科院副院長李陽最近提供的數據，二○○九年吉尼系數已經達到○·五。而現在的數字，據民間經濟學家估計，已經在○·六以上。

中國財政部的一項關於財產性收入的統計數字顯示，十%的富裕家庭占城市居民全部財產的四十五%，而最低收入十%的家庭財產總額僅占全部居民財產的一·四%。世界銀行二○一○年六月的報告顯示，中國一%的家庭掌握了全中國四十一·四%的財富，高收入的上市國營企業高級主管與社會平均工資差距達一百二十八倍。二○一○年五月十一日的經濟參考報報導，北京師範大學收入分配與貧困研究中心主任李實說，收入最高十%人群和收入最低十%人群的收入差距，已從一九八八年的七·三倍上升到二〇〇七年的二十三倍。

我們也在新聞上看到，鄭州有農民工凍死在立交橋下，但是另一方面，一個廣州市城市管理綜合執法局番禺分局的政委，有二十多套房產；陝西省神木縣農村商業銀行的副行長在北京有四十一處房產。顯然，這是一個不平衡發展基礎上的經濟增長。

② 這是建立在一黨專政基礎上的經濟增長

沒有工會作為工人利益的保障，是勞動力成本低廉的主要原因。而這種低廉，依靠的是以國家暴力為依託的國家機器。這就是中國經濟增長的真正機制。正如秦暉所說，中國模式的特點，就是「高增長，低人權」。

二〇一〇年七月十五日，中國農業銀行在上海和香港的證交所上市，總發行金額高達兩百二十一億美元，創全球最大的上市案。但根據一一八二期台灣《商業周刊》報導，中國國內的各類中大型基金都獲得認購農行的任務指令，有的還規定認購價格不能低於三元。基金經理人表示，認購的額度，股價高低都要算入本年度的業績考核。因為農行發行成功與否，關乎高級長官們的前途。這表明，中國某種程度上還是計劃經濟，而且政治原因發揮重要作用。

西方判斷中國經濟，總是忘記考慮政治因素，這是對中國的最大的不瞭解。

③ 這是建立在極大社會代價基礎之上的經濟增長

根據二〇一三年八月《讀者》雜誌的描述，中國已經是全世界污染最嚴重的國家之一，國內所有的主要河流都已經遭到污染，森林砍伐和荒漠化嚴重，乾旱、水災年年發生。這都是經濟增長導致的代價。中國人民大學環境學院等機構發布的報告說，空氣質量好的城市占九．五六七％，差的占七十五．八％，極差的占十三．五二％。

二〇〇九年十一月新華社報導，中國國內心理疾病患者約有一．七億人，需要治療的精神病患者達一千六百萬人。有關數字是日前在武漢舉行的「中國人心理健康發展論壇」所透露。另據二〇〇九年九月十日中通社的報導，北京市衛生局副局長鄧小虹坦承，中國是高自殺率國家。據中國疾病預防控制中心有關調查，中國民眾自殺率為十萬分之二十二．二三，自殺已經成為中國民眾第五大死因，每年中國約有二十五萬人死於自殺，二百萬人自殺未遂。

一個不關注國民文化和精神層次的改革，只以經濟增長來作為治國唯一方向的改革，結果就是這樣。

④ 這是建立在國富民窮基礎上的經濟增長

中國二〇〇八年的財政收入六·一三萬億，六十年間增長九百八十五倍；外匯儲備六十年增長近一·四萬倍。同時，城鎮居民人均可支配收入扣除價格因素，六十年間僅增長了十八·五倍。根據二〇一二年第四十七期《三聯生活周刊》的報導，中國城鄉居民的收入長期低於經濟增長，但是政府收入卻保持二十%以上的增速。從二〇〇四年到二〇一一年，全國財政收入從二·六四萬億元大幅增長到十萬億元以上，增速顯著高於居民收入增幅。從一九八五年以來，政府占國民可支配收入的比重一直保持上升趨勢，大約上升了五個百分點，居民收入占比明顯下降，大約下降了七個百分點。

另據國內姚樹潔教授所作的比較：二〇一〇年中國政府的全部開支占當年GDP的三十四·二%，而同時期英國的這個比例是四十八·一%。英國政府有十七·五%的開支用於保證全國人民醫療衛生的需要，十四·三%用於教育，兒童和家庭的保護，二十七·八%用於就業和養老金。這三項開支就占了英國政府總支出的五十九·七%，是英國福利的根本。這些開支保證了：所有兒童從四歲到十八歲能夠接受十四年全日制的免費教育，保證全國公民（包括住在英國的外國人）接受全免費的醫療服務，保證所有六十歲以上的老人每月有三百六十英鎊的養老金，等等。

而中國的教育、醫療和社保占全國財政開支的比重只有二十九·二%，比英國少了一半。而我們的錢都去了哪裡呢？一是維穩經費，現在已經超過國防開支；二是搞大型的基本建設，這些項目可以推動經濟發展，給國家帶來更多稅收。國家強大了，人民幸福了嗎？

總之，我們評價一個改革的成功與否，不能只看產出，也要看成本。當成本或者說代價大於取得的成績時，這樣的經濟發展，能夠算作是成功的模式嗎？

問題 27

我對習近平時代的預測已經驗證了一半

早在二〇一二年前，當習近平為代表的太子黨全面掌權的形勢已經確定的時候，有人問我的評論，當時我就說過一句話：「黑暗的時代即將來臨，黑暗的時代即將結束。」現在，習近平上臺已經九年，回頭看我這兩句評價，我認為是經得起時間檢驗的。至少，前面的一半已經被事實驗證。

所謂「黑暗的時代即將來臨」，是因為我認為，太子黨作為一個政治勢力集團，有它的特定的政治性格，就是北京話裡面常常提到的一個字——「橫」（hèng）！太子黨很多人，包括習近平、薄熙來等等，一方面從小生長在權貴家庭，目中無人，視天下為私產；另一方面在文革中又曾經落難而在市井街頭混過，他們的個性因此會顯得囂張跋扈，無所顧忌。王朔的小說《我是流氓我怕誰》，正可以用來形容他們的個性。一旦這批人執政，政治性格也會打上類似的印記。帶有這種「橫」的特點，反映在面對不同聲音的態度上，就是會採取強力鎮壓的方式，而且不會顧忌國際社會的反應。

艾未未是中文推特的精神領袖，也是國際關注的異議人士，抓艾未未一定會引起國際國內強烈的反彈，這一點當局不會不清楚，但是仍然抓他，這樣的性格就是典型的太子黨性格。茉莉花革命之後，中共當局的鎮壓一波接著一波，儘管國際社會一再抗議，但是他們毫不手軟，甚至變本加厲。對於反抗者來說，這預示著一個黑暗時代的來臨。

提出這句話的時候我就預測，習近平上臺後的中國政治，勢必面臨一個寒冷的環境。事後的發展，可以說是不幸而言中，習近平上臺之後，施政的兩大重點，一是反腐，二就是打壓公民社會。習近平時代的中國，人權狀況更加倒退，已經是毋庸置疑的事實。

但是，我為什麼又認為「黑暗的時代即將結束」呢？

因為，事情都是物極必反的。太子黨全面執政後的強勢作為，一定會引發三個方面的衝突。

第一、社會民眾對於太子黨本來就沒有好感。八十年代中期一度想提拔太子黨為核心的第三梯隊，就曾經遭到強烈的反對。在中國社會轉型必將遇到極大危機的未來，當權者如果繼續用高壓的態度來處理，勢必會逼出民變。

第二、太子黨跋扈的態度，會導致另一個政治力量——團派的反彈。在胡錦濤的安排上，團派雖然最終在政治角逐中落敗，但是實力還是不容小覷的，他們如果與民間力量結合，太子黨會面臨嚴峻挑戰。

第三、太子黨內部也不是鐵板一塊，如果政策搞得天怒人怨，他們內部的牽制力量也會借題發揮作用。這一批人是在宮廷鬥爭的教育下長大的，稱得上是內鬥的行家。

因為這樣的三個可能，我認為，太子黨上臺儘管會帶來一個高壓統治的黑暗時代，但是這不會是一個長期的狀態。太子黨的高壓型施政風格一定會使得已經積累很多的各種矛盾進一步激化，從而導致社會抗爭的大風潮提早到來，導致內部鬥爭的進一步加劇，這就是為什麼我會說「黑暗時代即將結束」的原因。

「黑暗的時代即將到來」這句預測，現在已經得到驗證；「黑暗的時代即將結束」，還需要時間的進一步檢驗。我對後者的驗證充滿信心，因為這兩句話，本來就是相輔相成的，前者的惡性發展必將導致後者的出現。

問題 28

如果說中國的改革是「撕裂式改革」，那誰是撕裂者？

幾年前，中國中山大學政治與公共事務管理學院副院長肖濱教授，在台灣的國立清華大學人文社會學院參加座談會，做了一場關於廣東省發展戰略的報告。在報告中，他提出了一個啟發性的觀點。他認為，中國改革的模式可以稱之為「撕裂式的改革」。意思是說，中國改革的啟動，往往是在某一個地區，某一個領域撕開一個口子，然後這個口子逐漸繼續撕裂拉大，最後導致整個局面的改變。

這個非常形象的說法，貼切地表現出了中國過去幾十年改革開放的路徑。但是問題在於，這樣的路徑，是否會繼續延續？中國的改革開放是否還會延續過去的「撕裂式」的方式進行？

針對這個說法，我在會議上提出了一個疑問：誰是撕裂者？我認為這個問題，關乎中國的「撕裂式」改革開放能否繼續進行下去。

我的看法是：中國一九七八年正式啟動改革進程之後，採取的基本路徑，正如肖濱教授總結的，就是從局部突破的所謂「撕裂式」的步驟：從地方開始，從某一具體的領域開始，逐漸推廣到其他地區和部門。中國學界也有人稱之為改革的「倒逼機制」。這樣的改革路徑比較謹慎穩妥，使得改革可以在可控的條件下進行，因此取得了一定的成功。

問題在於，這樣的改革路徑的成功，必須要有一個前提，那就是要有一個「撕裂者」。從上個世紀八十年代的經驗來看，我認為，以鄧小平、胡耀邦、趙紫陽為代表支持改革的主政者集團是當時改革開放的「撕裂者」。換句話說，沒有來自中央的支援，沒有鄧小平在黨內一言九鼎的地位，沒有胡耀邦和趙紫陽，以及萬里、田紀雲等政治局相關主管官員的大力推動，即使有來自地方上的突破性的改革嘗試，這個體制的口子還是不可能被撕裂開來。

回顧一下就可以發現，當初農村改革剛起步的階段，雖然有萬里、趙紫陽等省一級領導人支援地方上的農村家庭聯產承包制的實驗，但是如果不是在中央層級得到鄧小平的支援，這個實驗一定會夭折。因為華國鋒、汪東興、張平化等大部分當時的中共高層是保守派，對農村改革持反對立場。

同樣的事情也發生在特區建設上。一九八二年開始，陳雲等黨內高層就對深圳特區採取懷疑和批評的態度，如果不是鄧小平出來說話，即使主政的胡耀邦、趙紫陽也會承受不住這樣的壓力而退縮。從農村到城市，八十年代一系列改革開放的步驟推進，若沒有來自中共高層的支援，是不可能進行的。所以，真正的「撕裂者」，是中共高層的改革派領導人。當然，這也是中國的政治體制，本質上還是強人獨裁的性質導致的結果。

一直到今天，中國還是一黨專制的政治體制，有關國家發展的基本戰略，還是由中國最高當局決定。習近平上臺以後，把各個小組的組長位子都佔據了，權力的集中達到了建國以來的最高峰。對於地方上，不同領域內各種「撕裂式」的改革嘗試，他或者周圍的人們支援，口子就能被撕裂開；他或者周圍的人們反對或者不支援，地方上的嘗試就會煙消雲散。關於鄉一級的幹部普選，曾經在四川步雲鄉等地都有人進行過嘗試，但是最後無疾而終，就是因為沒有得到上級的支援。

肖濱教授在會議上介紹了廣東順德目前進行的社會管理體制的改革。就改革的具體內容而言，是令人充滿期待的，是符合「小政府，大社會」的發展方向的。但是，順德改革進行了好幾年，為什麼其影響連在廣東省內都沒有擴展開？這在很大程度上，取決於北京當局的態度。而不能推廣，就意味著北京當局不認同這樣的改革方向，而這，才是今天中國的問題所在——我們沒有當年鄧小平、胡耀邦、趙紫陽那樣來自上層，具有改革意識、願意突破舊意識形態框架的「撕裂者」。

顯然，一黨專制的政治體制不被「撕裂」、「撕裂式」的改革就只能是仰人鼻息的改革，前景曖昧不明。

問題 29

天安門廣場成為禁區說明了什麼？

我跟天安門，有血脈相連的緣分。這當然不僅僅是因為，一九八九年，我們曾經在那裡與中共進行了一場世紀大對決，我們這一代人的夢想與青春，我們的希望與悲傷，都與天安門結下了不解之緣。而且也是因為，這個世界上，肯定沒有人在少年時代居住的地方，比我離天安門更近的了。

我母親從北大歷史系畢業之後，就被分配到革命博物館——現在的國家博物館工作，緊鄰著天安門廣場。我讀小學的時候，舉家搬遷到博物館裡的員工宿舍居住，從住家穿過博物館大廳，就是天安門廣場，僅幾步之遙。可以說，我是在天安門廣場旁長大的小孩。

在我少年時代的記憶裡，天安門廣場並不是那麼的神秘莊嚴。春天來了，我和宿舍大院的小夥伴們最喜歡去天安門廣場放風箏，天上飄蕩的風箏與人民英雄紀念碑齊高。夏天的時候，吃過晚飯，我父母經常帶我到天安門廣場散步，涼爽的風驅散了積蓄了一天的熱氣，我有時候乾脆就躺倒在磚地上，幾乎入睡。後來到了大學時期，也曾經與同學在夏夜到廣場上閒逛，縱論古今，甚至是觸探感情世界。

回顧過去，我記憶中的天安門廣場，是充滿了生活氣息的地方，是普通人休閒的場所，在整個八十年代，天安門廣場，是一個讓人鬆弛的地方。這同時，也折射出了那個時代的特點：國家與人民之間的關係沒有那麼緊張，政府自己也沒有那麼緊張。

時間過去了二十多年，天安門廣場，這個我如此熟悉的地方，現在變得如此陌生，如此氣氛緊張。從很早以前開始，廣場上就已經是便衣警察林立，遊客還是如織，但是一舉一動都在監視的目光下。「十八大」前夕，還傳出規定，車輛經過天安門廣場，不得搖下車窗。而前年，天安門廣場的安全戒備更是上了一個新台階，也創下了一個新的中國紀錄：地鐵的天安門東、天安門西兩站，比照飛行安全規定，設立金屬探測門。旅客進站，人要通過安檢機，隨身的包包也要通過X光機檢驗，之後才能刷卡進站。

今天的天安門廣場，完全可以用八個字形容：戒備森嚴，如臨大敵。天安門廣場的戒備級別，絕對不遜色於美國對於紐約時代廣場這樣的恐怖份子攻擊目標的保護，問題是，中國其實沒有面臨那麼嚴重的處於宗教信仰的恐怖襲擊狀況，外敵入侵的危險也幾乎是零。那麼，政府到底怕的是什麼呢？

天安門廣場從鬆弛到緊張的變遷，是非常形象的例子，凸顯的是政府心態的變遷，也反映出社會危機程度的加劇。我們當然知道政府為什麼這麼緊張。上訪民眾會舉牌抗議、疆獨激進份子有可能設置汽車炸彈、法輪功成員還曾經在這裡自焚等等。

但是我們還是要問：「中國經濟突飛猛進二十多年，國力增強，國際地位崇高，為什麼政府卻越來越有理由緊張？」經濟發展了，人民生活水平提高了，但是社會並沒有更加和諧穩定，這中間難道不是出了什麼問題嗎？我們也要問那些羨慕中國崛起的人：「你願意生活在這樣的一個國家，那裡GDP總量已經接近世界第一，但是到自己的首都的核心廣場去散步，都要過一道安檢門嗎？」

更嚴重的問題在於——即使是一個人，長期神經緊繃、疑神疑鬼，也會有精神崩潰、歇斯底里，自己把自己嚇瘋的一天。一個政府，難道就不會嗎？而這個問題，其實更為嚴重，更加令人擔憂，它只是還沒有發作而已。這樣的政府，早晚會草木皆兵，對社會上的一點點動蕩都反應過激。而過激反應，反過來會使得矛盾更加擴大。因此，這樣的戒備森嚴，實際上是在煽動人心中的動蕩。

總之，當天安門廣場成為禁區，我們就知道，一個動蕩的時期已經開始了。

法國高等社會科學院博士張倫曾經發表了以下對中國現況的看法：

「政治合法性的狀況從來就是以受治者對統治者的權力的認可和服從程度為指標的。因此，暴力的公開濫用也從來都是政治合法性降低的標誌。一九八九年的暴力鎮壓一方面顯露出中共政權嚴重的合法性危機，另一方面也更加重了這種危機。作為緩解危機的手段，執政者以強化經濟建設和適度讓渡一些社會空間來緩解危機。問題是，在政治結構不做任何調整的狀況下所作的這些措施，只能在一定時期和一定情境下起到作用，不能從根本上解決危機。經濟發展帶來的利益分化，利用權力謀取暴利，國家向權貴階層的政策傾斜等等都必然導致新的政治合法性危機，也就是被統治者對統治者握有的權力和權力行使的不認可和不服從。

統治者表面上要維持的公正和事實上服務於或受制於權貴階層的狀況，造成統治者和民眾、國家和社會之間的巨大緊張。為緩解這種緊張，在後極權時期，合法性日漸衰落的執政者一方面必然要標榜其權力的民意基礎，加緊粉飾其權力，因此不能輕易動用暴力；另一方面又需要使用暴力維繫統治，壓制所有日漸增長的質疑聲音和力量。這種狀況真實揭示著權力的現實境況。不過，這種飲鴆止渴式的方式，不僅不能解決而且事實上只能進一步惡化合法性危機。解決之道，還是必須回歸到制度建設、重建政權的合法性途徑上來。」

這番分析，值得我們深思。

問題 30 什麼是中國政治的三角博弈？

自從鴉片戰爭以來，據說，中國就打開了國門，開始了現代化的進程。到了一九七八年中國開始改革開放以後，現代化已經成了無可爭議的評價中國社會發展指標，似乎中國這真的已經全面的走上了建設現代化民主國家的道路，中國至此已經完全消除了幾千年封建社會的傳統和特點？——這是對中國現狀的誤解。

我認為，在中國社會發展的某些方面，尤其是政治方面，其封建性的特色仍然十分鮮明；換句話說，中國封建皇權制度下的政治運作模式，在今天的中國，依舊在發揮作用，習近平上臺以後，尤其如此。為什麼這麼說呢？

我們都知道，古代的皇權，並不是官僚階級的利益代表，各級官僚只不過是依附在皇權下牟取私利的利益集團；同時，皇權本身，也更不可能是民眾利益的代表，民眾只不過是皇室的奴隸，而官僚階級對於皇權的作用，就是代表皇權去管理民眾。那麼，皇權代表的，究竟是哪個集團的利益呢？就是皇族，或者說世襲的貴族集團的利益。

因此，在封建時代的中國，政治發展基本上是三個集團的博弈：皇權集團、官僚集團、民眾。當官僚集團橫徵暴斂、貪腐橫行的時候，民眾就會反抗，這就是歷朝歷代的農民起義；這樣的動蕩當然不是皇族樂見的；另一方面，官僚集團與皇族之間，也會有利益的衝突和爭奪。因此，皇權與官僚集團之間，也存在矛盾。

在農民起義後形成的新王朝中，就會出現所謂新的貴族集團，他們的代表，就是新的皇帝；這樣的新貴族集團，至少在名義上也要表示自己代表上天照顧民眾的利益，所以，他們往往會以打擊貪腐官僚集團的名義造反，奪取政權，從而得到民眾的支援。其實，也是剝奪官僚集團的財產為自己所用的一次財富再分配過程。但是當他們的江山坐穩之後，畢竟還是需要官僚集團協助他們穩定政權、管理民眾，於是皇權與官僚就會重修舊好，共同壓制民眾，一直到有一天再次激起民變，再次改朝換代。一部中國封建王朝更替發展的歷史，大抵就是如此。

今天的中國政局，也大抵如此。習近平作為紅二代，行使的就是共產黨統治的皇權，他和太子黨們就是所謂的世襲貴族利益集團；而各級地方官員，就是典型的官僚集團，維繫他們對於皇權的忠誠度的，當然不可能是對真命天子的心悅誠服，而是皇權庇護下他們可以獲取財富的特權地位，也就是腐敗。

問題是，與封建王朝一樣，官僚集團的腐敗過於嚴重，就會激起民變，而民變，直接威脅到的，不僅是官僚集團的生命安全，也是皇權的統治基礎。因此，新一代的皇權代表，也就是習近平，自然要對官僚集團開刀以安撫民眾，如上所述，這樣對官僚集團的打擊，既可以得到民心，又可以剝奪官僚集團的利益歸為己有，可謂一舉兩得。這與其說是廉政反貪，不如說是新的權力和財富的再分配。

問題在於，如果這樣的統治手段真的有效，中國歷史上就不會有那麼多的政權更替了；這樣的三方博弈一再發生，說明這樣的機制本身一定存在問題，是不可能持久的。例如，皇權與官僚集團之間的矛盾，早晚就會爆發出來，從而給民眾製造反抗的機會。這樣的事情，在中國的封建時代一再重演，今後也不會例外。

問題 31

中共真的在乎國家主權嗎？

我收到過一位讀者來信，看來是「八〇後」，或是更年輕。他跟我交換意見，談到如何評價中國共產黨的問題時，提出：「也許我們可以批評中共在建國以來的歷次政治運動帶給國家巨大的災難，但是不能否認在對外方面，中共代表了國家利益，維護了國家統一，這一點是符合中國人民利益的。」

這種說法表面上看是挺有道理的，但是我卻無法贊同。我想也許正是因為這位讀者太年輕的緣故吧，他對於過去六十年中國發生的歷史瞭解太少。儘管這不是他的責任，而是當局歪曲、封鎖歷史的結果，但是如果我們打開歷史的書頁，也許可以看到更多的真相，對問題有更深刻的認識。

以所謂爭取主權為例。一九九七年香港回歸，被認為是中國共產黨爭取國家主權和領土完整的豐功偉績，中共的宣傳也是希望國人感謝政府，因為是中共「洗雪了中國的百年恥辱」。其實如果我們稍微回顧一下歷史，就知道這是多麼的荒謬。因為實際上，早在一九四九年中共奪取政權之後，就有機會收回香港，這個「百年恥辱」本來可以僅僅是「五十年的恥辱」的，但是當時的中共為了其他的目的，放棄了維護國家主權的機會。

在北京發行的二〇〇九年第二十七期的《三聯生活周刊》，在回顧建國歷史的時候，就提到了一個歷史細節：當年廣州解放之後，部隊接到的命令是繼續前進，收復香港和澳門。但是當部隊到達深圳的時候，突然接到新命令，不讓部隊前進了。後來才知道，是潘漢年和廖承志二人向中央進言，認為一九四九年軍隊不宜進駐香港。理由是：當時美國對華封鎖，上海、天津、青島等港口城市與國外的貿易往來幾乎斷絕，如果再收回香港，則這唯一的外匯收入渠道也必然斷絕，因此，在一定的時期內保留香港的自由港地位，由英國人暫時管轄，這就等於把美國對中國的封鎖線撕開一個缺口。毛澤東和周恩來採納了這個建議，於是，香港就繼續留在英國的手裡了。國家的統一似乎完全不在中共的考慮之內。

過去的歷史告訴我們，中共是一個很現實主義的政黨，所謂為了國家統一、領土完整，不惜一切代價之類的說法都僅僅只是宣傳，是口頭上的高調而已。從是否收回香港的事情上就可以看到，在他們的眼裡，創匯顯然比國家主權、領土完整來得重要。其實，從歷史和政治的角度，當年中共對香港問題的決策，我認為是正確的。但是，既然已經如此，就不應當再把自己裝扮得好像「捍衛國家統一高於一切」那麼高尚。這樣的做法，用一句也許比較粗俗，但是相當形象的話說，就是「又要當婊子，又要立牌坊」，而這，正是中共在民族大義問題上的心態。

我也希望那位年輕讀者能夠在歷史事實面前有新的認識。

問題 32

沒有硝煙的戰爭已經開始了

如果說中共已經發動戰爭，聽起來有些危言聳聽；但是，如果考慮到今天的世界，戰爭的形態已經更加豐富和多元化，那麼可以毫不誇張地說，中共已經不宣而戰，在網路上發動了一場沒有硝煙的戰爭；而攻擊的目標，就是一切中共認為危害到它的統治，阻礙它擴張勢力的力量。

試舉三個跡象：第一、就在香港發動要求普選的公投和「七一」大遊行前夕，立場上一貫支援民主的《蘋果日報》網站受到大規模的駭客攻擊，導致網站癱瘓；同時，電子公投系統也受到同樣強度的攻擊；第二，以我個人的處境為例。前不久，海外的網路上出現了兩個新成立的網站，專門針對我編造一些謠言到處傳播，甚至試圖把謠言內容編輯到維基百科的相關條目中去，以至於中文維基的編輯專門寫信提醒我注意。過去長期以來，網路上一直有抹黑我的言論，但是基本上也是歪曲我的言行，或者針對我的言行進行攻擊，而現在的做法，則是從歪曲發展到直接憑空揑造，試圖混淆外界視聽，可見這種行為已經升級；第三、不僅Line的使用在中國受到干擾，目前還未能完全恢復正常，同時，中國還干擾了Google公司的幾項網上服務，其中包括Google搜索引擎、Google電子郵件及其網上廣告服務。種種跡象表明，中共在網路上動作頻頻，顯然不是個別的和一時的行為，而是有組織、有規模的系統的國家行為。

這一切其實都有跡可循。早在一九九九年二月，解放軍文藝出版社出版了喬良、王湘穗撰寫的《超限戰》一書，作者將戰爭原理從「用武力手段強迫敵方接受自己的意志」，改變成「用一切手段，包括武力和非武力、軍事和非軍事、殺傷和非殺傷的手段，強迫敵方接受自己的利益」。在超限戰眼裡，戰爭除傳統戰爭手段外，還包括了貿易戰、金融戰、新恐怖主義以及生態戰。為了打贏對方，不惜違背所有遊戲規則和道德約束。「超限戰」的提出，外界普遍相信不是兩名校級軍官的個人見解，顯然代表至少是部分軍方，甚至是中共國家安全領域決策者的戰略思考。而從目前中國的經濟實力和社會發展需要來看，發動貿易戰、金融戰等等顯然是「殺敵三千，自傷一萬」的失策，而在東海等領域進行軍事對抗，至少目前也還不是中共當局的選擇，那麼，網路，自然就成為中共打擊異己力量，擴張自己勢力的主要場域。

習近平上臺之後，一個很明顯的政治決定，就是加強在國內的網路管制，嚴打所謂「微博大V」就是標誌性的動作。在他的主導下，二〇一四年二月二十七日，中共專門設立「中央網路安全和資訊化領導小組」，旨在「統籌協調各個領域的網路安全和資訊化重大問題，制定實施國家網路安全和資訊化發展戰略、宏觀規劃和重大政策」，習近平親自擔任組長，這是第一次由最高領導人擔任如此專業化領導小組的組長職務，可見他已經把網路的工作提升到國家安全的高度，而且不僅僅是侷限於消極保護中國的網路安全，更進一步計劃通過網路境外作戰。

根據媒體報導，相關的監管網路的機構，包括了國務院新聞辦公室網路管理局、中宣部網路管理局、工程資訊部、公安部公共資訊網路安全監察局等七個部委，他們製作的《輿情通訊》，都必須呈報給政治局和政治局常委們。以北京為例，網路管理辦公室的編制，由二〇一〇年不到二十人，發展到現在，已經是將近三百人的大機構。據說，新聞部門主管一天要接到網路管理辦公室近百則指示。上新聞網站首頁的文章要經過三次反覆送審，經過核准後，才能刊出。這樣的全面管控網路資訊，在全世界大概也算名列前茅了。

所謂「中共在政治上也在慢慢改進和進步」的說法，不攻自破。

前面舉的三個例子，都可以看作是中共戰略思考的具體體現。網路上主動出擊，顯然已經成為中共發動的沒有硝煙的戰爭的主要形式。外界應當更加重視事態的發展，也把它提升到新形態的戰爭的高度來重視。

最新的事態發展進一步證明，中共已經在擴大部署這場「沒有硝煙的戰爭」，為此他們已經開始招兵買馬。據境外媒體二〇一五年四月八日報導，中共的外圍組織共青團二月十三日發出了一份「中青發二〇一五年九號」文件，要求全中國各地的共青團組織動員起來，成立所謂「青年網路文明志願者隊伍」、「動員人數原則上不少於本地團員或各高校學生團圓總數的二十%」，附件中還明訂了各省級團委會需要動員的人數配額，總計一千〇五十．三萬人。這種用下達配額，進行群眾運動的方式，完全來自「文革」之前的歷次政治運動，說是「文革還魂」一點也不誇張。

這些「志願者」，主要的工作，就是「一年內必須至少三次參加共青團推出的陽光跟貼行動，以及在重要時節的全國性主題網路活動的地址駁斥，檢舉違背社會主義核心價值觀，不利於民族團結的錯誤言論」，引導網路輿論。文件還要求各級校領導要將這項工作列為今年的「重中之重」。什麼是「青年網路文明志願者」呢？說白了，就是我們過去所說的「五毛」，只是現在改稱「志願者」，歷來上千萬的「五毛」連五毛都領不到了。

這場沒有硝煙的戰爭的規模，正在逐步擴大中。

問題33 如何看待中國的民族主義？

二〇一八年的時候，中國奧運會聖火全球傳遞活動引發西方國家支援西藏團體和人權團體的抗議示威，與此同時，海外華人，尤其是留學生群體針鋒相對地展開保護聖火運動，再次展現了高漲的民族主義熱情，引起國際社會很大關注。如何看待中國青年知識分子的民族主義浪潮，考驗著國際社會如何面對中國的崛起這一事實；如何看待西方對中國人權問題的關注，也考驗著中國本身應當如何崛起的問題。面對中國民眾的民族主義熱情與西方的普世價值產生的衝突，我認為雙方都應當盡量避免陷入一個誤區，那就是「混淆了中國與中共」這樣兩個不同的概念。

對於西方主流社會來說，他們首先應當看到。中國存在著兩種不同的民族主義，一種是中共推動的愛國主義教育，其宗旨是希望利用民間的民族主義熱情重新建立其統治的合法性；另一種是民間，尤其是青年群體中自發產生的民族主義熱情，這種熱情相當大程度上並不是當局策劃的結果，而是一個曾經一度很落後的民族國家在新興的成長過程中自然產生的群體心理。

中國人的民族主義熱情和中共的愛國主義宣傳，在某些問題上會呈現一定程度的一致性，比如奧運會和主權問題；但是有時候也會產生衝突，比如對日本的態度等等。不去區分這樣兩種不同的民族主義，就容易把今天中國出現的民族主義浪潮簡單化，更可能在批評中國政府的極權性質的同時傷害到中國人民的感情。

二十世紀初期，當中國知識分子群體開始尋求普世價值的時候，西方列強對中國民族感情的不夠尊重，導致相當一批知識分子轉向蘇俄道路，最後西方社會和中國知識分子群體雙方都付出很大代價。面對中國今天的新崛起，西方社會應當吸取歷史教訓。

對於中國的年輕知識分子群體來說，他們也應當知道，中國要在國際社會崛起，必然面對一些以前沒有面對過的衝突，包括國際社會對中國民族主義浪潮的擔憂和質疑，對中國來說，這是挑戰，也是機會。尤其應當區分的是，中共的一系列政策，尤其是政治層面和文明層面的政策，並沒有隨著經濟發展進行及時的調整，這是西方對中國崛起憂慮的主要原因，因此應當說，西方社會對中國的警惕，主要是對中共政策的警惕，而不是對中國人民的敵意。面對這次圍繞西藏問題中國留學生群體表現出來的熱情，一位以批判西方資本主義主流體制聞名的歐洲著名左翼知識分子當面向我表示困惑，他的困惑很有代表性，不應被視為是西方對中國的歧視。

這次事件告訴中國民間社會，中國要真正崛起，必然面對國際社會對中國在普世價值上的要求，而協調二者衝突的真正障礙是中國今天當政者對於政治民主化的拒絕。我們在為西方媒體的報導不公憤慨的同時，也應當從此進一步瞭解到，推動中國政治民主化在中國崛起過程中不可迴避的重要性。絕不能因為民族主義熱情受到西方社會的質疑就放棄追求民主自由的立場，甚至倒向維護中共極權主義的方向。

問題 34

網路如何改變中國？

習近平上臺以後，中共新的統治風格之一，就是加強對網路的管理，論力度和管理範圍遠遠超過了江澤民和胡錦濤時代。不要說臉書這樣的全球性社群媒體，就連一向被認為立場親中的台灣媒體，也一樣加緊封殺。據二〇一五年四月七日《聯合報》的報導，聯合報系新媒體部製作了資料報導專題，從二〇一九年一月十二日起，共八十五天測試記錄十六家台灣媒體在中國境內的網頁露出情形，並將資料結果視覺化，再由該報新聞中心進行體制面、結構性分析。結果發現，整體觀察，沒有一家台灣媒體的檢測可以全部「正常連線」，大部分是「完全封鎖」或者「部分封鎖」。

一貫對中共統治持批評立場的《蘋果日報》和《自由時報》自不待言，九十％的內容被封鎖。在網路媒體方面，支援民主立場極為鮮明的《新頭殼》網站，遭到封殺的內容達到九十九%。就連對於兩岸關係一直秉持「九二共識」立場，被認為傾向統派的的《聯合報》本身，也有六十七%的內容被封鎖。而代表國民黨政府官方立場的《中央社》網站，被封殺率也達到九十九%。

看來，所謂所謂「國共一家親」也要看是什麼事了。至於在台灣內部一向被認為不僅親中國，而且親中共的《中國時報》，被封鎖的內容則顯然少得多，對此《聯合報》大概出於戰友情，不願提供具體數字，只是說「中共對《中國時報》的封鎖」相對寬鬆。《中國時報》與中共的關係，僅僅一句話，一切盡在不言中。

中共如此下大力氣封鎖網路，反過來倒是證明了一點，那就是：在談論中國社會發展未來的時候，恐怕誰也不能否認網路已經和將要產生的巨大作用。這樣的作用到底表現在哪些方面，讓我們來做一個梳理：

第一、網路是一個啟蒙的平台。今天阻礙中國走向民主的，不僅僅是一黨專政的利益集團，也有人民在對於民主的想像上的認知錯誤。比如，民主會帶來社會不穩定，就是很多人都有的想像，這種想像使得人民對於民主化的未來心存疑慮。我們知道，這種想像其實是錯誤的，但是這種錯誤影響深遠。因此，發展民主，啟蒙工作還是很重要的，這就需要把一些似是而非的說法一一釐清。網路不僅提供很多資訊有助於啟蒙，而且也是一個進行討論的公共空間，為啟蒙提供了新的可能性。

第二、網路可以凝聚關鍵少數。今天的中國，人民的不滿，對政府的不信任其實是廣泛存在的，之所以沒有出現大規模的反抗，除了政府的鎮壓之外，也是因為缺少兩個關鍵：關鍵時刻和關鍵少數。如果有關鍵的少數能夠在關鍵時刻挺身而出，這樣的示範一定會帶動人民的反抗熱情。中國老話說：「牆倒眾人推」，就是未來中國局勢的寫照。關鍵時刻很難預測，我們只能等待，但是關鍵少數是透過人為的努力去形成的。而網路克服了地理區域的障礙，使得少數人可以集結在一起行動，這就為社會變革的出現提供了更大的可能。

第三、網路可以在一定程度上消除恐懼。極權主義維持統治的主要手法，就是透過國家暴力在人民心中種植恐懼的種子，讓人民即使沒有面對打壓，也會進行自我管制。然而，國王的新衣一旦被揭穿，人民就看到了他威風的虛偽性。如果人民心中沒有了恐懼，極權的基礎就搖搖欲墜了。網路可以減少乃至消除人民心中的恐懼。這不僅是因為很多人的發言有網路匿名的保護而更加大膽；它也是因為，極權本來試圖通過孤立個人，使得每個個人都因為這樣的孤立處境而感到恐懼；但是網路可以使得更多的同道者集結在一起，彼此之間可以相互鼓勵和交流，這會使得個人克服孤獨感，從而減少內心的恐懼。

第四、網路會成為國家與社會之間新的衝突點。在傳統的衝突點，例如城市裡的拆遷或者農村地區的徵地矛盾之外，政府管制可能造成的新的矛盾，越來越集中到網路上，對於年輕世代來說尤其如此。當局不管一切地要逮捕艾未未，說明當局對於網路的擔憂已經日益加深，而網路管制也會越來越嚴格；這樣的管制自然會嚴重影響到民眾，尤其是年輕民眾的切身利益。如果說九〇後的一代因為不瞭解歷史，對當局本來有一定的好感的話，當局的網路管制會逐漸使得這種好感變成敵意，成為他們反抗意識覺醒的觸媒。換句話說，一旦不能上網，他們就只有上街。

網路不僅是公民社會建設的平台，也是新的反對力量得以成形的平台，如果我們說，網路必將改變中國，這絕對不是盲目樂觀的看法。

中共「十八大」的召開，引起外界高度關注。這不僅僅是因為中共領導集體的換屆，也是因為：中國的政經發展經過一九七八年以來將近三十五年的歷程，現在已經到了一個重新審視，做出調整的轉折時期。換句話說，「十八大」給中共和外界一個契機，來對今天中國的局勢和未來的發展進行一番盤點。而這樣的盤點，首先涉及到的是對於過去幾十年的改革開放政策的回顧。因為，只有對過去的歷程有清醒的認識，我們才能進一步分析未來可能的發展。

這樣的回顧，在民間已經基本上凝聚出了一個共識，那就是：改革已死。

首先，一九七八年開始的改革開放進程，當初打出的旗號是：在社會上，通過少數人先富起來，達到共同富裕的目標。同時通過國有企業和所有制的改革，促進經濟結構的轉換，建立中國經濟穩定增長的基礎。當然，當時也有通過黨政分開的嘗試，調整執政黨的統治方式，進一步鞏固中共領導的企圖。總之，改革的目的是全面性的社會轉型。

然而到了今天，所謂的經濟改革，已經成為權貴集團和利益集團集體瓜分國有資產的過程；總體經濟確實有增長，但是增長部分的利益分配過程導致嚴重的社會不公；共同富裕的理想已經被貧富差距的現實取代，而所有制的調整反倒擴張了官員尋租的空間。改革走到今天，只有經濟方面的單兵突進，政治改革不進反退，執政黨的合法性不僅沒有加強，反而在流失中。

總之，三十五年下來，除了國家（或者說以國家的名義進行壟斷的既得利益集團）的力量得以加強以外，改革不僅沒有達到當初所設想的效果，反而走向了初衷的反面。這樣的改革，已經不是當初人民所認知的改革，當初那個改革，已經死了。

其次，當初的改革能夠開展起來，很大程度上，靠的是國家力量與民間自發力量的合作與互信。如果沒有安徽小崗村農民冒著生命危險自行分田到戶，沒有安徽省委對農民自發行為的默認，農村家庭聯產承包制的改革不可能推動起來。一九八四年國慶閱兵儀式中，北京大學的學生打出「小平你好」的旗幟，典型代表了人民對改革的擁護。那是中國改革的黃金時期。改革如果要進一步深化，國家與人民之間的相互信任是最基本的條件。

然而現在，人民對於各級地方政府普遍保持不信任心態，他們寧願寄希望於虛無縹緲的中央政府，也不願相信直接主管地方發展命運的地方政府改革動機；同時，政府對人民也不信任，動輒把人民的不滿理解為對於制度的挑戰，甚至把群體事件動輒聯繫到「與境外勢力勾結」上去。國家與人民之間的不信任，已經到了心理上的對抗程度。這樣的國家與社會之間缺乏互信關係，怎麼可能進行改革？又如何能得到人民的擁護？而缺少人民擁護的改革，只有死路一條。

現在，中共的統治重心，已經全面轉向「維穩」。我們知道，任何改革，都必然涉及利益的調整，這都是對於過去所謂「穩定」的挑戰，也都勢必會引起某種程度的不穩定。維穩與改革，存在著內在衝突。而「維穩」帶來的社會衝突，在上訪問題上反映的特別明顯。

每年重大會議召開期間，面對規模龐大的上訪潮流和上訪者要求在天安門廣場遊行的申請，中共當局不僅沒有拿出緩和矛盾的措施，反而加大對上訪者的打擊力度，毆打、抓捕、關押上訪人員。甚至對採訪的外國記者施以拳腳，打至昏死，掀起了一場打擊上訪的血腥高潮。

由此可見，中共既無政治能力也無政治意願，從根本上解決日益嚴重的上訪問題，及上訪所反映的權力腐敗、司法不公等系統性的政治弊病。為了一次會議的所謂「勝利召開」，不惜飲鴆止渴，公然對全社會中最弱勢最需要幫助的人群施以殘酷的專政手段。這不僅是中共召開會議的需要，更是中共一貫的本性使然。訴諸暴力歷來是缺乏現代政治理念的中共寡頭們快刀斬亂麻的「大手筆」。

那些流浪在北京街頭的上訪者，從一個更為真實的層面揭示出當代中國「太平盛世」背後的事實，他們承擔了社會轉型中最沈重的所謂「成本」，遭受冤屈而無處申訴，甚至連申訴本身都成為罪過。對於他們，我們不能不給予深切的同情和關注。而中共對上訪者施加普遍的專政手段，折射出當局已經沒有能力解決所謂「人民內部矛盾」，隨意對守法公民施以「敵我矛盾」式的殘酷手段，使中共迅速擴大自己的「敵對者」隊伍，反映了腐敗僵化的中共政權無法協調各階層矛盾的處境。

表面上看，上訪者被抓捕、關押後的北京，會多一點「穩定」，但是，同其他的中共「敵對者」如傳統持不同政見者不同，赴京的上訪者，其上訪的行為主要針對個人所遭遇的社會不公正，這些社會不公正往往已嚴重危及他們最基本的生存權利和心理底限，他們在個人生活上，已無退路，上訪是他們最後殘存的一線希望，而上訪行為被打壓，最終使他們的個人命運遭遇滅頂之災，徹底走向絕望。讓這樣一些沒有退路的人放棄抗爭恐怕是不可能的。

因此，只要他們獲得任何行動的自由，則有可能走向以下兩種選擇：一、以個人的極端方式，如暴力行為來進行報復。二、以更有組織性的方式突然製造較大規模的遊行示威。中共對上訪者的殘酷打壓，可能會使上訪者形成政治色彩明確的群體反對力量，其抗爭的形式和後果難以預料。

可見，「維穩」這個政策目標的提出，就證實了我們這篇文章的結論：改革已死。

問題 36

什麼是中國的公民社會？

前幾年，我和羅文嘉在台灣成立「兩岸民主與文化交流研究室」。我們的基本想法，就是兩岸之間的交流，不應當僅限於國家與國家之間，以及政黨與政黨之間，兩岸的公民社會之間也應當搭建起交流的管道和平台，讓人民的聲音可以在政策制定過程中呈現出來。也就是說，台灣應當與中國的公民社會打交道。

那麼，哪些人是中國的公民社會的組成成分？台灣應當接觸中國的哪些人呢？我認為以下七類群體，可以看作今天正在崛起的中國公民社會的代表。

一是非政府組織（NGO）。現在在中國正式註冊的非政府組織，都要掛靠在國家單位之下，並不是真正的公民社會成分。但是，在中國有很多真正的非政府組織並沒有註冊登記，而是以商業公司或者義工團體的方式活躍在社會的各個層面。四川大地震的時候突然湧現出的很多志願者就是典型代表。這些團體，是一個公民社會的重要組織架構之一。

二是媒體。儘管中共當局對輿論進行嚴格管控，但是不可否認的是，今天致力於推動中國公民社會建設的很多人都集中在媒體領域，採取種種方式努力撐開言論的空間，《南方都市報》就是代表。他們構成了中國公民社會的一個重要環節——公共空間。

三是公共知識分子。公民社會離不開論述的引導作用，這方面很多關注現實問題的知識分子發揮很大的獨立於政府的輿論影響力。他們在大學校園，在媒體上，在網路上，都成為社會趨向的風向標。秦暉、劉軍寧、錢理群就是其中的佼佼者。

四是體制內的非主流官員。在集權的政治體制下，即使是體制內官員，假如不被吸納進決策圈，其地位與體制外也相差不大。今天中國一部分體制內非主流官員，包括黨內民主派和年輕的世代中有獨立思考者，本身也是未來公民社會的有生力量，也不應被排斥。

五是企業界人士。任何公民社會的發展都離不開經濟成分的支援。在政治場域的發展受到嚴格限制的前提下，很多有志立於社會改造的力量投身入商界。他們雖然身在商界，但是始終密切關注，甚至部分介入社會和政治事務。他們與知識界的結合，必將成為中國公民社會的中堅成分。

六是維權律師群體。這部分人可以說是處在公民社會發展的最前鋒的位置，也是精英階層最能夠與弱勢群體和底層民眾進行結合的部位，因此代表公民社會最為活躍的一股力量。

七是青年學生群體。作為未來的主人翁，他們毫無疑問是中國公民社會的主體之一。從近年來的陸生身上可以看到，隨著他們開始面臨很多切身利益問題，他們對於當權者的懷疑，對於改造社會的熱情，比起上一代大學生，都有增長的趨勢。作為最沒有包袱的一個群體，今天的青年學生不排除再次扮演推進歷史的可能性。

以上列舉的，也許不是正在蓬勃發展的中國公民社會的全部成分，但是至少是其中的主要部分。台灣與其過於重視習近平，不如多跟以上的中國人打交道。因為他們，才是中國的未來。

問題 37

如何看待中國的公共知識份子？

中國的第一代公共知識分子，出生在社會的大變局之下的二十世紀初期，在他們開始吸收知識的階段就受到「新文化運動」和「五四運動」的薰陶。他們的成長階段，中國面臨生死存亡的民族危機、軍閥混戰、外敵入侵，在在使得他們無法不直接面對社會問題，所謂「華北之大，安放不下一張安靜的書桌」就是最好的寫照。從知識分子變成公共知識分子，是那一代學人不得不的集體選擇，因此也鍛造出了中國歷史上迄今為止最優秀的一代知識分子。他們之中，包括了胡適、陳獨秀、殷海光、李大釗、魯迅、陳寅恪、傅斯年、梁漱溟、胡風、羅隆基等等。

這一代公共知識分子最大的特點，誠如李澤厚先生早在八十年代就指出的，處在民族救亡和思想啟蒙的雙重使命的壓力之下，因此很快就出現分歧，一部分人如李大釗、陳獨秀等急遽左傾化，發起了最終也吞噬了自己的社會主義革命；另一部分如胡適、傅斯年、殷海光等堅持自由主義，最後被迫離開中國。這一代公共知識分子在一九五七年的反右運動中被毛澤東和中共一網打盡，使得公共知識分子在中國銷聲匿跡二十年之久。

一九七六年中國結束了「文革」的社會災難，開始重建的工作，第二代公共知識分子得以逐漸成形。他們可以說是反思之後的一代，對於狂熱的革命熱情和烏托邦幻想已經有了相當的警惕，但是又依舊延續了「五四」一代的理想主義熱情。這一代公共知識分子鑒於過去三十年的經歷，因而，對於民主自由的普世價值的訴求成為他們的精神歷程的主旋律。而「啟蒙」，就成了集結他們在一起介入社會的統一旗幟。

這一代公共知識分子的代表，包括了在整個八十年代鼓動風潮的李澤厚、包遵信、王若水、郭羅基、方勵之、劉賓雁、王若望、許良英、戈揚、王軍濤、陳子明、蘇曉康等人，包括深受他們的影響，發起了一九八九年學生運動的「八九一代」大學生群體，以及九十年代初期的一些零星代表，如李慎之、劉軍寧等。這一代公共知識分子是中國社會轉型的主要推動者，他們介入社會的努力在天安門民主運動中達到巔峰，但是也受到中共當局的全面清洗與打擊，之後又是幾乎二十年出現了公共知識分子的斷層。

中國國內第三代公共知識分子，我認為目前正處於成形的階段。隨著社會結構的多元化發展，以及介入社會的手段（即網路）的進步，越來越多的知識分子開始致力於公民社會的建設。劉曉波等零八憲章群體、許志永等維權律師群體、艾未未等民間思想者群體、李銳等黨內民主派群體、韓寒等「八〇後」一代群體就是他們的代表。他們的努力，可以看作是國家與社會的角力的象徵，也是觀察未來中國社會變局的主要因素之一。從民族救亡，到思想啟蒙，到公民社會的建設，中國一百多年以來的三代公共知識分子為了重建中國的政治秩序與生活秩序，走過了一條漫長而艱辛的道路。

問題38 外部力量應當如何幫助中國公民社會的成長？

關注中國，外界往往聚焦在習近平為代表的中共動向上。這沒有錯，但是僅僅這樣是不夠的。不僅不夠，而且容易向悲觀的方向錯判。關注中國，同時更應當關注中國公民社會的發展。

從國家與社會關係的方面看，一九八零年代以來，中國經濟改革最重大的後果之一就是公民社會的再生。隨著計畫體制的不斷萎縮和國家權力從若干社會領域內有限地撤出，由國家壟斷幾乎所有社會資源的局面逐漸改變了。首先在農村，然後在城市，人們開始有了更多的選擇，更大的空間。社會流動性增加了，生活的多樣性也日益明顯。在此過程中，國家開始失去對意識形態的壟斷。過去數十年裡行之有效的思想控制難以為繼，正統意識形態不但面臨各種新思潮的挑戰，而且為舊事物的復甦所困擾。

目睹宗族、寺廟、教堂和傳統禮俗在全國範圍內的重現，人們不無驚異地發現，舊的風俗、習慣、信仰和行為方式竟是如此根深蒂固，以至能在長期嚴酷的思想改造運動之後，又在一夜之間復甦。自然，這一時期隨著社會空間擴展而出現的並不只是舊的社會組織和行為方式，而且有許多更具現代意味的社會組織形式：如各種仲介性社會組織，包括各種學會、協會、研究會、職業團體以及與日常生活有更密切聯繫的大大小小結社。這些社會組織既不同於舊式的社會組織如宗族，也不同於一九五〇年代以後建立的各種所謂「人民團體」或「群眾組織」，後者雖被冠以「人民」、「群眾」之名，實際只是官方組織的延伸。所有這一切的發展，構成了今天關注中國，最應當關注的核心領域——公民社會。

對於中國的社會發展和民主進步來說，一個成熟強大的公民社會的形成是最為關鍵的。它的意義，不僅在於可以經由建設公民社會的過程訓練人民的民主素質，並進而推動民主的實現，也在於唯有公民社會的建立，可以使得未來中國的民主制度可以更為鞏固，民主進程不會發生倒退。

我認為，幫助中國公民社會的建立，應當從以下三個方面入手：

① 支援與幫助反對運動。

今天的中國，不僅有大批流亡海外的民運人士繼續推動民主，國內也有越來越多的人投入反對運動。反對運動本身就是公民社會的一部分，外界應當大力支持。鑒於國內的反對運動會擔心外界的支援帶來政治風險，支援海外的民主運動就應當成為國際社會的重點，以使這種支援得以轉化到國內的反對運動中。

② 支援與幫助國內的ＮＧＯ組織。

ＮＧＯ組織是公民社會的重要基礎之一，考慮到中國的龐大，人民的自我管理就顯得更為重要，因此訓練人民通過ＮＧＯ這樣的組織形式自我管理，是培育公民社會的重要工作。尤其是在教育、醫療衛生、弱勢群體、環境保護等方面，ＮＧＯ的社會基礎已經具備，需要外界的幫助。

③ 支援與幫助公共知識分子。

今天的中國，越來越多的知識分子開始投入政治生活，他們不僅扮演思想啟蒙的角色，而且也身體力行，介入到司法糾紛，基層選舉這樣的實際運作中。他們是公民社會的先鋒力量，如果能得到人力支持，可以加快推動公民社會的建設。

問題
39

為什麼經濟增長越快，社會越不穩定？

一、

第四波民主化浪潮從中東開始席捲威權國家之後，全世界的目光越來越集中於中國的未來發展。茉莉花到底會不會在中國綻放，引起很多討論。在這些討論中，比較主流的意見是認為，中國持續性的經濟增長是社會穩定的基本保障，只要維持一定的經濟增長速度，大規模的社會動蕩不容易發生。中共當局也有類似的看法，所以把維持一定的經濟增長速度列為基礎性的政策。但是，經濟增長真的就能帶來社會穩定嗎？我想中東國家的茉莉花革命給我們提供了逆向思考的最佳例證。

我們知道，無論是埃及還是突尼西亞，甚至是獨裁統治下的利比亞，最近幾年的經濟增長在中東國家中都是名列前茅的；例如，埃及去年的國民經濟比前年同期增長五．三％，這是相當亮眼的成績。也正是因為如此，這些國家爆發社會革命，才令很多西方觀察家大吃一驚。

回顧導引出社會抗議的主要原因，我們可以歸納為三點：失業、政府官員的腐敗和通貨膨脹。而這三點，其實都跟經濟增長息息相關。換句話說，經濟增長模式的僵化導致失業，大量由國家主導的基礎設施建設留下了巨大的尋租空間，給腐敗製造了便利條件，而過快的經濟增長是通貨膨脹的主要原因。一言以蔽之，我們會發現，經濟增長在缺乏相應的改革配套措施，尤其是政治體制調整的情況下，有的時候不僅不能帶來穩定，相反的，會給社會帶來不穩定的因素。

為什麼會這樣呢？道理很簡單，涉及到社會穩定的時候，問題不在於經濟是否高速增長，而在於：第一、這樣的經濟增長的成果，它的分配是否公平？第二、這樣的經濟增長的成果，人民有沒有分享到？第三、在與經濟發展相關的各項政策的制定和實施的過程中，人民有沒有參與感？也就是說，如果經濟增長，是以犧牲公正作為代價的話，這樣的經濟增長反倒會成為社會動蕩的根源。這樣的經濟增長越快，社會的動蕩程度就越高。這一次中東茉莉花革命的參加者並非低收入戶，而是那些中產階級和受過高等教育背景的年輕人，他們的不滿顯然不是來自於對於經濟發展本身的評估，而主要是為了尋求一個公正的機會，可以在未來的社會發展中表達出自己的意見。

反觀中國，那些執迷於中國高速經濟增長的人們，有沒有想到過，無論是失業、腐敗還是通貨膨脹，這些引發出中東茉莉花革命的基本因素，其實在中國不僅一樣不缺，而且其實更為嚴重。中國的經濟增長雖然快速，但是利潤的分配極度不公平，人民在政治上幾乎毫無參與的權利。也就是說，導致革命的社會矛盾確實存在，而且在不斷積累的過程中，這是不爭的事實。我們無法確定這些矛盾的積累何時導致社會的不滿，形成強大的群眾運動，但是我們可以確定的一點就是，這個趨勢已經形成，各種社會的合力牽引著中國向著某個既定的方向發展。如果這一點成立的話，我們的結論就是：中國的經濟增長越快，中國的社會就會越不穩定。

二、

廣東就是一個例子。在廣東過去發生的維權事件中，最令人關注的當屬太石村和東洲村村民的維權活動及其引發的軍警鎮壓，可就在東洲村上空瀰漫的血腥氣尚未散盡之時，二〇〇六年一月十四日，中山市三角鎮又發生了警察鎮壓維權農民，造成四、五十人受傷，一人死亡的嚴重事件。這三起事件有幾個共同特點：民眾的維權和抗議活動，全部或部分是由徵地引起；農民表現出非常清醒的維權意識和強大的反抗力量；政府動用大量軍警強力壓制。

綜合分析這三起發生在南部沿海省份廣東的維權事件，我們基本可以得出一個結論，那就是：在目前的政治和法律背景下，經濟發展越快，對民眾的侵害程度可能更重。廣東不僅地處沿海，還毗鄰招商引資的橋頭堡香港，經濟開放程度一直處在領先地位，可是，正如我們在三角鎮的徵地補償中所看到的，鎮政府以每畝十幾萬的價格將地賣給港商，卻用每畝一、兩千元就把以種地為生的農民打發。這種經濟發展不僅不能給廣大民眾帶來實惠，反而會使他們的生活面臨絕境。

中國的這種徵地行為，並不是兩個平等經濟主體之間的交易行為，而是單方決策、單方定價的侵占過程。按照中國的有關規定，農民生產和生活用地的產權歸屬抽象的集體，而集體土地要轉化為工業用地，會有一系列複雜的程式和文字遊戲，經過這個複雜的過程轉換，土地價格會幾倍幾十倍地增加，其增值部分，被機構臃腫、腐敗橫行、效率低下的各色機關拿去一部分，被官商勾結的當事人侵吞一部分，再被貪婪的基層官員剝去一部分，最終補償給農民的，基本就是象徵性的一點安慰了。

問題是：土地是農民的命根子，你把農民的土地徵用後，不給予足夠的補償，讓失地農民如何面對以後的生活呢？當然，中共這個龐大的體制歷來不乏漂亮的承諾和謊言，可是在民眾逐漸覺醒，資訊流通速度加快的今天，謊言的作用越來越失去效果，尤其在廣東這個接近香港的地方，民眾可以獲取資訊的渠道更多一些，因此，他們的反抗也就顯得更堅決而直截了當。

於是，除了動用軍警，這個徹底腐敗的機制和那些貪婪的地方官員實在也沒有更好的辦法，除了動用軍警，他們實在不知如何才能把掠奪和侵占繼續下去。可是，中共各級官員，你們真的有膽量做好心理準備，要把鎮壓進行到底嗎？

廣東是全中國經濟最發達的省份，在改革開放之初，民眾基本可以共同分享經濟增長帶來的好處，可是由於政治理念的倒退，現實中的權貴資本主義者懷著末世情結，越來越肆無忌憚地瓜分和侵占財產，城市周邊的失地農民不再有八十年代那種因開發而來的致富機會，經濟發展帶給他們的，往往是貧困、環境污染、治安惡化等。祖先留下的土地，也在這一代手上被奪走。而我們也看到，在持續的通貨膨脹之下，廣東省內的體力勞動者工資水平，十幾年都沒有什麼變化，十多年前，廣東工廠裡的一般體力勞動者每月已經可以拿到五百元左右，目前仍維持在這個水平。這就使得失地農民，幾乎沒有辦法改善生活。他們除了反抗，還能做什麼？

因此我們要提醒中國民眾以及對中國經濟發展抱有不切實際幻想的國際觀察者，在目前中國政治現狀下，經濟發展帶給中國的，未必是文明和繁榮，這種病態的經濟發展很可能成為掠奪的藉口，在經濟發展的同時，社會矛盾正同步積累，有可能成為社會動亂的根源。

問題 40

社會控制就能維持穩定嗎？

外界對於中共的社會控制能力，一向深信不疑。當然，中共確實在不斷設計新的機制，來對社會進行控制。但是，控制就能導致穩定嗎？這是非常值得懷疑的事情。

江澤民時代後期開始，凡是涉及穩定的領域，幾乎在所有行業、所有的人群中，中共都在加大控制力度，並且控制的手段也變得多樣化。這從表面上，很容易使人產生中共控制無孔不入、無所不能的印象，使一些人喪失對社會進步的信心。但是人們也應該很容易地想到這個問題的另外一面：為什麼中共持續在加大控制力度？只有一個原因，那就是他們非常清楚，威脅他們所謂「穩定」的力量，正在擴張。

由於專制社會必然帶來不道德的社會分化，目前中國社會的衝突，實際上是強勢者與弱勢者、信仰者與墮落者、理性者與瘋狂者不可避免的衝突，只要這種不道德的政體存在下去，這些衝突幾乎就是無解的難題。權力導致腐敗，而絕望必然導致反抗。八九民運以來，絕望是多數中國人都曾面對的問題，他們所面對的絕望，或者在現實層面，或者在精神層面上。但是，面對一個個觸目驚心的難題而找不到答案，甚至找不到個人活路的困境，最終導向的，除了反抗，還能是什麼？

當大規模的理性抗爭此起彼伏時，小規模的暴力抗爭已經成為不可被忽視的現象，就在這個體制已經喪失協調社會分歧的能力時，我們發現，維權意識、公民意識、憲政意識以及信仰意識，正在中國社會迅速擴展領地。官方意識形態，無論自我標榜有什麼歷史性突破，卻無法擺脫在民間被當作笑料來對待的可憐命運。

越來越多的人選擇公開站出來說話，他們不在傳統政治範疇內玩過時的遊戲，而是直接採取公開發言、公開行動的方式，一劍封喉，徹底顛覆中共千方百計維持的政治神秘感。如高智晟、劉曉波這種反政治的政治參與者，一點一點揭穿中共專制的虛假和虛弱。中國民運力量始終堅持的理性化方向，為未來中國的公民社會，確立了良性的制度和文化規範。同時，在悲情時代的苦苦堅守中，中國的民運文化，一直處在積極建設之中。這種火種的力量，隨時能為全社會輸入理性抗爭的激情。

而民間的抗爭除了規模的擴大之外，有來自現代資訊傳播的助力，有來自國際社會和逐漸形成的民間輿論體系的聲援，這使得中共的每一次鎮壓，都必須考慮它的行為會將反抗者逼向何方這個問題。也就是說，任何鎮壓都可能成為事件，而不再是中共軍警官員毫無代價的成績。他們開始流露出心虛和躲閃的目光。在這種持續的對峙中，民間社會正顯示出越來越大的變革動能。而這些，都是在社會控制加強的情況下發生的。社會控制，真的就能維持穩定嗎？

問題 41

《天註定》揭示了中國社會的暴戾之氣

賈樟柯的電影《天註定》根據社會新聞改編，不僅具有批判性，而且隱隱地揭示出了今天中國一個非常明顯的特徵：暴戾。是的，我沒有打錯字。不是暴力，是暴「戾」。暴戾，是深刻瞭解今天中國社會一個很重要的關鍵詞。

當然，暴戾之氣也是通過暴力行為顯現出來的。賈樟柯在《天註定》中講述了四個非常暴力性的個人故事：一個村民屢次揭發村裡的官員和致富者狼狽為奸，貪汙公共財產而不果，結果自己還被報復，憤而槍殺煤礦主、村長和會計等；一個以搶劫為生的自閉性格強烈的年輕人自己遇到搶劫，二話不說掏出槍來，打死三人；色情場所工作的小玉不堪被有錢人羞辱，用包中的水果刀刺殺對方致死；東莞的一個打工仔陷入種種生活的絕境，最後跳樓自殺（這裡顯然是改編自富士康連環跳事件）。賈樟柯完全是刻意地，使用了很濃烈很直接的暴力敘事，其中很多鏡頭令觀眾只好背過臉去，不忍卒睹。

而這，就是這部電影的核心所在。你所不忍卒睹的，你覺得過分暴力的，那些於大國崛起的形象極為不符的現象，其實就是現實，就是每天都發生在中國各個角落的事情。賈樟柯用串聯在一起的四個個人的暴力故事，描繪出了一幅中國現實的暴力畫軸。他有意選擇了從山西到四川，橫跨中國的四個地點，也是告訴我們說，這樣的暴戾，瀰漫在整個中國。

所謂暴戾之氣瀰漫中國，早就有專家指出，這是因為，安全感的缺乏破壞到個人的生活，破壞了自我價值和自尊，產生恐懼、焦慮、無望和無力等負能量，並影響到社會的整體情緒。安全感的缺乏會帶來很多心理問題，構成集體心理問題，例如：總是擔心被人拒絕、不信任、敵視、自私、急躁、不滿足等等，都是缺乏安全感的表現。

中國成了陌生人的社會。中國社科院社會學所發布的二〇一三年《社會心態藍皮書》指出：中國社會出現反向情緒。仇恨、憤怒、怨恨、敵意等負向情緒，與需求不滿足、不信任、社會階層分化有密切關係。同時，中國社會總體信任指標跌破及格線，官民、警民、醫患、民商等社會關係不信任，群體和階層之間也不信任，導致社會衝突增加。上海發生的楊佳襲警事件可以看作是中國社會發展的一個分水嶺，自那以後，暴戾之氣更加瀰漫。《天註定》中個人的暴力行為似乎是一個隱喻，隱隱昭示了未來中國社會發展可能出現的一個不妙的前景，就是暴力行為的擴大，甚至演變成大規模的暴力性社會反抗。《天註定》因而可以看作是一部預言片，預言了未來暴力革命的可能性。這個問題是大家隱隱約約都會擔心，但是誰也不敢觸及的，現在，賈樟柯用電影的方式說出來了。

問題 42

中國社會的暴戾來自於國家暴力

中國社會暴戾之氣的來源，首先是國家的暴力行為。

不知道是否有人還記得多年前的定州血案。定州血案將現實中國的一個側面血淋淋地展現出來，因此是一個典型的國家暴力個案，值得我們永遠記住。幾百名所謂的「不明身份者」長途奔襲與他們本無利害瓜葛的繩油村農民，造成六人死亡、數十人受傷的惡性事件，無疑是目前中國社會亂象的一種極端反映。

但定州事件並非孤立的個案，在占地與拆遷的官民對峙中，官方的幕後黑手操縱黑社會對弱勢民眾實施野蠻的人身攻擊，早已是各地的普遍現象，實在不足為奇，動用槍械者雖然是少數，但砸玻璃、拆屋脊、朝居民家中丟毒蛇等手法早就不新鮮，幾乎所有的中國民眾都對這些卑鄙手段有所耳聞，定州事件之所以成為關注的焦點，其突出之處是死傷者眾多，而又有現場錄影鐵板釘釘地記錄下了這瘋狂的罪惡。定州事件的影片傳播到海外，已經引起了西方媒體的廣泛關注，但除了事件本身，我們提請各界留意的是：暴力已經越來越頻繁地成為中國社會內部解決爭端的一種半公開方式。

由於法律不彰，新聞又被中共一手控制，在這種前提下，只要不死人，政府公開或半公開的暴力活動一般是不會受到懲戒的，而威權統治的中共政權幾乎還不懂得民主與協商的含義，所以各種尖銳的利益對立很難獲得及時有效的調和，從對立走向暴力，當然就不是什麼奇怪的事。

黑道白道的沆瀣一氣，事實上是受到中共官員默許的，否則，就不會有如此普遍的暴力事件發生。中國的嚴刑峻法是舉世皆知的，中共司法機構羅織罪名的手段也屬一流，但即使如此，面對那些恪守本分的定州農民，警察和軍隊的國家暴力還是不便於公開使出來的，於是，黑社會就成了政府與官商的得力助手。

問題是，當各級政府和官商成為黑社會的大客戶以後，對暴力的崇拜與迷信也會傳導到社會各界，我們可以看到官員雇凶殺妻的報導，也可以看到縣委書記將情婦勒死的新聞，更有甚者，首都北京的大馬路上，黑道公然追殺仇家得手後揚長而去。群體性鬥毆事件在上世紀八十年代初的高峰之後，由於全民經商的熱潮，曾有所下降，卻於近年來重顯上升趨勢，而且帶有越來越濃重的利益色彩。

以暴力解決爭端是對人類文明的褻瀆，但政府官員、官商與黑社會的勾結，將使中國社會長期籠罩著罪惡的血腥氣，並有可能使整個社會陷入對暴力的信賴之中。在實際生活中，當弱勢者實在無法躲避暴力的侵害時，他們最終也可能選擇以暴力來保護自己。如此，所謂的「社會主義精神文明」也就成為一句廢話。暴力規則下的中國前景，實在無法令人樂觀。

中國共產黨的祖宗毛澤東曾有一句名言：「哪裡有壓迫，哪裡就有反抗。」這句話轉眼間已被中共權貴們忘卻，在他們的眼中，中國的百姓是一群順民，除了被宣傳喉舌欺騙、被政府恐嚇之外，即使挨了黑社會打，也只能乖乖地接受教訓。可是定州農民拿起了鋤頭進行反抗，拿起攝像機錄下了罪惡的場面，並迅速傳遞到海外。他們沒有選擇屈從，而是選擇了正當防衛。如果中共覺得這種信號還不夠清晰的話，那麼，只有等到中共本身成為暴力犧牲品的那一天，它才會明白過來。不走民主與法治的道路，而是與黑社會混到一起，這個沒出息的執政黨還能執政多久呢？

同時，國家暴力加重了社會的暴力，而社會的暴力反過來也會威脅到國家的穩定。今天的中國，經濟上雖然在發展，但是人心惶惶，不確定感普遍存在；而更重要的警訊，就是暴戾氣氛的逐漸加重。

問題 43 依靠國家暴力就可以維護統治嗎？

面對越來越依賴國家暴力來維護統治的中共，我們要問一個問題：暴力，真的就能維持穩定嗎？我認為恰恰相反，暴力會激化出更多的反抗。一九八九年的民主運動就是一個例子。

回顧八九民運和六四事件，有一個重要的問題：是什麼使得學生從開始的請願變為後來與政府的對立？我認為，一個主要原因，就是當局對學生的請願採取了暴力的對待方式，激起了學生的情緒反彈。

一九八九年四月十九日的新華門事件和二十二日胡耀邦追悼會上，當局出動武警力量面對學生嚴陣以待，並多次使用暴力恐嚇，這對很多學生是很大的心理刺激。這些大學生被稱為「天之驕子」，他們在地方上都是備受保護，備受寵愛的人，也自認為是精英集團內部的人和未來的主人翁，對當局從來沒有覺得自己是外人。走上街頭對他們來說，一開始並不具備反叛的意識，他們只是真的以為自己是國家的主人，所以有話就要說。但是真的走上街頭，突然發現面對這樣的對待，委屈轉化為憤怒，從此走上與政府決裂的道路。

前幾年，柴玲出版了自己的回憶錄。她在回憶錄中，談到了在學潮剛開始的時候自己的心路歷程，就是上述分析的典型例證。她說她四月二十二日在胡耀邦追悼會上目睹了軍警的兇惡：「我那天來到廣場的時候心裡只有一個簡單的想法：要給這個失勢的領袖進行悼念和給校友們送一些食物和水。但是我在幾個小時裡完成了蛻變。被警察追趕和看到無辜的人被毒打的經歷揭開了我對在北大被公安景觀羞辱和被售貨員欺負尚未好全的傷疤。在我心裡，我下定決心再也不會繼續做那個兩年前在火車上哭著回家的少女了。我受傷害的自尊和新的憤怒讓我忘記了什麼是悲傷。從此以後，我絕不再跑了。」……那天晚上，當一個政府將軍隊派到天安門廣場，迫使這中國年輕的一代站起來的時候，中國現代歷史出現了新的篇章。」（資料來源《柴玲回憶：一心一意向自由》，香港田園書屋，二〇一一，P90）

對政府來說，他們習慣了用暴力維護統治，也嘗到了用暴力建立起來的恐懼帶給他們的甜頭。但是我認為他們應當學一點歷史。歷史上，暴力政權最後還是會垮臺，說明暴力不是永遠有效的，為什麼呢？這是因為，暴力的使用使得像柴玲這樣的很多人，原本對政權並未敵視，但是因為感到被羞辱而埋下了仇恨的種子。這樣的種子也許會很長時間埋在心裡，但是早晚有一天，時機一到就會爆發出來。這就是暴力政權無法持久的原因。

問題 44

中國人為什麼不說話？

說到今天中國的政治現實，我們都知道，對中共統治的不滿是普遍存在的；這一點毋庸置疑，因為可以反證出來：當局對任何不同的聲音都如臨大敵，當然就是因為他們知道不滿的普遍存在和嚴重程度，生怕任何突發事件把這些不滿引發出來。但是同時，我們也要承認，在中國的公眾生活中，儘管大家內心有普遍的不滿，但是公開表達不滿的卻不多。這就給外界造成一種假象，似乎大家對政府的滿意度是比較高的。至少，很多傻傻的西方媒體和故意裝傻的台灣媒體，就是這麼報導中國的。問題是，為什麼在中國，不滿的人很多，表達不滿的人卻很少呢？

恐懼當然是最基本的原因。當局的高壓主要就表現在對言論的管制上，公開表達不滿或者抗議，就會面臨被當局關切甚至逮捕的可能，這樣的政治環境下，要有很大的勇氣才敢於公開表達不滿，而這樣的勇氣，很少人能夠具備。

我經常聽到台灣或者香港的朋友譏笑中國人不敢反抗，我認為這是缺乏同理心的表現。換作是你自己，在那樣的一個講真話就可能失去自由的社會中，你是否願意站出來呢？但是如果認為恐懼就是中國人不敢講話的唯一原因，那我們就把中國問題看得太簡單了。按照這樣的邏輯，暴政不就永遠不會滅亡？因為暴政永遠不會放棄製造恐懼，這是他們的統治基礎。暴政不可能永遠有效持續，就是因為人們不講話，而不講話並不僅僅是因為恐懼。

在中國，對政治現實公開表達不滿的人不多，至少還有以下幾個原因：

第一、我們必須承認，不滿的聲音不多，是因為有一部分人，他們對中共的統治和中國的現實，確實還是滿意的。不用說統治集團自己的成員滿意，那些龐大的利益集團的成員也很滿意，重點是，很多並不在乎民主自由的價值，而自己家庭的生活水平有所提高的民眾，也會覺得滿意。不管你認同不認同他們的滿意，若不承認還是有人滿意中共的統治這一點，就是盲目的。我們必須看到，中共確實是有其擁護者的。即使有一天中國民主化了，中共也還是會有擁護者。這就跟今天台灣的國民黨，也仍然有擁護者一樣。

二、還有一部分人，他們其實是出於無奈。他們內心也有不滿，他們也清楚政府在做什麼事情，但是他們看不到公開表達不滿能起到什麼作用。這部分人，他們不知道自己能做什麼，也看不到能夠替代中共的力量，他們對現實失望乃至絕望，因此有不滿也不想表達。

這種沈默其實也是一種抗議或者不滿的表示，所以在進行民間調查的時候，我建議調查者可以看看每一次民調，表示不願意接受民調的比例有多高，因為這個比例很能說明問題。

三、另外的一部分人，他們不會公開表達不滿，是因為他們逐漸適應了。他們不是對現實滿意，他們也知道今天中國問題很多，但是就像久入鮑魚之肆而不聞其臭，他們已經逐漸習慣了不能令人滿意的現實。這樣的環境他會更加覺得是自然的、正常的。既然已經習慣，何必還表達不滿呢？要知道，中國人的忍耐力是很強大的。

四、最後一部分人，他們不願公開表達不滿，是因為他們的冷漠。不能否認，每一個社會都有一些人，他們缺乏對周圍世界的熱情，缺乏對社會的參與意識，他們也不關心公共事務，只在乎自己的瑣碎雞毛蒜皮，很多九〇後，他們對動漫和電玩的興趣，顯然遠遠大於對公共事務的興趣。這樣的人就是在民主社會中也有很多，何況是在不民主的社會中，那自然會更多。這批人數量很大，導致在中國，願意表達不滿的人更少了。

總結一下的話，在中國，儘管大部分人對中共不滿，但是大部份人不願意表達不滿，這裡的原因至少有五個：恐懼、滿意、無奈、適應、冷漠。換句話說，今天的中國，儘管表面上看起來，社會上沒有什麼不滿的聲音，大家對現政權似乎都是接受的態度，但是這樣的統治，絕對不穩固。因為這些表面上的滿意，並非是出自內心和真心。而不管是恐懼和無奈，還是適應和冷漠，都是變數很大的態度，一旦外在社會條件發生變化，原有的表面上的擁護，變為實際上的反對，就會是一夜之間。一九八九年的中國，和原蘇聯東歐國家共產黨的倒臺，都是先例。

這個道理，有些人也許不懂，但是共產黨懂。這就是為什麼，雖然全世界都覺得中共的統治固若金湯，而中共自己卻每天如臨大敵的根本原因。

問題 45 從《徐才厚傳》中看到的中國軍隊

中共各種機制本身充滿了黑箱作業，而黑箱中的黑箱，應當就是軍隊了。對於一般人來說，甚至對於那些研究中國和中共的人來說，中國軍隊都像是霧霾一般，模糊不清。這支軍隊幾十年來只打過兩場仗，一場是一九七〇年代末期對越南的戰爭，那場戰爭只能用「慘勝」來形容；另一場就是一九八九年，槍口對準自己同胞的「六四」大屠殺，那場仗，中共的軍隊大勝手無寸鐵的人民，但是從此被釘上了歷史的恥辱柱。中共的軍隊到底實力如何？內部怎樣運作？這些，至今都是人們無從得知，也很好奇的事情。

習近平「打老虎」，拿下了徐才厚這樣的高級將領之後，才讓我們多少經由這個人，接觸到一點軍隊的內部狀況。二〇一五年六月號的《明報月刊》以「特稿」的規格發表了一篇《徐才厚傳》，而《明報月刊》一向報導慎重，不走政治八卦路線，因此這篇文章的可信度很高。我仔細閱讀後也願意推薦給大家。因為從中，我們終於看到了中國軍隊一小部分的廬山真面目。讓我試舉幾例。

首先，我們過去都猜得到軍隊內部一定腐敗很嚴重，但是嚴重到什麼程度，很少能有清晰的資訊。這次徐才厚案件，讓我們對中國軍隊的貪腐程度只能用「嘆為觀止」來形容了，因為遠遠超過了外界的想像。

《徐才厚傳》告訴我們，總後勤部原副部長谷俊山「曾經送給徐才厚一輛十二缸的賓士汽車，車上裝了一百多公斤黃金。」全世界的黃金儲備也是有限的，谷俊山居然對一個長官就能行賄一百多公斤，這樣的軍隊腐敗程度，古今中外，獨占鰲頭。更令人幾乎不敢相信的是，谷俊山為了討好徐才厚，居然把自己二十歲的女兒親自送給徐才厚玩弄，而這位做父親的，居然端坐在屋外，「臉色平靜如常」。這樣的人簡直禽獸不如，但是他就靠這樣爬到了中共軍隊的高層。

我們要問的是，難道中共軍隊中只有一個谷俊山嗎？如果有很多，這樣的軍隊高級將領怎麼可能有時間和精力進行軍事訓練？軍隊怎麼可能還有錢進行裝備採購？

其次，在徐才厚的升官路徑上，我們也隱約可以看到一些中共軍隊內部的潛規則。例如，中國軍隊將領的提拔，顯然有嚴重的按照區域劃分的幫派化傾向。徐才厚出生的遼寧省瓦房店市就出了兩個軍委委員、三十多名將軍，如果不是「裙帶風」，怎麼可能有這種情況發生？

按照《徐才厚傳》的介紹，同樣出身瓦房店的原總政治部主任于永波，其實曾經反對提拔徐才厚，我們要問的是：既然如此，為何徐才厚還能一路高升？顯然于永波知道徐才厚問題嚴重，但是也沒有用力阻擋，其原因無非在他心中，瓦房店幫的整體利益高於軍隊整體的利益。

中共軍隊本來就是就有四個野戰軍的山頭主義的問題，隨著老軍頭的逐漸凋零，外界以為山頭主義會減輕，但是瓦房店幫的存在證明，中共軍隊內部派系的存在是不容否定的事實。這樣的軍隊，發生內部鬥爭的可能性自然存在，而這樣的可能性，會對中國未來發展具有重大意義。

最後，《徐才厚傳》中提到一個有趣的細節。據說徐才厚在被提拔到中央軍委之前，「從軍五十餘年，從未給領導提過一條意見」，一直到他已經爬到最高位置的時候，他才跟于永波說了一句真話：「幾十年了，我沒講過一句真話。」這可以讓我們看到，軍隊內部的政治生態的一面，就是很多人隱瞞自己的觀點、立場和看法，即使是像徐才厚這樣的高級將領，也是如此。

坦率講，這對任何一支軍隊來說，都不是什麼好事，因為你永遠不知道哪個將領心中在想什麼，對於最高指揮官來說，還有什麼比這個更危險的呢？所以一旦有變故發生，中共軍委對軍隊的掌控能力，其實是值得懷疑的。

問題 46 「一帶一路」會不會拖垮中國？

在過去有關中國問題討論的「中國沙龍」上，我跟學生們的保留性的討論內容，就是「大國衰落的原因」，我們會對比世界歷史上大國的興衰軌跡，來分析作為新世代強國的中國，是否也存在衰落的內在因素。關於大國的衰落，當然原因有很多，但是其實認真分析，也可以歸納出一些共同的成分來。例如，每次討論的結果，學生們在一點上意見是比較統一的，那就是：很多大國、強國，很多不可一世的政治經濟實體，最後的衰落，是因為對外擴張。過度的野心和擴張，導致了國家資源不管曾經多麼龐大，最終還是逐漸萎縮，支援強權的力量逐漸流失，大國，就這樣逐漸衰落。

這樣的例子似乎越靠近近代越明顯。我們都知道，一次大戰前崛起的德國和二次大戰前崛起的日本都曾經是不可一世的強權國家，他們的領土和資源野心，最後使他們走上戰爭之路，而戰爭，無非是為了國力的擴張。而結果就是德國和日本長時間的衰落。

另一個例子，就是前蘇聯。在前蘇聯幾乎是一夜之間垮臺之前，任何人說蘇聯會崩潰，大概都被認為是「激進」或者「危言聳聽」吧？而前蘇聯並無例外地衰落了，其公認的原因之一，就是與美國的軍備競賽，對阿富汗的入侵等等實力擴張行為。此外，現在那些批評美國霸權，認為美國即將衰落的人，主要的論點之一，也是說美國不斷發動戰爭，是在耗竭自己的力量。

從歷史的角度看，我們可以肯定地說，一個大國，不管它曾經多麼強大，一旦它基於野心，開始努力擴張自己的勢力，就會出現一個非常弔詭的歷史現象：一方面，它的力量不斷增強；另一方面，它開始走向衰落。而中國的現在，在我看來，也不知不覺地走上了這條道路。代表性的例證，是被習近平當作是他的最重要「中國夢」之一的「一帶一路」計劃。

「一帶一路」計劃是「絲綢之路經濟帶」和「二十一世紀海上絲綢之路」的簡稱，按照《聯合報》的介紹，這個計劃將「發展與沿海國家的經濟合作夥伴關係，打造亞洲命運共同體」。關於「亞洲命運共同體」的說法，令人十分感慨，因為，當初日本軍國主義勢力在亞洲發動戰爭，打的就是這個旗號。

而在我看來，中共提出「一帶一路」計劃，除了「穩定新疆」這個國內政治因素之外，主要的目的就是把勢力範圍擴大到中亞地區。從地緣政治的角度講，這是典型的擴張戰略。換句話說，中國作為一個大國，在習近平上臺之後，已經開始進行擴張活動了。而我們剛才提到過，歷史上很多大國，都是因為開始擴張而衰落的。擴張固然是崛起的大國的必然選擇，只有擴張才能維持國家利益的不斷增長，但是這是典型的飲鴆止渴，因為這樣的擴張，實際上是在耗竭國力。

在台灣的媒體一片讚頌和敬畏中國的「一帶一路」的龐大帝國計劃的時候，反倒是中國國內的媒體還保持一點清醒。二〇一五年一月二日出版的《三聯生活周刊》在一篇相關文章中，就讓我們看到了這個宏大戰略的另一面，那就是「耗竭國力」。

根據這篇報導指出：「按照一帶一路戰略的構想，沿線有四十四億人口，二十六個國家地區，未來十年，我國在一帶一路上的總投資將達到一．六萬億美元。」如果再加上國家的配套成本，這對財大氣粗的中國來說，也應當是一筆極其沈重的經濟負擔。按照這家媒體記者的說法，為了完成這個計劃，中國很有可能會成為「東盟以至中亞各國的提款機」。這個ATM提款機，正式名稱就叫做「亞洲基礎設施投資銀行」（亞投行），中國當然是主要的出資國。

印度總理莫迪抵達中國訪問，中印簽署二百億美元的經貿協議，中方還承諾要投資印度高鐵計劃等。二〇一五年五月十日習近平到達白俄羅斯訪問，雙方也簽署經貿、海關、教育與文化等二十項合作協議，總值高達一百五十七億美元。這樣的撒錢和提款的動作，已經開始了。

不錯，幾十年的改革開放，中國積累了大量的國家資源，但是再龐大的資產，總還是有限的。何況，中共的統治是建立在巨大的成本之上的。以軍費為例，根據二〇一五年三月五日台灣《自由時報》的報導，中國軍事費用十五年來大幅增加，今年國防經費比去年再增加十%左右。中國軍費支出，從二〇〇〇年左右結束過去約二十年的微幅增長，開始每年保持十二%到二十%的大幅成長。

除了軍費，中國另有「公共安全支出」，即所謂「維穩經費」。金額十分驚人。據中國官方資料，中國花在維穩的費用，從二〇一一年起，連續三年超過軍費支出。例如，二〇一三年維穩費用為七千六百多億元人民幣，軍費則是七千四百多億人民幣。另據三月六日《聯合報》，據中國財政部昨天公佈的「關於二〇一四年中央和地方預算執行情況與二〇一五年中央和地方預算草案的報告》，二〇一五年國防預算為人民幣八千八百六十八．九八億元，比去年增長了十．一%。這是中國連續五年國防軍費以兩位數增長，並超過了經濟增長的幅度。而今年中國「中央的公共安全支出」為人民幣一千五百四十一．九二億元，增長四．三%。

當中國要解決國內沈重的社會福利和社會保險負擔，要維持龐大的軍費和維穩費用，更要擴大基礎設施建設以推動經濟有一個基本的增長速度，而僅僅中國國內的基礎建設的投資需求就達到四．三兆美元，現在要再加上這麼大的一筆開支，坦白講，我覺得中共會因為自己的野心而拖垮自己。

台灣政治大學金融系教授殷乃平在二〇一五年四月八日的《蘋果日報》撰文評論亞投行，

正確地指出，亞投行的成立，「是一個世界經濟主導權大戰的開始」。美國和日本現在聯手抵制亞投行，他們手中仍然擁有世界銀行、國際貨幣基金組織、亞洲開發銀行，美國和日本勢必將全力捍衛一九四四年確立的國際經濟秩序——布列敦森林會議的成果，國際金融領域硝煙瀰漫是可以預見的事情。換句話說，如果說當初西方式用軍備競賽的方式拖垮了前蘇聯的話，現在，他們與中國的較量，已經改為用經濟和金融競賽的方式進行了，而且，這場競賽還是中國主動發起的。大國經濟擴張拖垮自己的歷史是否會重演，將會是影響未來一個世紀的國家情勢的主要戲碼。

問題 47

為什麼我樂見中共查禁動漫？

中共嚴格管控網路的動作不斷出台，而管控的重點，已經逐漸指向年輕人的娛樂生活：動漫。我是在前不久收到中國一位在校唸書的學生發來的信中，得知這個情況的，那位同學告訴我：

「丹丹老師。很抱歉占用你的時間了。我現在在中國。那些人已經開始禁掉我們看的動漫。一百餘部外來引進的動漫被通知必須下架，禁止播放。其中包括很多我小時候看的動漫。很多非暴力的動漫或者小孩子看的也被他們禁掉。我感覺我生活的環境從未曾如此限制民眾娛樂、言論自由，禁止和排擠外來文化過。去年他們開始禁掉我們看的美劇，封殺字幕組。現在他們突然要禁掉我們看的動漫。我感覺這是我出生以來管控最嚴的時刻。我不知道，我很害怕他們完全禁掉外語，禁掉我們讀的英文書。」

看了這封信，我當然很同情現在中國年輕人的處境。要知道，動漫曾經陪伴他們成長，對他們來說是多麼的重要，現在，卻要被整肅了。其實，這並非什麼新鮮事。多年以前的「草泥馬」事件大家還記憶猶新吧？其實，草泥馬等諸「神獸」的名稱，就來自於第九城市旗下運營的網路遊戲《魔獸世界》中眾多敏感詞遭到遮罩之後的一種諧音替代。草泥馬這一神獸最早就來自於百度「神獸世界」貼吧的內部語言，而那裡正是「十大神獸」最早出現的論壇。成千上萬的青少年沈迷於《魔獸世界》，他們對於當局的敏感詞政策早就天天「草泥馬」了。現在對動漫的整頓，只是變本加厲而已。

不過，對於中共這種蠻橫的做法，我必須承認，我是樂見的！我這麼說，一定有人批評我幸災樂禍，好吧！我承認我是有一點。我為什麼幸災樂禍呢？因為，網路世界的高度關聯性使得政治管制很容易侵害到一般民眾的需求，不當管制會因此而產生當局意料之外的社會不滿，催發新生的反抗人群。因為他們有可能從這樣的途徑感受到政治壓制對於社會的負面干擾，從而增加政府的管制風險。

現在的年輕人本來對於中共是沒有多少反抗意識的，對於國家和社會他們也缺乏關心的熱情和責任，他們比較關心的是自己的個人利益，換句話說，對於他們來說，讓他們好好地看自己的動漫，他們對政府不會有太大的反感。問題是，中共現在偏偏就連動漫也不讓他們好好看了，這個世代的反抗意識怎麼可能不隨之增長呢？

中共的高壓性的政治管制，實際上是在為自己製造信的對立群體，尤其是九〇後這個世代，也會慢慢被逼迫到成為反抗的主力。這，當然是我樂見的。因為中共這樣做，真的是在給自己找麻煩，給自己的統治埋下潰滅的種子，給自己樹立新的敵人。這樣，你說我能不高興嗎？

最後，讓我再引述一段那位中國年輕人的來信，你就可以知道，我的幸災樂禍是多麼的有道理了。她說：「現在很多人都在想辦法搶救動漫，罵文化部。卻很少有人想到這件事深層的含義，我知道他們不會反抗，但是我不知道除了反抗，還有什麼方法能夠給我生活的這個社會帶來新的生機和血液。」我看了有點熱淚盈眶。終於，中國的年輕人，開始在腦海中思考一個詞了：反抗。

這，就是我樂見中共壓制動漫的原因，也是中國的希望所在。

問題 48

南非模式會在中國重演嗎？

曼德拉的去世，如果留給我們的，僅僅是對這位偉大的政治人物的緬懷而已，那就未免太令人惋惜了。因為曼德拉的一生，與幾十年來南非的政治社會和經濟發展密不可分，而南非這一段結束種族隔離，開啟轉型正義和民主化的歷程，對全世界發展中國家都具有對比和借鑑的價值，對中國尤其如此。

對比南非，最令人印象深刻的一點，就是兩個國家都曾經經歷過在高壓的威權統治下經濟的騰飛階段。從一九四八年開始，南非進入經濟高速發展的階段，到六十年代中期到達頂峰，被全世界視為經濟奇蹟。這主要是由於種族隔離制度下的黑人，為南非的製造業提供了廉價的勞動力，這種低人權優勢產生的高利潤吸引了大量外資紛紛湧入，拉動了國民生產總值的增長，寫下了亮麗的經濟發展成績。

當時的西方世界，普遍期待在南非，隨著經濟的發展，也會出現相應的政治進步，給結束種族隔離制度帶來希望的曙光。事實上，經濟發展也確實導致南非社會開始活躍，中產階級開始出現批判種族隔離制度的聲音。

但是國際社會看走眼的地方在於，社會是社會，國家是國家，社會的活躍並不必然代表國家願意做出正面的回應。事實上，隨著經濟的發展和社會的多元化，南非的白人政權反倒更加強化了種族隔離制度和各種鎮壓政策。南非的總兵力在六十年代初只有七萬多人，到了八十年代初增加到四十多萬人。一九八四年的軍費開支比一九六〇年代增長了八十倍。

與此同時，民間的反抗力量不但沒有能夠得到更大的活動空間，反而被全面鎮壓。二十世紀七十年代，非國大領導人已經被囚禁在羅本島十幾年，早已無法與國內的革命運動互通資訊，影響力越來越小。這個時期，幾乎所有的其他黑人政治組織都被關進了監獄，此後數十年，民間的政治反對運動陷入沈寂，無論是國內還是國際都看不到變革的希望。

然而，變革還是發生了。種族隔離制度和鎮壓性的國家機器帶來的極高成本，最終對南非的經濟成果產生了不堪承受的重負，南非經濟開始衰落。衰落的過程一啟動，就是社會動蕩的開始，新一輪的反抗導致了革命的迫在眉睫。在這樣的壓力下，一九九〇年二月十一日，曼德拉走出監獄，南非的民主進程正式啟動。這，就是南非模式的大致歷程。

對中國過去幾十年政治社會和經濟發展有所瞭解的人，應當都不難發現，經濟衰退之前南非走過的道路，與中國是如此的類似。如果經濟高速發展，國家管控能力強化，民間反抗沈寂，就說明民主化沒有希望的話，就無法解釋南非走過的道路了。這一點，是那些對中國民主前景悲觀的人應當深思的。

當然，南非模式也不是只有正面經驗，而沒有教訓的。在南非，種族隔離制度的消除，在政治上帶來了國家的進步，但是同時，也失去了原有的低人權——低勞動成本的產業優勢，這使得南非在與亞洲新興國家的出口競爭中轉入相對劣勢，這是政治民主化帶來的代價。中國未來一旦出現民主化的契機，會不會也面臨這樣的代價？要如何避免這樣的代價衝擊到人民對民主的信心？這些都是可以從南非模式中吸取經驗教訓的地方。

問題 49

為甚麼中國人可以忍受霧霾？

中國經濟高速發展的背後，是對環境的沒有節制的破壞，這破壞帶來的惡果，最突出的表現就是霧霾。不管那些愛國小粉紅如何驕傲於中國的成就，但是，只要提到霧霾，大部分人就只有啞口無言。霧霾在中國，已經不僅僅是經濟問題，而成了政治問題，它鮮明地凸顯了中國模式的內在問題，無論如何都是對於中共的國家治理能力的負面展示。而更嚴重的是，瀰漫中國各地的霧霾已經威脅到了中國人的身體健康，對兒童來說更是如此。

面對霧霾，中國老百姓當然不滿，畢竟這是關係到切身利益的事情。然而不滿，通常是以牢騷的方式存在於網絡上和民眾的聊天內容中，並沒有轉化為大規模的抗議和社會不穩定。如果說，國家的事情，人民已經淡漠，不願意公開表達立場，那麼與自己和自己的下一代的健康息息相關的霧霾問題，為甚麼也沒有引發社會的不穩定呢？中國人為甚麼還在忍受如此嚴重的霧霾問題？這樣的忍受是處於怎樣的社會心態？而這樣的社會心態是如何影響中國的社會與政治轉型的呢？今年一月份的《三聯生活周刊》的「讀者來信」欄目中，刊登了一份談論霧霾的來稿，比較能夠說明問題。

在寫給編輯部的這封信中，署名「哈爾濱一讀者」的作者說：「在這汙濁的空氣裡，連殘喘都看時變得艱難，在生活的牢籠內艱難地爬行。國家要經濟發展，富人想盆滿鉢滿，而大多數人的想法只有：房子都買不起，要什麼體面？即便那些大城市的環境再怎麼差，去的人還是要去，留下的人依舊不想走。所以，這裡沒有開過大會，人們也沒有大遊行，全國更沒有總動員。聽說明天有霧霾，人們只會在心裡說：『哦，知道了。』能夠讓人們憤怒的，恐怕只有某些專家的胡言了。這霾的年頭應太長了，人們早已司空見慣。甚至在網上，還能找到一些段子，中國人尤其擅長編一些順口溜、俏皮話，只是那危害自己生命的東西打趣，不免有些彆扭。但或許，這也算是一種無能為力的自嘲吧。」在我看來，這一段看上去是牢騷的話，樸實而典型，可以代表很多人對於霧霾問題的心態。

毫無疑問，大部分人對霧霾的問題是非常不滿的，「在生活的牢籠內艱難地爬行」這一句非常沈重，表現了強烈的情緒。這種情緒是普遍存在的。但是，第一、對於很多中國人來說，霧霾問題雖然嚴重，但是他們面對的，還有比霧霾更加嚴重的生存問題，例如工作、房子等等。北京是霧霾重災區，但是大量的外地人口還是如潮水般湧入，也很少見到北京居民因為霧霾而遷居其他省份，這當然是因為北京的工作機會相對更多，大城市的生活具有吸引力。對於很多人來說，是否買得起房子是今天的事情，霧霾造成的健康損害是明天的事情，明天的事情哪裡還顧得上呢？

第二、不管是多麼令人不滿，多麼嚴重的社會問題，如果長期存在，人們就逐漸習慣了，在中國，再加上一些人民對政府的無奈，情況就更是如此。第三、雖然中共當局對於網絡進行嚴格管理，但是並沒有嚴格到完全禁止人們發牢騷的地步，對於霧霾這樣的非政治性議題，管制更是相對寬鬆一些。這使得中國人可以盡情地用嘲諷，甚至是「自嘲」的方式發洩自己的情緒；當內心的不滿通過各種「段子」的方式表達出來之後，不滿就會得到一定的舒緩，而不至於積聚成大規模的抗議。網絡自由，有的時候也可以成為統治者維護社會穩定的工具，這樣的弔詭在中國表現的尤其明顯。

這封「讀者來信」是小市民的心聲的代表，也是大部分中國人群體心態的代表，更似乎中國這幅巨大圖景中的一部分。語調雖然平淡，但是足以讓我們認識到，一個真實的中國為甚麼能以現在這樣的面貌繼續發展。

問題 50

為甚麼要了解中國政治就要看《人民日報》？

看到這個標題，不要以為我是在開玩笑，我是說真的。

當然，關於大家最關心的中國政治上層的事情，那些權力鬥爭啊、那些派系角力啊、那些高官緋聞啊、那些貪腐「盛況」啊，坊間有很多刊物（尤其是來自香港的），網路上也有很多傳聞，還有專門報導上述事情的中文通訊社等等。按理說，資訊是相當豐富的。那為甚麼還要讀中共的官方喉舌《人民日報》呢？

這是因為，所有上述的那些關於中國政治的資訊，其實並不太可靠，這是因為：第一、這些資訊是真假難辨的。我們不能說所有的消息都是假的，因為畢竟有些報導事後被證明是真的；但是我們也確實看到那些刊物和網路上，很多言之鑿鑿的傳聞，事後都被證明是子虛烏有的。我們要怎麼分辨哪些消息是真的，哪些消息是假的呢？我們根本不可能分辨。因為，如果我們連這些坊間傳聞的真假都能分辨得出的話，大概也就不需要看那些坊間的傳言了。第二、中共官方的對外宣傳系統，很早以來就深知通過「出口轉內銷」的方式，散佈一些對自己有利的政治傳言的重要性，所以中共內部的不同派系，會時不時地向一些與他們有特定關係的媒體「餵」一些真真假假的消息，以達到他們的政治目的。靠這樣的關係得到的關於中國政治的資訊，怎麼可能可靠呢？被蒙蔽的可能性倒還大一些。

讀者可能會反駁我：那麼，《人民日報》就可信嗎？《人民日報》不是都是謊言嗎？是的，沒錯，《人民日報》真的是謊言連篇，以至於當年我們學生運動的時候，喊出的口號就是「人民日報，胡說八道」；以至於中國民間有笑話說，《人民日報》除了日期以外，沒有一點真實的東西（連天氣預報都不能相信的意思）。這些我都完全承認。那麼，我為甚麼還建議大家，如果要了解真實的中國政治的狀況，就要讀《人民日報》呢？

這個道理也很簡單：第一、《人民日報》畢竟是官方最權威的媒體，在《人民日報》上發布的中共決議和文件，通常是要經過中宣部甚至政治局討論後通過，才能發布出來的，因此這才是最權威可靠的分析中共政治動向的資訊。例如，隔個幾年，民間就會有傳言說什麼中共要「平反六四」，對於這種傳言，我從來都是說，誰說了都不算，我都不會相信，除非《人民日報》上在頭版發布決議，正式就「六四」問題做出重新評價，我才會相信。事實證明，《人民日報》從來沒有刊登過這樣的決定，而「六四」也從來沒有翻案過。

第二、《人民日報》確實謊言連篇，但大家要知道，謊言也是有分析價值的。尤其是對於一個撒謊成性的政黨和政府來說，它的謊言就更加具有分析價值了。我建議大家讀《人民日報》，當然不是建議大家相信《人民日報》說的那些話，而是建議大家從《人民日報》的謊言中去分析出真實的東西，或者說，要學會反著讀《人民日報》，這樣，也許可以讀出很多有意思的東西來。

例如，當《人民日報》說要「建設和諧社會」的時候，我們都知道，中國的社會已經不和諧了（他不說我們還不知道呢）；當《人民日報》說「一定要堅決擁護以習近平為核心的黨中央」的時候，我們就知道，一定是有人不擁護「習近平為核心的黨中央」了（要不然這不是廢話嗎？）。

真正懂中國政治的人，就是會看，也看得懂《人民日報》的人。重點不是《人民日報》本身，而是你會不會看《人民日報》。

問題51 習近平治下中國的基本框架

從中共「十九大」之後，習近平第二個任期的人事和政策布局已經基本清晰，未來至少五年中國發展的整體框架已經成型。如果我們用一個詞來概括的話，那就是「新極權主義」。這樣的新極權主義，將呈現出五個特點：

在經濟上，可以分外對內和對外兩個層次。對內，改革的時代徹底結束了，中共將進一步限制和剝奪私人資本，不管這樣的資本是控制在誰的手裡。剝奪的資本一方面用來進行既得利益的重新調配，一方面用來壯大國家的實力，甚至會進一步成為真正的黨產。對外，會維持甚至加強對外的開放。中國的經濟中成長已經無法離開全球貿易體系，閉關鎖國經濟就會崩潰，開放有利於中共的統治。同時，中共也會致力於改善民生，爭取底層民眾對生活水平的滿足，以建立民粹主義的統治基礎。

在政治上，這次修憲發出了明確而重要的訊號，那就是要恢復中共對中國社會生活方方面面的全方位管制，所謂「東西南北中，黨領導一起」的政策將會在未來五年進一步制度化；相應地，原本對公民社會的打壓將進一步加大力度。以製造「七〇九事件」鎮壓維權律師群體出名的原公安部副部長傅政華高升司法部長，就是這一趨勢的明證。未來，中國的異議人士和維權運動的處境將更加惡化。至於政治改革和民主化的推動，可能性為零。

在思想文化上，所謂「社會主義意識形態」將死灰復燃，以「階級鬥爭」、「無產階級專政」為代表的極左理論會逐漸成為主流，對年輕人的思想灌輸會以「紅色教育」的名義貫徹到各級教育體系中，而那些自由主義的觀點和主張不僅找不到公開發表的地方，還有可能帶來鼓吹者個人的麻煩。最近一名大學教師因為在課堂上播放來自境外的教學材料就被降級處理，這樣的事情將會層出不窮。

在外交上，中共會繼續加快對外擴張的步伐，以滿足習近平「中華民族復興」的中國夢。這樣的擴張，將建立在加強軍事實力和金錢收買的基礎上，並且會把中國包裝成自由貿易的捍衛者，以樹立國際社會的領袖地位。香港將會通過二十三條立法，徹底內地化；台灣也很可能會面臨更強的武力威懾，加大台灣社會內部的心理壓力。

在權力鬥爭方面，我們將看到新的獨裁時代的來臨，習近平一人獨大的強人政治模式已經確立，未來會從各個方面進一步鞏固。在中國人大的閉幕式講話中，習近平說「新時代屬於每一個人」，實際情況其實是「新時代只屬於習近平一個人」。習近平之下，是王岐山為首的輔佐團隊，其中劉鶴主管經濟，與習近平有通家之好的情誼的張又俠控制軍隊，人大委員長栗戰書負責立法。所有派系都被壓制，未來五年只有「習派」，而且我們短期內也不會看到習近平的接班人的出，，因為毫無疑問，習近平準備執政到身體狀況惡化為止，而他的健康狀況看起來好的很。

以上五個方面，就是未來中國新極權主義指導下的基本框架，或者說是習近平的治國政策的主軸，在可預期的未來，中國將沿著這些方向發展。不過我們也必須看到，這些發展方向是否能夠維持，前提條件是「如果不出意外」。而在任何極權制度下，誰能保證不出意外呢？這，或許是中國未來發展的決定性因素。

問題 52　中共為什麼要對馬雲出手？

長期以來，外界對於中國的社會經濟發展有一個基本的共識，那就是，中國的經濟發展，既不是市場經濟，也不是計劃經濟，實際上行的是一種國家資本主義，也有人稱之為權貴資本主義。簡而言之：國家與資本相互結合，互相支撐。這樣的國家與資本的結盟，建立在利益共享的基礎上，必須要有利潤增長作為基礎，因此注定是不穩定的聯盟，早晚有裂解的一天。而在中國，國家與資本的裂解，權貴聯盟中權力與金錢的裂解，已經進入了深水區。

這樣的裂解，最近的重大標誌，就是中國政府對馬雲集團的出手。但其實，如果大家還記得肖建華以及他的明天系資本集團的覆滅命運的話就可以知道，這個過程，早在二〇一七年，甚至更早，就已經布局啟動了。對於這樣的裂解，一般輿論都認為，是民間資本對於監管當局的挑戰導致的，同時也是金融風險的積累讓當局必須提前進行防範的結果。這些，當然都是原因。但我認為，在中國這樣一個以一黨專制為基礎的國家資本主題體系中，導致國家與資本裂解的根本原因，從更深層次上看，還是在於政治問題。

這從官方不經意間發表的一些言論就可以看出來。十一月二十九日，中國國家互聯網信息辦公室主任徐麟在出席「二〇二〇中國新媒體大會」的時候，就表示：無論主流媒體或勝業平台、線上、線下及規模大小，在導向上沒有「輿論飛地」，要「堅決防止藉融合發展之名淡化黨的領導」。這樣的警告，明眼人一眼就看得出來，針對的就是包括阿里巴巴和騰訊在內的以金融資本大舉進入傳媒市場的資本力量。當局這樣的擔憂當然不是沒有根據。二〇一七年，阿里巴巴集團就組建了龐大的媒體帝國，通過各種方式投資入股二十多家媒體。更不用說在海外的《南華早報》，而騰訊在中國輿論場域的影響力更是不可低估。

其實，民間資本的勢力進入國家壟斷的領域，不只是媒體方面。對北京來說，一批民營企業家創辦湖畔大學，進入教育領域，也是一個引起他們警惕的發展傾向。這個湖畔大學的創辦人，大部分是具備雄厚財力的資本力量的代表人物，除馬雲外，還包括柳傳志、馮侖、史玉柱等，有互聯網創業成功人士，有各行業的商業經營，還有富二代的參與，展示了新的民間勢力的面貌。前不久電影製作人耿瀟男，民營企業老闆孫大午相繼因為聲援任志強和支持自由派人士而抄家被捕，代表一些民間資本沒有放棄政治上的訴求。

而馬雲的一席「金融監管系統阻礙創新」的講話，挑戰的則是國家的政策。從媒體到教育，從政治到政策，本就生性多疑的中共當局看在眼裡，自然越來越無法容忍。據無法確證的消息指出，習近平在二〇一七年的一次內部會議上，已經提到了對資本滲透的警惕，指出某些勢力發展壯大之後，就會開始有政治訴求，就會開始要話語權。這次打壓馬雲，也傳出是習近平親自下令。種種跡象表明，國家政權出面壓制資本力量的這場大戲，就是在習近平親自指揮下，有系統有步驟地展開的。

而國家出手的根本原因，就是擔心以互聯網行業為代表的新興產業，成為國家無法控制的社會力量。所謂「顏色革命」，不一定都是從外界輸入，內部的維穩對以習近平為首的這一屆中共領導層來說，比經濟發展更加重要。一句話，誰有可能衝擊到中共的統治基礎，誰就必須被消滅掉，不管以前是不是盟友。國家與資本的裂解，就是這樣的一個必然邏輯。但細究起來，這樣的對決長遠來看，對中共的統治不一定有利。因為這樣的打壓固然減輕了威脅，但也壓抑了經濟發展，經濟發展失去力量，反過來還是會衝擊到中共的統治基礎。

問題 **53**

人民對政府的不信任是中共的最大隱憂

一九八九年的中國天安門民主運動，到今天已經三十二年了。人們反思與回顧當年那場運動的時候，都會提到一點，那就是：當時的抗議人士過於相信當時的政府，不相信他們真的敢對人民開槍，導致了中共的血腥鎮壓讓毫無思想準備的人們措手不及。這個反思也從側面說明了一個事實：在八十年代的中國，人民對政府還是有一定的信任的（雖然事實證明這種信任是錯誤的）。今天的中國社會雖然存在種種的不滿，但是在北京這樣的大都市走上街頭抗議的卻鮮少見到，那就是吃一塹，長一智的結果。這個結果就是人民不再相信這個政府會善意對待人民的抗議，他們知道一旦走上街頭，面臨的很可能就是再一次的血腥鎮壓。換句話說，與八十年代相比，人民對政府，已經沒有信任可言了。

這樣的不信任不必單單從政治領域去尋找證據，它也體現在日常生活中的方方面面、點點滴滴。讓我來舉個例子：根據中國的《財經》雜誌報導，中國商務部下屬的國際品牌中心前幾年就開始制定計劃，要將企業生產的專門用來供應香港的富餘產品，有計劃地重新「回銷」到中國內地。首批招標的兩百億元人民幣的供港生鮮產品包括了肉禽蛋奶，瓜果蔬菜、米麵油及調味品等，這些從中國供應到香港的產品，未來將運回中國內地，在北京、上海、深圳，以及長江三角洲和珠江三角洲的城市試點銷售。

看了這則新聞，不了解中國的人可能會覺得莫名奇妙：明明是從中國供應到香港的產品，為甚麼要「回銷」到中國去？來回的運輸成本豈不是要加倍？但是，了解中國經濟社會發展狀況的人，大概一看就知道原因是什麼，那就是中國人對政府的不信任。為甚麼這麼說呢？其實，從中國內地向香港供應物資，已經有五十八年的歷史了，由於是特別供應，這些物資的質量都是有高標準保障的，尤其是其中的生鮮食品，安全合格率達到九十九·九%。

而眾所週知，中國內地的食品安全問題非常嚴重，消費者到香港、海外搶購奶粉等食品的報導已經不是新聞。這裡的關鍵，就是食品生產的監管問題。說起來，中國內地的一些視頻的監管標準，其實並不比香港差。例如臘肉，在供港標準中，亞硝酸鹽要求不高於兩百 ppm，而中國內地的要求是不高於三十 ppm，看起來中國內地的標準比供港食品還要高，但是為甚麼大家還是對供港食品趨之若鶩呢？這裡明顯就是信任的問題。

對於很多中國人來說，他們信不過中國內地相關部門的監管力度。就算是有高標準，但是大多數人不相信這個標準會被執行。對此，中國上海金融與法律研究所研究員劉遠舉分析說：「相關食品監管，只是一個小制度。背後有一個大制度和文化習俗的支撐。加強監管看起來容易，背後要求的卻是廉潔的政府，受到嚴格監管的公務員，透明的信息，輿論自由的監督，有著規則意識的企業和員工等等。這些因素，香港不缺，內地還有待進步。」這個分析可謂一語道破，說明了本來是從中國內地運輸供應到香港的生鮮食品，現在要「回銷」到中國內地的原因。這個原因，歸根結底，就是中國人民對自己的政府和官員不信任。

習近平上台以後，一直強調要加強國家治理能力；但是，在一個充滿各種社會矛盾的國家中，如果人民普遍對政府有著不信任的集體心態，這個國家，一旦再次遇到大的危機，包括經濟危機，除非還是像一九八九年「六四」事件那樣，動用國家暴力進行血腥鎮壓的方式，否則，要如何有效治理呢？這，才是中共的統治面臨的最大隱憂。

問題 54 蔡霞被逼上梁山

現在外界對習近平有一個「總加速師」的稱呼，而習近平的表現還真是越來越稱職。他「加速中共的滅亡」的新動作，就是在八月十七日由中央黨校宣布，開除了該校退休教授蔡霞的黨籍，並剝奪她的一切退休待遇。換句話說，就是取消了她的退休金。開除黨籍並不稀奇，特意取消退休金是比較新的做法，充分體現了習近平的小肚雞腸的格局。有人笑說，美國對中共經濟制裁，中共就對自己的黨員進行經濟制裁來反制。

說習近平的這個「清黨」動作是進一步「加速」的新作品，是因為眾所周知，蔡霞最近幾年雖然經常有一些批評中共政治倒退、呼籲國家走向民主憲政的言論，但是她原本並非真正意義上的異議人士。相反地，她的外祖父是中共第一批追隨者，堪稱建黨元老；她的父母一輩都是共產黨高級幹部，她本人長期在中共培訓黨的高級幹部的最高教育機構——中央黨校——教書。無論從哪個角度看，她都是「根紅苗正」的「紅二代」以及體制內人士。她確實對習近平不滿，公開稱在習近平領導下的共產黨幾乎成了一個「黑幫組織」，但她的用心和出發點，跟我們這些持不同政見者不同，還是希望維護共產黨在中國的統治。她只是覺得按照習近平目前這樣的做法，共產黨政權，也就是她的祖輩用汗水和鮮血打下的政權，將無法維持統治，因此她希望習近平下台，不要加速中共的滅亡。

這樣的一個人，雖然對習近平和中共有所批評，但其實說起來還是中共的「自己人」，因為她批評的出發點是為了中共好。但是，習近平不分青紅皂白，不容許任何批評，也不管這些批評的動機是什麼，只要對中共和他本人——其實某種程度上他更在乎的是對自己的批評——發表不同意見，就一根子打死，視為「敵人」。過去的任志強如此，現在的蔡霞也是如此。這樣的做法，只有一個結果，那就是把「宋江」們逼上梁山，變成真正的「反賊」。

蔡霞這個老革命、老共產黨員，在聽聞自己被開除出黨的消息之後，公開發表聲明表示：「我很高興，與這個黑幫一樣的政黨徹底脫鉤了！」顯然，是習近平和中共的出手，逼得她最終，還是走上了反共的道路，上了梁山。習近平不僅在國際社會四面樹敵，還在中共內部不斷製造敵人，天下還有比他更稱職的「總加速師」嗎？

其實多少了解一些內幕的人都知道，蔡霞不僅僅只是一個黨內的自由派知識分子，她持有自由派的立場並勇於發聲，還能長年在非常敏感的中央黨校教書，而能夠撐到現在才被處理，是因為蔡霞本人的「紅二代」的背景，在黨內還是有一定的人脈和支持者的。換句話說，她的言論絕對不僅僅是她個人的看法，她的言論代表了部分中共內部政治力量的聲音。但即使有這樣的背景，現在還是被開除黨籍，這說明習近平在黨內進行的政治清洗已經到了不顧一切的地步，但同時也說明習近平正式掌權已經八年，對他不滿的人不是越來越少，而是越來越多。

最後我要特別提醒外界，注意對蔡霞做出政治處理的時間點。這個時間，正應當是中共高層領導群聚北戴河，召開內部最高層級的會議——北戴河會議——的時間。在這個時間點上，釋放出處理立場強硬的蔡霞這個信號，說明習近平必須有所動作來震懾中共內部對他不滿的力量，當然，反過來也再次證明，這樣的力量仍舊存在，而且仍舊對習近平構成威脅。

問題 55

中國正在打造「新國恥」論述

中共最近開始加緊新一波民族主義動員的步伐，其中一個重要的動向，就是打造「新國恥」論述。在中共傳統論述中，所謂「國恥」，包括了八國聯軍攻打北京、《辛丑條約》喪權辱國、帝國主義列強在上海設立租界、中國人被稱為「東亞病夫」等等。隨著時間流逝，這些「國恥論述」多少顯得有些過時；而且經過幾十年反覆宣講，也必然失去對一般民眾的感召力。因此，要動員民眾的新一波愛國主義、民族主義熱情，打造新的一套論述就變得十分必要。這樣的努力，可以從最近中國國內輿論，對於「王偉事件」的熱炒中看出一些端倪。

二〇〇一年四月一日，美國一架EP-3偵察機進入中國南海領空，當時中國空軍出動戰機進行攔截，結果兩國軍機發生擦撞，中國軍機駕駛員，二十三歲的王偉跳傘墜海，後來遍搜不見，王偉被認定已經殉職，成為中美對抗事件中的「英雄」。而更令中方氣惱的，是美國始終拒絕就此事向中方道歉，因此這被認為是對中國的羞辱，是中國的恥辱。與一九九三年銀河號事件、一九九六年台海危機、一九九九年中國駐南斯拉夫大使館被炸，並稱為「中國四大恨」。這「四大恨」，就是「新國恥」。

「王偉事件」當初喧囂一時，但在江澤民親美路線的引導下，很快就塵埃落定。然而，時隔二十年的今天，中國官方媒體舊事重提，且大張旗鼓。從央視到新華網，從《人民日報》到《環球時報》，以紀念「中美海南撞擊事件二十週年」為名，大力悼念王偉，其值得注意之處，就是強調中國不僅「不再是一百年前的中國」，而且也「不是二十年前的中國」，這個提法頗為耐人尋味，不僅有暗指二十年前江澤民時代的中國，相比今天的中國，還處於落後挨打階段之意，而且把「一百年前的中國」與「二十年前的中國」相提並論，也有把「國恥」與時俱進的意思。

這一波宣傳操作最引人矚目之處，就是解放軍東部戰區罕見地發表聲明，加入反美宣傳的行列，聲明明確表示「重提這起撞擊事件是因為世界不太平，霸權主義還在橫行」。王偉所屬的南海艦隊也發表紀念文章，聲稱「今天世界不是誰的拳頭大說了算，中國海軍絕不讓歷史重演」。於此同時，官方還特意營造中國民間不忘國恥的氣氛。除了熱炒王偉的兒子「繼承遺志」，成為海軍軍官之外，並藉王偉父母之口，表示「國家也越來越強大了，不會再受欺負了……」

此外，《環球時報》專文報導，說王偉的墓前出現了一張日前中美對話中，政治局委員楊潔篪面對美國國務卿布林肯進行強硬講話的照片。這篇文章和照片在中國的網路上迅速刷屏，官方在背後技術操作的痕跡非常明顯。

這也再一次證明，楊潔篪在阿拉斯加會談中一反常態的表現，顯然是有計畫的表現，是官方精心安排的新一波民族主義動員的信號；而這　次對於王偉的造神運動，是繼新疆棉事件之後，刻意安排好一系列輿論動員的又一最新表現。

種種跡象表明，中共正在通過一系列規劃好的操作，一步一步地打造「崛起的中國受到美國為首之西方國家新打壓」的輿論。在拜登一再表示「美國無意對抗中國」的今天，這樣的民族主義動員，頗有醉翁之意不在酒之意。也就是說，這樣的民族主義動員，真正的目的，不是與美國對抗，而是突出習近平領導下的中國已經更加強大的顯示；說到底，還是為了鞏固習近平的個人政治地位。

問題 56 新殖民主義遇到舊問題

在習近平「中國夢」的規劃藍圖裡，非洲占有重要的地位。這當然是因為非洲國家與中國在發展階段和模式上具有大量相似性，可以為中國的經濟發展帶來更多的互補利益。例如，非洲釋放人口紅利，正好對接中國轉移勞動密集型產業的需求；非洲的城市化進程中需要大量基礎設施建設，而中國正是基建產品、技術和資金輸出的主要國家。此外，非洲人均GDP不高，對價廉物美的中國商品有巨大需求等等。因此，這些年，中國在非洲的擴張步伐舉世矚目，被稱為「新殖民主義」。

所謂「新殖民主義」的「新」，在我看來，就是在傳統殖民主義的自然資源掠奪之外，還有「中國模式」的輸入。而後者，顯然是為了擴大中國的全球影響力，是政治上的考量。

為了達成「新殖民主義」的目標，中國可以說下了很大的成本。據中國官方統計，在首次中非合作論壇召開後的十五年間，中非貿易額由一百億美元躍升到兩千兩百億美元，中國對非投資額也從五億美元躍升到近三百億美元，在非投資興業的中國企業從三百家發展為超過三千家。習近平在最近一次中非論壇中提出「十大合作計劃」之外，還承諾提供包括五十億美元無償援助和無息貸款、三百五十億美元優惠性質貸款，以及出口信貸額度，總計六百億美元的資金支持。

然而，最近幾年，「新殖民主義」顯然遇到了舊殖民主義過去遇到的老問題，那就是殖民投資的回報率出現逐級下降的趨勢。眾所週知，按照「中國模式」發展的經濟體，初期一定會出現相當程度的經濟增長，但是這樣的增長具有不可持續性，大量的基礎設施建設很有可能無法收回成本，貪大求快的結果，就是壞賬和銀行貸款的無法償還。

隨著中國對非洲經濟更多的介入，融資風險越來越大，受大宗商品價格下跌衝擊最大的是工程承包企業，非洲國家普遍財政吃緊，中國企業扎堆工程承包在未來會面臨很大的風險。最新的例子就是，二〇一五年六月，安哥拉總統在訪問期間要求延期兩年償還中國的債務。而據估計，中國自二〇〇三年以來約向安哥拉提供了兩百億美元的石油支持貸款。

這些貸款是否能夠如期償還，顯然並不樂觀。

除了非洲國家以外，另一個例子就是委內瑞拉。近些年，中國以「貸款換石油」的方式，不斷向委內瑞拉提供貸款。然而委內瑞拉經濟開始下滑，一方面繼續向中國要貸款，另一方面能夠提供的石油卻逐年下降，中國雖然還不到血本無歸的地步，但是做了「冤大頭」是毫無疑問的。

「地緣經濟」一詞，最早是美國戰略家魯瓦克（Edward Luttwak）在一九九〇年代提出。他認為，在地緣經濟時代，大國強權間的競爭，雖然還是戰爭的邏輯，但使用的卻是經濟與商業的手法。換句話說，就是國家透過經濟手段達成政治目的。

中國以「一帶一路」戰略、亞投行與區域全面經濟夥伴協定（RCEP）和美國的跨太平洋夥伴協定（TPP），競爭在亞洲的影響力，就是典型的「地緣經濟」的競爭。同樣的，中國在非洲的新殖民主義，也是循著「地緣經濟」的思路進行的。然而，既然是用使用經濟手段，就不能不受到經濟發展的週期性規律影響。在這方面，「中國模式」比起資本主義制度來說，更難以自我調整。因此，中國在非洲遇到的困境，尤其是投資無法回收利潤的問題，只能愈演愈烈。

問題

57

中共為何強姦五四精神？

二〇一九年是五四運動一百週年，因為這是一場學生運動，對於「學運」這個詞非常敏感的中共，避之唯恐不及，針對五四運動的宣傳少之又少。然而，完全隻字不提，也實在說不過去，於是，就有了四月三十日中共召開紀念五四運動一百週年大會，習近平做所謂「重要報告」的安排。然而，習近平的講話，對五四運動的歷史和內涵充滿了歪曲、揑造和改寫，說是對五四運動的「精神強姦」一點也不為過。

習近平強姦五四精神，主要體現在兩點：第一、舉世公認，五四運動的核心主題是「民主與科學」，所謂的愛國主義其實只是表面形式，五四運動對中國發展的意義就在於提出了中國發展的基本方向。但是習近平的講話卻公然竄改歷史，把五四精神的內涵總結為「愛國主義」，對於「民主與科學」這個五四的招牌完全拋棄；第二、習近平在講話中把繼承五四精神作為重點，而提出的繼承方式，居然是「堅持黨的領導」，要青年一代「聽黨的話，跟黨走」，這更是對五四精神的揑造和歪曲。且不說五四運動前後的新文化運動，強調的就是青年的獨立思考、自由意志，這與「堅持黨的領導」的精神背道而馳；最令人不齒的是，五四運動爆發在一九一九年，而中共成立不過是一九二一年的事情，五四運動與中共沒有半點關係，但是中共和習近平卻硬把五四運動與「堅持黨的領導」扯在一起，這不是強姦歷史又是什麼？

五四運動在中國近代史上扮演了重要的角色，中共及習近平卻肆意進行歪曲和竄改。這場一百年前的運動到底哪裡威脅到中共的統治，以至於習近平如此無恥地強姦歷史呢？這當然反映了中共及習近平內心的一種恐懼，一種對於青年的抗爭精神和青年運動的恐懼。

中共能夠打敗國民黨，在某種程度上，是因為善於發動大規模學生運動，爭取到青年一代對國民黨的反感導致的。也正因為如此，他們更清楚青年一代對於任何極權或者維權統治的威脅。儘管表面上看，今天中國的九〇後世代經歷過多年的洗腦，對於公共事務漠不關心，對於中共的統治百依百順，但是，事實如果真的如此，中共就不會如此擔心所謂青年一代的思想教育了。

我在歐美一些大學進行巡迴演講，有機會接觸到一些來自中國的青年學生。雖然敢於跟我接觸的學生所占比例不高，但是我很清楚那不是因為他們不想跟我接觸，而是不敢。而敢於跟我接觸的學生告訴我，今天中國的年輕人本來對於習近平沒有什麼特別的看法，但是在習近平修憲準備恢復終身制之後，大部分人都產生了對他的不滿，尤其是習近平低下的文化水平，更是無法得到年輕一代的真心擁護。

前段時間網路上出現的「江蘇小哥」、在台灣交換的李家寶，以及支持工人權益的北大和人大的學生等等，都是九〇後，他們的出現，絕不可能僅僅是孤例。對此，中共當然心知肚明。因此，儘管外界大多都認為中國不可能再爆發青年抗爭行動，但是看來只有我和中共相信，這種可能性是存在的。習近平最近幾個月不斷地強調加強青年的思想教育，甚至提出要從幼兒園就開始進行政治引導，這種重視程度，已經充分說明了問題。

歷史上，時代的進步往往是青年一代推動的，這裡有很多深刻的原因和歷史邏輯存在。一百年前如此，一百年後也不會例外。

問題 58 如何看待「小粉紅」現象？

最近幾年，中國年輕世代中流行「小粉紅」現象，而且愈演愈烈。不管外界有多少不解，但確實有為數不少的九〇後和〇〇後世代對中共的統治是擁護的，對中國的現狀是滿意的，他們不分是非，把所有中國的問題都歸咎於「境外敵對勢力」，而且帶有強烈的狹隘民族主義傾向。這樣一代人的形成，當然不是我們樂見的，也有礙於中國社會的文明進步，但一味的責備與不齒無助於事，我們還是要去理解和正確看待「小粉紅」現象。

首先，我們要理解小粉紅現象的形成原因。這一代年輕人沒有經歷過「文革」，沒有經歷過「六四」，用現在流行的話說，他們「沒有嘗到過社會主義的鐵拳」；相反，他們從出生到成長，看到的是中國經濟增長帶來的表面上繁榮。由於他們的閱歷尚淺，更由於中國的言論自由的匱乏，他們無法看到繁榮表象之下的黑暗與代價，因此毫無保留地認為自己所處的社會是一個進步的社會，認為中共的治理是有成績的，這在某種程度上，也是可以理解的。但是我認為，隨著他們的成長，隨著他們與社會的接觸範圍更加擴大，他們的認識也會逐漸發生變化。當初八〇後世代也曾經「粉紅」過，但現在年過三十，整體性的「粉紅度」已經大為下降。這樣的變化，也會發生在現在的「小粉紅」世代身上。

其次，我們也一定要認識到，今天的小粉紅現象，在很大程度上是中共當局在背後操縱和推波助瀾的結果。在中國，民族主義情緒的起伏，完全掌控在中共的手中。如果沒有他們的允許和支持，沒有任何民族主義情緒滋生和發洩的餘地。長期以來，中共依賴經濟增長和民族主義作為支撐其統治的基礎。現在，經濟增長這根支柱已經搖搖欲墜，中共只能，也必須，用更大的精力來維護和加強另一根支柱，也就是民族主義。

近幾年中國「戰狼式外交」大為流行，令外界震驚，但背後的邏輯結果是很清晰的，那就是經濟增長停頓之後，民族主義對於中共的重要性增加。在這樣的背景下，中共也加強了對年輕世代「小粉紅」現象的引導，其中，共青團等組織在網路上進行的各種宣傳就是典型的例子。因此，「小粉紅」現象，並不簡單地是一個中國年輕世代特質的問題，它更折射出了中共統治面臨的危機，以及他們採取的因應對策。「小粉紅」現象的出現和強化，就是中共採取措施應對危機的結果。

最後，我們也沒有必要過分誇大中國年輕世代的「小粉紅」現象。在沒有言論自由的今日中國，年輕世代中「小粉紅」的比例到底有多大，這些「小粉紅」的影響力有多強，都是非常值得商榷的。他們聲浪高，某種程度上是因為他們對於網絡的熟練運用，使得他們的言行更加可以被看到；在真實的世界裡，當他們逐漸走出家庭的庇護，開始承擔一些生活的壓力的時候，他們是否還能保持對中共的信心，也是令人懷疑的。而即使是那些最為積極的「小粉紅」，也沒有多少人會真的拒絕西方資本主義的物質消費，僅憑這一點而言，他們的「粉紅」生涯，恐怕也不會在他們的人生中伸展很遠。換句話說，「小粉紅」世代變化很快，中共要維持中國的「小粉紅」大軍，必須不斷地重複地洗腦新的世代，這並不是一件容易的事情。

問題 59

中國曾經可以不是今天這樣

今天的中國，以所謂的「中國模式」、「中國道路」等名稱呈現出自己的特色，那就是「不惜一切代價地維護穩定」和「不惜一切代價地發展經濟」。聽起來似乎「維護穩定」和「發展經濟」都是合理的政策目標，但是「不惜一切代價」這個前提，讓中國走上了一條政治高壓的道路，且越走越遠，大有向「文革」方向倒退的趨勢。今天的中國，已經被普遍認為是對民主社會的威脅，受到美國為首的西方國家集體圍堵。今天的中國，更是成為令香港沈淪、令台灣擔憂的可怕勢力。

但是，中國曾經可以不是今天這樣。中國曾經，完全可以走另一條道路。假如，三十年前當中國發生大規模民主運動的時候，當局沒有鎮壓的話，今天的中國，恐怕已經不僅不是世界的麻煩，而成為人類社會民主社群的成員了。是的，假如當年沒有鎮壓的話。

假如當年中共沒有採取鎮壓行動，以趙紫陽為代表的黨內改革派力量勢必得到鞏固。眾所周知，趙紫陽是中共高層領導中最傾向於市場經濟改革的，也是最具有開放意識的領導人。如果趙紫陽進一步擁有決策權力，在經濟改革上，他應當會引導中國進行更加深刻的市場化改革。這個趨勢，從一九八八年開始推動《破產法》就可以看出端倪。換句話說，如果八九民運成功，中國不僅不會陷入混亂，相反的，會使得經濟改革的步伐更加堅決。

假如當年中共沒有採取鎮壓行動，早在一九八八年就開始啟動的政治體制改革自然會在民意的強烈支持下順利推進，這尤其包括新聞自由的部分。也就是說，經濟改革的推進，就會在一個有良好的輿論監督的環境下進行。今天即使是中共，也承認只有加大輿論監督的力度，才能有效遏制瀰漫全國的腐敗現象；那麼，如果言論自由早在一九八九年就開始拓展，腐敗就不會像今天這樣使得中國的機制病入膏肓。

假如當年中共沒有採取鎮壓行動，就開啟了政府與社會對話的先例。事實上，中共十三大的政治報告，在鮑彤的主導下，已經確立了以社會協商對話作為改革的重點的方向，而學生提出對話，正是呼應這樣的政治體制改革主張。今天的中國，政府與人民同心同德的景象已經一去不復返，人民對政府的信任蕩然無存，這是很多社會矛盾最後都採取激烈的方式呈現的主要原因。在改革進入到政府與社會進行利益博弈的階段，社會穩定的根本保障就是政府與社會能夠有對話的管道，雙方才能齊心合力確保轉型的平穩進行。台灣的經驗就是最好的借鑒。因此，如果八九民運成功，可以想像的是，改革的社會環境會更加穩定。

當然，假如當年中共沒有進行鎮壓，對中國的政治經濟社會諸多方面的發展，會有更多更加深刻的影響，但那是需要時間來慢慢展示的。至少，以上三點是我們在短期內可以預測的趨勢。簡單講就是，假如當年中共沒有進行鎮壓，中國會更快地進入市場經濟發展的軌道，而那樣的經濟發展會是在一個政治民主的框架下進行，而民主化的推進會相應減少今天出現的嚴重的社會不公的問題。這樣的社會發展，也會是在政府與社會不斷對話的過程中進行的，這將有助於一個公民社會的成長壯大。那樣的一個中國，當然是全世界更樂於見到的。

然而，中共還是開槍鎮壓了當年那場學生運動。這樣的鎮壓，使得中國丟失了一百年來最寶貴的朝野互動，共同推動中國向憲政民主和市場經濟平順轉型的機會。一個那麼黃金般的機會，就這樣，被槍聲錯過，而且也許，再也不會出現了。

VI

關於中國的民主運動

問題 60

中國奇女子張展

中國有奇女子者，名張展。一九八三年九月二日生於陝西咸陽，今年還不到四十歲，但其人生，已經綻放出奪目光彩。

張展本來可以跟很多八〇後的同代人一樣，走一條精緻的利己主義者道路。她具備條件，作為中國西南財經大學金融學碩士，二〇一〇年她以優秀金融人才的背景進入上海這個名利場，在浦東新區任職金融公司高管，毫無疑問，只要她安分守己、隨波逐流，她可以輕鬆地發大財，過安穩優渥的生活。

然而她沒有走這條路，她選擇了一條荊棘鋪滿、負重前行的路：她辭去了高薪供優，積極投入到了社會公共事務中，關注社會議題，致力於人權保護的工作。為此，她轉換職業跑道，通過司法考試獲得了法律職業資格證，準備成為一名維權律師。

但一登場就以衝鋒姿態出現的張展，因為參與抵制中共當局修訂律師事務所管理辦法的簽名連署活動，令其律師職業生涯開始不久便告終結。張展沒有因此放棄，她每周三都去上海某公園參加固定的維權人士聚會，為他們寫狀紙，直到她被上海警方盯上，阻攔她參與維權群體的聚會，還被上海警方多次拘留。

被打壓的張展展現了人性中最寶貴的一面：不僅不屈服壓力，而且面對壓力更加堅定自己的意志。這時，香港爆發「反送中運動」，她開始大量轉發港人抗爭視頻及資料，並撰文發聲，利用行為藝術等聲援香港。二〇一九年九月八日，張展站到了上海街頭，高舉一把傘，傘上潑墨直書「結束社會主義制度，共產黨下台！」這般的勇氣，中國雖大，能見到的也確實不多。那時候她才二十六歲。

張展因為這樣的勇氣被上海警方以「尋釁滋事」罪名刑拘兩個多月。被羈押期間，她被關禁閉七天，遭受虐待，手腳銬在地上，身體受到很大傷害；還被要求做精神病鑒定，她兩次絕食抗議。獲釋後，警方威脅她如果繼續捍衛人權的活動，會再抓她。張展當然不怕，在一次接受外媒採訪的時候她說：「我覺得應該勇敢下去，應該堅持下去，自由從來都不是免費的，我希望這個國家改變。」顯然，張展知道自己要付出什麼代價，而且決定要付出這樣的代價。

隨後疫情爆發，武漢突然封城，網上武漢人的無助與苦難打動了張展。二〇二〇年二月一日她整裝毅然前往武漢，製作的第一個 YouTube 視頻就是紀念吹哨人李文亮醫生。隨後，她繼續境外平台發布文章、視頻，不僅為被失蹤的其他公民記者呼籲，也實地採訪記錄封城期間武漢的各種人道災難，更追問病毒來源，質疑官方公布的死難者人數，揭露死難者家屬受到的當局的打壓。五月十四日，在發布題為「威權防疫後果在持續顯現」的視頻之後第二天，張展被上海警方跨境抓捕。

在上海浦東看守所，張展絕食半年多，遭到長達數月的強制插管灌食、戴腳鐐、二十四小時綁縛雙手等酷刑折磨，身體虛弱到甚至無法走到放風的地方。十二月二十八日，張展拒絕配合非法審判，坐在輪椅上被強行推到法庭。在庭審中，張展義正詞嚴地回答公訴人提出的問題：「這個國家之所以衰敗，正是因為你有這些荒謬的問題。」這句話，擲地有聲，可以列入史冊。也是因為這樣的決絕，她被重判四年。據說，服刑中的張展，仍然拒絕正常進食，僅為避免灌食之苦，吃少許食物、喝水。至今，她仍然在獄中為自己的尊嚴和理念，繼續慘烈抗爭。

中國人以懦弱著稱，但在茫茫灰暗的人海中，仍然有張展這樣的奇女子，閃爍出勇氣的光輝。

四月二十日，美國國務卿布林肯與代表八個國家的人權捍衛者進行視頻會議，討論美國的人權政策。與會的中國人權律師滕彪向布林肯國務卿建議，美國政府應該把人權放在外交最重要位置。

美國國務院用這樣的方式，向全世界專制國家宣示美國在外交政策上「人權優先」的立場，這是重返從卡特總統開始以人權問題彰顯美國價值觀優勢的老路。過去，我也贊成「人權優先」這樣的外交政策和口號，但現在，隨著局勢的變化，我對這個問題有了不同的看法。對於滕彪律師提出的「把人權問題放在美國外交最重要的位置上」的主張，我也不敢苟同。

人權問題當然是一個非常重要的問題，美國作為世界領頭羊，某種程度扮演「世界警察」的角色，提出人權議題當然是令人鼓舞的。但用「人權優先」的外交政策來跟中共打交道，我認為根本就是本末倒置，對牛彈琴。最終很可能淪為空洞的口號，但無法從根本上解決人權問題。

眾所周知，人權問題和政治問題，兩者之間雖然有高度的關聯性，但仍然是不同的兩個問題。對於中國這樣一個以「維護中共的統治基礎」這個政治問題為治國核心的國家來說，要解決人權問題，首先就要解決政治問題。不解決中國的政治問題，人權問題根本無解，只能淪為嘴砲。在中國，連經濟問題都是政治問題，何況人權？因此，美國國務院在制定對華的外交政策時，應當把政治問題放在最重要的位置，人權問題的解決應當是隸屬於政治問題的解決之下的。

多年來美國一致強調「人權優先」，但成效其實有限。以中國為例，人權外交最大的成功也就是釋放幾個政治犯，我本人能夠流亡到美國，就是這樣的外交成果的體現。對此，我當然感謝西方國家的人權努力，但我也必須指出，個案的解決，這並不能導致中國的人權狀況從整體上有所改善。事實上，在魏京生、王軍濤和我等著名政治犯被釋放之後，中國的人權狀況並沒有改善，反倒是進一步惡化。釋放了我們，中共很快就再抓了劉曉波，甚至至死都不再釋放。歷史已經證明，人權外交無法解決人權問題。這是一個慘痛的教訓。

更嚴重的問題是，面對西方國家的人權外交攻勢，中共食髓知味，已經習慣於用中國人作人質，隨時抓一些異議人士，以備緩中美關係的時候使用，這等於是把釋放人質，當成是建立戰略緩和空間的手段。因此，很弔詭的是，人權優先的政策，反倒可能令中國的異議人士成為人質。

這當然不是說，人權優先的政策不對，更不是說美國應當放棄在人權問題上對中國的施壓，我的看法是：不管怎麼樣，人權一定要列為美國對華政策的重點之一，但美國對華政策最重要的，應當是解決中國的政治問題。這至少應當包括兩個部分：第一、結合盟國，共同嚇阻中共對外擴張；第二、結合海內外中國民主力量，採取包括政治、經濟、軍事等各種手段，動搖中共的統治基礎。只有結束了中共的一黨專制，中國的人權狀況才有可能改善。

二十年來，從我們到西方國家，應當在對中共的認識上，有了新的看法、有了新的手段，如果還是把外交政策的最重要的位置，以及最核心的思考，僅僅放在「人權」問題上，那只能陷入中共的陷阱之中。

問題 62 王軍濤的政治主張

前不久，智庫「對話中國」主辦了海外著名的反對運動人士王軍濤的新書《行動創造轉型：中國民主化的思考筆記》。曾經長期參與中國反對運動，王軍濤在書中對一些有關中國民主轉型的問題，提出了一系列發人深省的觀點，在這裡我向外界簡要介紹其中一部分，希望給關心中國民主化問題的聽眾朋友提供一些參考。

王軍濤在他的新書中開宗明義地指出：「當中國成為世界上第二位經濟強國的時候，中國的民主化對世界的和平與安全就有了決定性的意義，而改造中國成為二十一世紀的世界和平和自由民主國家安全的至關重要的任務。」我認為，指出這一點十分重要。因為今天不論是在台灣、香港，還是在美國和西方國家，都有一種錯誤的觀點，似乎認為中國民主化是中國的事情，其他國家和地區沒有義務幫助中國的民主化。這樣的觀點忽視了一個重要的現實，那就是正如王軍濤在書中指出的：中國問題不僅僅是中國問題，中國問題就是世界問題。

在分析當今中國的政治形勢以及未來轉型的可能路徑的時候，與外界普遍的期待相反，王軍濤認為中國的未來不可能出現和平轉型的前景，而出現社會革命的可能性更大一些。做出這樣的判斷，基於王軍濤提出的一個概念——「暴力依賴」。他指出，中共已經習慣了用暴力統治，並且已經形成了對暴力的依賴。一方面，政府嘗到了暴力立竿見影的效果，越來越沒有耐心用講道理的方式治理國家；另一方面，暴力造成的後果會激發起國家與社會之間對立，久而久之，民間社會也會且只能也傾向於暴力反抗。他認為，在野都相信暴力的情況下，和平轉型的希望已經越來越渺茫。儘管這不是我希望看到的狀況，但我也必須承認，在今天的中國，從「和平理性非暴力」的口號受到越來越多的質疑，到民間對楊佳這樣暴力反抗的案例之推崇，都已經在驗證王軍濤的判斷。

在民主轉型出現的前提條件問題上，王軍濤在新書中特別提醒我們，從歷史的經驗解讀看，大多數社會的民主轉型，都不是在民主理念深入人心的情況下發生的，這些轉型大都是利益驅動導致的。基於這樣的判斷，王軍濤對於中國的海外民運或者反對運動給出了一個具有指導性的建議，那就是：「民主力量要將民主解釋為符合這些力量的利益的最佳解決方案。」對此，我的理解是：作為建設性的反對派，民主力量必須提出符合人民的利益期待的主張，例如如何更好地分配社會資源等等，而不能僅僅停留在理念上的民主宣傳和口號式的民眾動員上。

最後，針對外界對於海外民運的種種批評，王軍濤也提出了一個比較深刻的觀點。他認為，民運是建立全民參與的政治制度，一個國家的民主運動是群體公民的事情。民運在轉型前的政治博弈中，只傳播民主理念和推動轉型發生，他們不能對這些民族或者國家整體不接受民主理念承擔責任。那些沒有主動參與的人，不僅沒有道義資格指責民運做得不好，而且應該承擔國家未能進入民主轉型的責任。民運往往以外界的指責來反思、自責，這是定位不清，好像國家民主制度是他們自己就可以辦好的事業，誇大了自己的責任。這個觀點也許見仁見智，但值得外界參考。

在中國政治局勢充滿不確定性的時候，我們需要有更多的對於未來轉型的思考。我向大家推薦王軍濤的這本新書《行動創造轉型：中國民主化的思考筆記》，就是希望激發起更多的相關討論。

問題63 我們為什麼發起憲政運動？

人類個體和集體的分界和結合永遠是人類最為關注的話題。起初，每個人都是自由和獨立的，然而這樣的個人卻是高貴的弱者，人們認識到只有合作才可以消除來自他人和外界的威脅獲取更多的利益。亞里斯多德認為，人是政治動物；指的就是人們必須結合以面對挑戰並完成單獨個體難於成就的壯舉。這個利維坦註根本性地改變了人們的生存，它使人類進入了文明，擁有了秩序，但也提出了更為嚴重的問題。當初為了擺脫孤獨威脅而結合的願景，社會組織中由歷史偶然形成的優勢或者說利益的結盟形成的團體，化為烏有。個體的命運往往又被社會中手握權力的人或者團體玩弄於股掌之間。在壓迫和反抗過程中，短暫的繁榮轉眼成為廢墟，個體就在這輪迴的夾縫中無力掙扎。

在一次又一次追求公平正義社會的過程中，幼稚的人們付出了必然的代價，經歷了無數天真的實驗。從聽從神秘的召喚到順從神的旨意，從偉大人物的庇護到高貴階級的開明，但是一切美好的願望最終卻仍換來徹底的失望。不過，歷史不是殘次品的回收站，挫折也不是毫無意義的傷疤。人們總是從過去出發面對未來，秩序良好、公平得當、鮮活有力、正義昭彰的社會始終是人們尋求的方向。

在這個動力的激勵下，人們逐漸認識和發展了憲政的理念。其要義：一是切分與限制公權力，保障民權和基本人權；二是規範國家政權結構和運行方式。為避免當權者肆意妄為，務必透過法律對其權力進行限制。一二一五年的年英國大憲章即確立了分權、法律至上而王權有限的原則。在這基礎上，法治的概念逐漸產生，並且取代人治。君主和貴族拉

註

利維坦（Leviathan）原為《舊約聖經》記載的一種怪獸，也是托馬斯．霍布斯一六五一年出版的著作《利維坦，或教會國家和市民國家的實質、形式、權力》（Leviathan or The Matter, Forme and Power of a Common Wealth Ecclesiastical and Civil；又譯《巨靈》、《巨靈論》），是西方著名、具影響力的政治哲學著作之一。利維坦用來比喻有如巨獸的強勢國家。

攏平民制衡對手的過程中，主權在民的思想也逐漸得到認同，國家權力應來自公民的授權，而非神授，亦非歷史決定論賦予某個家族、種族或者政黨天然擁有統治的權力。為此，憲政主義確立民主原則，讓公民平等參與公共事務的決策過程，通過選舉，避免專制獨裁，也讓權力平穩有序地交接，避免政治動蕩，保證國家長治久安。公權力即便實際掌握在多數人手中，亦受監督和制約，不得任意侵犯自由，剝奪少數人的權利，從而避免多數人的暴政。

法國大革命和美國的獨立革命拉開了西方走向民主憲政宏大戲劇的帷幕。至今人類社會走向憲政道路的浪潮一發不可收拾，理性的政治以及由此伴生的政治思想自由，催生了科學革命工、業革命，將世界拉進了快車道，世界的面貌為之根本改變。

彼時的中國，清朝末期，在內憂外患的壓力下，統治者試圖通過中體西用的片面改革，透過模仿西方工業化而實現強國之夢，卻又拒絕憲政，希望君主專制得以千秋萬代。然而這一幻想輕易就被甲午海戰所擊破。中國的仁人志士終於認識到憲政的重要，並形成一股強大的壓力和呼聲。然而清廷由於其地位形成的視覺盲點，並無放權的誠意，企圖以假立憲來應對日益高漲的立憲呼聲。清末立憲破產，辛亥革命爆發，中華民國建立。

至此，中國的憲政掃除了君主皇權這個曾經最大的攔路虎。民國肇始，孫中山把政治秩序的建立和完善分為軍政、訓政、憲政三個階段。然而因為一連串的歷史轉折，憲政直到一九四九年中共竊取政權都未能實現。這中間固然有局勢的複雜、社會問題的繁多、軍閥割據、中央政府實際控制無力等等因素，但將憲政視為可以拖延的期貨既是對憲政的誤讀，又給了新專制生長的時機，從而憲政被推遲到遙遙無期。

因為憲政的缺失，充滿社會實驗妄想的中共政權非但沒有跳出專制獨裁的輪迴，從土改、反右、文革、六四屠殺，到強制計劃生育、對政治犯宗教信徒和少數族裔進行大規模迫害，中共政權在中國這片土地上建成了人間煉獄，欠下了數不盡的血債。

世界的潮流不會因為瘋狂而停止，歷史的發展不會自動到來。中國走向憲政既是大勢所趨，又是我們，包括所有關注中國現狀和未來的中國人、華人以及國際友人和政治家、民眾的責任。所有關心中國未來發展的人，都應當認識到：在巨大不確定的社會現實下，我們不能消極等待，應當積極行動起來，為一個新的國家建設未雨綢繆，提出我們的主張。反對運動，不能僅僅停留在仇恨、抱怨、批判和發牢騷的階段，是時候了，我們應當再向前邁進一步，開始為推動變化的發生，做更具有建設性的工作。

毫無疑問，現在的中國，再次面臨重大的社會轉型。我們當然關注並積極推動這個轉型的發生，但同時，我們更關注的，是轉型發生之後，如何確保中國的民主化成果能夠鞏固，社會和政治轉型能夠平穩進行。在我們看來，在中共統治結束後，盡快建立起一個以憲政框架為基礎的新政治秩序，是避免重蹈歷史覆轍的必要條件。只有通過憲政主義的實現，才有可能建立主權在民、分權制衡的政治制度，並實現法治，保障人權，維護公民自由權利。同時，如東歐轉型國家，只有建立起成熟、完善的憲政制度，才能給與轉型後的政權帶來合法性，避免出現政治混亂，鞏固轉型成果。

為此，「對話中國」智庫、青年憲政會、中國民主轉型研究所三個機構，經過一段時間的醞釀，結合其他各方的有識之士，即日起，將在海外發起「海外憲政運動」，對中國未來的憲政道路進行研討和推廣，從中國過去的歷史經驗教訓，世界憲政道路的得失，以及需要警惕的危險等等方面，集思廣益，集腋成裘，為憲政在中國的實現開始進行制度建設上的準備。

我們首先將對未來的憲政框架的建設提出一些題目，作為拋磚引玉的嘗試。我們先期提出的題目包括：應當如何在中國制定一部新的憲法、制憲的合法性如何建立、新憲法制定的具體操作以及程序，以及在新憲法制定出來之後，通過什麼樣的機制，確保新憲法的貫徹執行。我們還將討論中國應該採取聯邦制還是邦聯制還是單一制、議會制或總統制，兩黨或多黨制，一院制或兩院制等憲政框架下的具體政治制度的設置問題及其理由得失，以及包括民族獨立訴求地區的前途問題。

此外，憲政運動還將討論中國憲政發育和建設的方式和程序問題。就方式上，英美道路和德日道路如何選擇，共產國家的轉型面臨的具體問題，都是我們值得先期重視和取得共識的東西。憲政雖有開明建立的範例，但民主自由思想才是憲政最深厚的土壤。民間辯論和討論是走向憲政主義的有效準備。否則即使我們擁有憲法，也將滑向開明專制的深淵。程序上，將研究在未來可能的轉型模式下，如何保證憲政工程結出的成果獲得合法性，也是我們必須思索的問題。

最後，憲政運動的成果將以憲政研討文集、專題報告、中國憲政週刊的形式進行發佈。我們期待，經過大家的共同努力，我們能夠拿出一部中國的《聯邦黨人文集》，拿出我們為未來中國轉型期間出現的問題提出的解決方案，拿出一個新中國的政治制度框架，這也將是未來反對運動政治綱領的一部分。

如今中美新冷戰格局逐步建立，中共極權的長夜雖然難測，其崩潰的到來卻也可期。但中共政權的崩潰並不保證憲政必然實現，其中仍需中國堅持憲政民主的政治反對派為之不懈努力。不論中國轉型最終於何時到來，我們皆應先預後立，通過這場憲政運動傳播理念，形成共識，為社會轉型及鞏固轉型後的憲政體制所可能面對的挑戰做好規劃和準備。我們期待並呼籲，所有認同憲政民主制度的各界人士能夠集思廣益，積極參與。讓我們在憲政的旗幟下集結力量，在求同存異的前提下凝聚共識，讓我們為新中國的建立共同努力。

我們相信，未來的中國終將在憲政民主中重獲新生。

問題64 「哪有先生不說話」？

習近平上台以後，其極權統治的面孔越來越清晰，國家對社會的打壓也日益嚴重，這已經是不爭的事實。對此，外界在表示憤慨之餘，也多對於中國的未來非常失望乃至絕望，認為中國政治已經進入一個黑暗時期，未來看不到希望所在。

這樣的悲觀我可以理解，但是無法認同。因為，在中共當局如此嚴厲打擊任何反對言行的同時，我們仍然看到，還是不斷地有反抗的聲音，勇敢地表達出來。例如，北京清華大學法治與人權中心主任許章潤近日在網上發表文章，對於當局刪除他的批評言論表示抗議，他表示：「說話就得讓人聽見，才能構成對話與交談，讓我們擺脫孤立的私性狀態，獲得公共存在，保持人性。進而，我們的公共存在狀態，也唯有這種公共存在狀態，才賦予我們以自由。」最後，他借用八十多年前胡適的一句白話詩「哪有先生不說話」，表達了其堅持言論自由的立場。

「哪有先生不說話」，這句話令人感動、感傷，也令人振奮。我承認，像許先生這樣的敢於說話的人，在今天的中國還是很少，但是，歷史上看，敢於前行的勇士本來也就是很少的。只要中國還有這樣的人在，就不能說中國的未來一點希望都沒有。何況，敢於公開站出來的人，又豈止許先生這樣一個知識分子呢？在民間，勇敢的聲音更多。曾經在北京大學做保安工作的張盼成，前不久以一個普通公民的身分，在網路上發表一段視頻，對於習近平大撒幣的行為提出批評，並且要求言論自由。更感人的是，他在視頻中引用宋代名將文天祥的詩句「人生自古誰無死，留取丹心照汗青」，並且表示自己對這個國家有深沉的愛。與此同時，張盼成的友人祁怡元（網名路西法）在其自行錄製的一段視頻中呼籲釋放被捕維權律師，捍衛言論自由。他身穿的上衣背後寫著：「反對習禁評倒行逆施。」他還表示，要求結束共產黨一黨獨裁。

不管是張盼成，還是祁怡元，他們應當都很清楚自己這樣做的後果。事實上，他們目前也已經跟外界失去了聯繫，很有可能已經為自己的勇敢付出了代價。但是，他們並沒有被恐懼嚇倒，在明知會付出代價的情況下依然公開站出來表示反抗，這樣的勇氣不是一般人可以做到的。這就是我對中國的未來有信心的原因：我們不可能要求中國所有的人或者大部分的人都勇敢地反抗專制，那是不現實的；但是如果中國連一個敢於站出來的人都沒有，那才真的是黑暗時期，那才真的令人絕望。然而，事實告訴我們，儘管當局的打壓越來越嚴重，但是反抗的聲音從來沒有停止過。只要有這樣的少數存在，自由的火種就存在；只要火種還存在，星火燎原的可能性就存在。

事實上，專制政權對社會的打壓從來不會是沒有成本的，有的時候，打壓變得更為嚴重的時候，也有可能會引起反彈，導致更多的人站出來，這種反作用力的可能性，就是巨大的成本之一。如果我們只看到政權打壓社會的一面，當然就會很失望；但是，如果我們多看看，即使是在這樣的打壓下，仍然有一些人繼續公開表達反抗，你就會知道，這個社會並沒有完全被打壓下去。當越來越多的人發出「哪有先生不說話」的聲音的時候，就是專制統治的危機開始的時候了。

「青年中國人權獎」，是一批原來曾經參與過中國一九八九年民主運動的當年的學生，在海外集體捐款成立的一個人權獎項。其宗旨，就是鼓勵中國的年輕世代，能夠延續當年八九學生的理想和精神，推動中國人權狀況的改善。二〇一八年六月二日，在國內外朋友和一些推友的推薦基礎上，經過「青年中國人權人權獎」評選委員會成員投票表決，我代表「青年中國人權獎」評委會對外宣布：第十八屆青年中國人權獎授予黃文勛先生。

黃文勛是典型的九〇後，一九九〇年三月一日出生，廣東省惠州市博羅縣人，網名「黃子」。他很早就開始積極參與中國的新公民運動，曾經是「南方街頭運動」的發起人和倡導者，也是南方民間「舉牌五君子」之一，可以說是中國九〇後年輕世代維權運動的代表人物。這樣的人，抗拒自由的政權當然是不會放過他的。二〇一三年五月底，與袁兵、袁小華、李銀莉、陳劍雄等公民，在湖北省赤壁市政府門前舉牌，展開「光明中國夢」行動，宣傳民主理念，呼籲民眾參與推進民主化進程，隨後所有人被警方帶走，並被以涉嫌「非法集會」等罪名刑事拘留。此後，他被控涉嫌「煽動顛覆國家政權罪」（這幾乎成為了所有發表不同意見的人的共同罪名），判刑五年，一直到今年五月十三日刑滿獲釋。黃文勛等人在押期間，曾遭到酷刑虐待，被警察毆打與電擊，出獄後患失憶症。

作為一位九〇後，黃文勳並沒有像很多同齡人那樣迴避政治，推卸自己作為一個公民對於社會的責任。相反地，他致力於公民社會的建設，用勇氣和信念體現了一個中國青年對於國家和社會的責任感和參與意識，這與我們曾經參與過的二十九年前的那場民主運動的精神是一脈相承的。在外界對於中國的年輕世代，充滿了各種悲觀的評論和失望的聲浪中，我們看到，還是有黃文勳這樣的九〇後的存在，而這，就是中國社會的希望。也許，他們的人數在這個階層中所占的比例非常微小，但是微小的燭光也自有其意義在。當我們在黑夜中蹣跚前行的時候，這樣的燭光往往可以支持一個夜行人不放棄遠方的目標，從而不會在路途上因為喪失意志而倒下。

黃文勳曾經站在法庭的審判席上說了這麼一段話，他說：「最後，我的經歷與感悟，還有伴隨我對中共的審判、對國家的期待，已講述完畢。對我審判的終結，卻是世人對中共審判的開始。站在我們背後的，是無盡的已經覺醒或者終將覺醒的公民同胞，這是我們在此質問中共的底氣。來吧，習近平；來吧，中共；痛快點，別拖拖拉拉。現在你們可以判我三、五年，或是重審加罪；最重也不過死刑或報復至死，然後像大多數的死刑犯一樣被偷摘器官、交換骨灰。這最壞的結果，也不過是讓世上多了一個裝著監控探頭的林昭墓。無論如何，我都無罪，也不會認罪，我和四十多年前的林昭槍決前給中共的回答是完全一致，一樣的堅決，一樣的矢誌不渝！我為什麼要認錯？錯的是你們，不是我！」

我希望所有關心中國發展的人，都應當看看這段可以說是擲地有聲的話，引起其中所體現出的理想主義的浪漫和政治意志的完美結合，堪稱中國維權運動歷史上的經典文獻。而他，才不過是一個不到三十歲的九〇後。

最後還要補充一件小事：當我們作為「青年中國人權獎」的經辦人員，聯絡到他本人的時候，他特別表示謝謝我們對他的肯定，但是堅決要求，把我們人權獎的獎金轉贈給更需要的人。一個剛剛離開監獄，生活沒有著落的人，其實是需要這筆錢的。黃文勳也需要，但是不是為了自己，而是為了轉贈別人。中國，還有這樣的一位九〇後。

問題66 我們為什麼要成立「對話中國」智庫

二〇一二年習近平上台以後，中國發生了驚人的變化，對內中共的統治從威權倒退到極權，對外中國開始向全球進行政治經濟和意識形態的擴張。有人說這是一個黑暗的世代，但是在歷史中往往在黑暗的時代之後就是黎明，因此，今天中國發生的一切，並不意味著民主在中國就不再有希望，相反地，它產生的巨大不確定性也許會提供我們從未想過的機會，對話中國的成立就是我們一致認為我們必需為這樣的機會做準備。

對話中國將盡可能地，集結所有希望中國改變的人士，不管是中國人或是非中國人，我們希望在不同的政治力量之間展開對話，就中國未來的問題取得共識，也包括台灣、西藏、新疆、香港未來與中國關係的問題。對話中國不會將反對派的主張停留在口號的階段，而是將致力於提出具體的政策、制度和方案，我們會對當今中國的現實進行分析，但是我們更重視的是在轉型之後，中國有一個平穩地、和平地向憲政民主方向的過度。

對話中國的成員，包括了二十九年前曾經試圖推動中國走向民主的一群知識份子和學生，二十九年來我們沒有忘記也沒有放棄，我們希望對話中國將成為我們三十年後的再一次努力，再一次出發，同時我們也認識到未來中國的改變需要更多新的力量，因此在我們的團隊中，也有中國九〇後的學生代表，也有新中產階級的代表，也有海外華人的代表，我們也認識到，中國的改變與否對周邊地區的影響，是不能忽視的，因此我們的團隊中也有來自台灣和香港的年輕政治力量代表，這樣的一個團隊將以專業化年輕化的面目呈現在各位眼前，我們機會讓世界看到經過三十年的經驗教訓的總結，我們會以全新的面目再次展現全球華人公民社會的集體力量。

我們知道，我們將面對很多挑戰，但是我們對未來充滿信心因為我們站在歷史正確的一邊，我們知道我們期待的改變不會很快到來，但是我們決定用耐心和堅持一步步地達到我們的目標。我們的目標非常清晰，就是希望未來的中國能夠是一個自由公正繁榮且文明的國家，這樣的一個國家機會使中國人重新獲得世界的尊重。

問題 67

中國人不想要民主嗎？

我曾經參加過馬里蘭大學台灣同學會舉辦的一場讀書會，應主持人的要求，介紹我對中國問題的一些看法。在提問的部分，有一位美國同學問我，現在很多人說，中國人比較關心切身的利益，只要還能有錢賺，只要溫飽不出問題，對民主並沒有興趣。他問我怎麼看這個問題。

我知道這是很多西方人的困惑，因為他們在跟中國人接觸的時候，大概很少能夠感受到中國人對民主的興趣。但是，如果中國人真的對民主沒有興趣，那要怎麼解釋「文革」中的政治熱情——儘管那是非常畸形的政治熱情？要怎麼解釋一九八九年的席捲全國的民主運動？要怎麼解釋前不久在中國長沙市政府門前示威的退伍軍人喊出的「市長下台」的口號？難道他們都不是中國人嗎？

要理解這個問題，我要特別推薦一本書，那就是伊恩．強森（Ian Johnson）的《野草：底層中國的緩慢革命》（Wild Grass; Three Portraits of Change in Modern）（吳美真譯，八旗文化，二〇一六）。Ian Johnson的中文名叫張彥，柏林自由大學漢學碩士。一九九七年，他以《華爾街日報》駐北京記者身份報導中國，並在二〇〇〇到二〇〇一年因系列報導法輪功事件獲得普立茲獎。他對中國草根民眾的群體心理，對中國社會底層的脈動有直接的第一手觀察，或許更值得我們參考。而在他的這本書中，有一段描述，正好可以用來回答上述那位美國同學的疑問。他寫道：「我們常常讀到中國人不關心政治，不在乎民主，滿足於自己的命運，甚至中國人也如此評論自己。但其實大多數人的意思是，他們不想捲入政府荒唐的政治運動，或者共產黨內的權力鬥爭——對於大多數人來說，這就是「政治」的含義。問問他們是否在意腐敗，或者是否在乎不負責的官員的濫權行為，你會突然得到相反的答案：他們非常在乎。」（P158）

這段評論點出了問題的核心：當我們說中國人不關心民主的時候，我們首先應當先界定你所說的「民主」的定義是什麼。如果我們從精英階層的角度去談論民主問題，把「民主」理解為像總統制還是內閣制這樣的複雜的政治選擇，或者理解為如何在服從多數人的意見的同時保護少數人的權利這樣的政治倫理的時候，大多數中國人確實沒有太大興趣。畢竟，在最基本的民主，例如選舉和言論自由還不存在的中國，談論這些似乎顯得有些奢侈。但是，正如張彥所觀察到的，當我們從草根階層的角度看待民主，把「民主」理解為人民希望腐敗的官員受到懲處，當人民感覺到自己的權益受到侵害的時候，願意到市政府門口要求市長下台的時候，我們就可以看到，中國人，對於民主的熱情其實是非常高漲的。

外界之所以有「中國人不關心民主」的錯覺，那是因為在今天的中國的發展階段中，中國人對民主的興趣是建立在與自己的利益息息相關的基礎上的，這種興趣還沒有上升到對於普遍的，作為理念的民主的追求那個層次。而這個層次，在西方民主國家是非常普遍存在的。換句話說，當西方人用他們自己的對於民主理解的標準來看待中國的時候，就會發現中國人對於民主毫無興趣；如果他們願意把民主的定義標準下調到初級階段，他們就會發現，中國人，對民主的興趣是非常高漲的。

問題
68

我為什麼對九〇後充滿希望

還是想談談中國的九〇後，因為外界對他有又太多的不了解和誤解。而最大的誤解，就是認為中國的九〇後一代人不關心政治。在我看來，很多人不關心政治，這不是什麼大問題，更重要的事情是通過參與去改變社會，而政治只是改變社會的方式之一。當然，一定要有人關心政治，但是沒有必要所有人都去關心政治。所有人都去狂熱關心政治的狀況，也有可能成為災難，中國的「文革」前期，百萬紅衛兵席捲全國，那樣的政治狂熱就是災難。

除了政治之外，還有很多方式可以改變社會，例如音樂藝術、例如閱讀，例如公益活動、例如商業運作。如果中國的九〇後一代，能把他們的一些具有時代性的群體特點帶入消費市場和商業運作，也會對中國社會產生意義深遠的影響。那也許不是立竿見影的政治變革，但是也有可能是為未來的政治變革奠定基礎的社會工程。

而中國的九〇後一代的群體特點是什麼呢？我們來看一些專業觀察的分析結果。

首先，李豐在二〇一三年的時候，與同事一起完成了一份《九〇後互聯網生存報告》，其中的分析很值得參考：「九〇後情感化、極端化、個性化，尋求一種『存在感』。對喜歡的東西，他們會有一種強烈的態度。」這裡所概括的一些特點，實際上都是跟因循守舊的社會傳統，和專制壟斷的政治體制，從根本上來講是相互抵觸的。

其次，我們知道，與過去的求職為主的世代相比，九〇後一代中，更多的人選擇了自己創業，而不是給人打工，或者找一份穩定工作。自己創業，不僅對創業者本身是個考驗，對整個社會來說，也增添了很大的活力。尤其是在九〇後一代中，很多人是留學回來的，他們帶回了國外的思想觀念和新的體驗。曾經有媒體這樣評價這一代人：「他們都敢想敢幹，沒有牽絆，對自己喜歡的事情會毫不猶豫地去做，絕不會等待別人來安排自己的人生道路。有的時候他們的想法很單純，只是為了實現某一個好的Idea，而不是出於商業考慮。」

不是出於商業考慮，而是為了自我實現，這正是我認為九〇後一代是中國的希望的原因之一：這一代人已經不是那種眼睛裡只有錢的一代人，他們更重視生活的品質、工作的意義和創業的成就感，他們追求個性化的產品，和自己的工作的「酷」的成分，這些特質都會潛移默化地影響到社會的發展和品質。

第三、這一代人因為互聯網和中國對外的開放而具備開闊的國際視野，善於學習西方最現代的商業操作模式。九〇後創業代表人物高陽成立的 SegmenFault 公司，就把美國「黑客馬拉松」引入中國，舉辦了超過二十場黑客馬拉松，超過兩千名技術高手參加。他對媒體介紹說，賺錢並不是他的第一目的，他最感興趣的，就是傳遞極客文化[註]。

我們知道，很多的社會進步體現在思想和觀念上，而很多思想和觀念上的改變來自於商業方面的發展，因此，這一代人，他們將要改變的不僅僅是商業，他們通過在商業空間中的運作，間接地影響到當代人的思想和觀念。也許這不是他們的本意，但是這是他們行為的必然結果。

最後我要說，如果一代人喜歡「有意思」、「好玩兒」的東西，這一代人不可能真的喜歡共產黨。因為今天的中共，絕對既不「有意思」，更不「好玩」，他們代表的威權守舊力量，是九〇後的天敵。這樣的統治力量，早晚會與新生代的價值觀發生衝突。儘管那一天現在還沒有到來，但是我相信早晚會到來。

也許有讀者會問：你是不是太樂觀了？如果這一代人真的這麼有希望，中國為甚麼沒有走上民主自由之路？也沒看到這一代人為中國的民主做過什麼事情啊？以下我就根據自己的體驗，試著做一些回答。

確實，目前來看，比起一九八九年那個世代的大學生來，現在的九〇後世代的大學生並沒有呈現出整體性的政治熱情，更不用說類似八九學運那樣的政治參與了。但是我有注意到這個世代的部分成員表現出的兩個特點：

一、他們對於中國的政治充滿了好奇。不管是到西方國家，還是到香港和台灣留學的中國學生，終於不用翻牆來了解外面的世界了，他們中的很多人，最好奇的事情之一，也是最常會上網去Google的，就是一九八九年中國到底發生了什麼事。這當然是因為「六四」是當今中國國內最敏感的政治詞彙，也是當局最為忌憚的話題。說句題外話，我認為封鎖信息是中共當局最愚蠢、最無知的行為，因為他們完全不了解人性中會有好奇的一面：你越是不讓他人看到的東西，他人越有興趣了解，這是人性使然，改變不了的。而年輕人尤其如此。所以，當局封鎖有關「六四」的任何資訊，使得「六四」成了年輕人一旦有機會，

註

極客是英文單詞geek的翻譯，這個詞在「美國俚語」中意指智力超群，善於鑽研但不愛社交的學者或知識分子；近年來，隨著網際網路文化興起，更常被用於形容對電腦和網路技術有狂熱興趣並投入大量時間鑽研的人。

最想了解的事情。導致的結果就是，當局一心一意想讓人民淡忘「六四」，但是他們採取的手段恰恰是提醒人民「六四」的存在。手段打敗了目的，天下還有更蠢的事情嗎？當然，除了「六四」以外，對於中共上層權力鬥爭，例如薄熙來事件等，至少我接觸到的年輕學生，也是充滿好奇的。

對於一個國家的未來而言，我認為，沒有什麼，比青年世代對於歷史事件和當代政治充滿好奇更重要的了。這不僅是因為好奇，說明他們對於中國的事情還是在乎的，也是因為，只要有好奇心在，他們就有動力去了解。而任何極權／威權政府，不管他們怎麼努力去，只要人民有好奇心，積極去找答案，當局對信息的封鎖就是不堪一擊的。這也是歷史上所有的極權／威權政權都無法靠謊言長久維持統治的根本原因。因此，中國的九〇後世代只要保持好奇心，這就是中國改變的希望所在。

二、他們目前對於民主、自由這些普世價值，表面上看，並沒有表現出特別的熱情，也缺乏推動的欲望。但是這並不是因為他們不認同這些理念，而是因為：①由於中國國內缺乏宣揚普世價值的政治氣氛，所以他們在成長的過程中沒有機會對民主、憲政等概念進行自由、充分、深入的討論和認識，這使得他們對於這些普世價值的認知還不夠堅定和清晰。例如對於民主的實施，他們聽慣了中共「一旦民主，中國就會大亂」這樣的宣傳，難免會有一定的疑慮。但是我們要知道，疑慮不代表不認同，只是思想混亂而已。這不是他們的問題，是我們這些上一代人的問題。我們應當跟他們進行更多的溝通，正面地回應他們心中的疑問（這就是我主辦「中國沙龍」的主要目的）。②即使有些九〇後世代已經具備了基本的民主理念，甚至也有了推動民主的熱情，但是他們還面臨一個最重大的困擾，那就是他們不知道能夠做什麼，去推動理想的實現。這其實不單是九〇後世代的困惑，也是很多其他世代共同擁有的困惑，就是我們面對當今中共政權的蠻橫與強大，往往會有無力和無奈的感覺。我認為有這樣的困惑是很正常的，而九〇後世代表面上的對政治的冷漠，很大程度上，其實是不知道「不冷漠又能如何」的反映。我們不能因為他們對政治冷漠而對他們失望，而要理解他們冷漠的原因。

最後我要指出的是，在當今的中國九〇後世代中，有很多人，雖然他們並沒有直接投入到政治性的活動中，但是已經開始積極投入一些具有社會公益性質的活動，當初汶川大地震的時候，很多年輕人自發組成小組到災區救援，就是一個例子。這些活動並沒有那麼強烈的政治性，但是屬於建構公民社會的行為，其實最終還是會影響到政治的發展。更何況，在一些有關環保議題的群體抗爭事件中，包括在烏坎事件的發展中，我們都看到有越來越多的九〇後世代的參與。把前面的討論和這樣的趨勢結合在一起，這，就是我認為中國的希望在今天的九〇後世代的原因。

問題 69

誰說中國無人？

在台灣，在香港，經常聽到有人譏笑中國人，說中國人不敢反抗專政，甘於當奴隸被洗腦，都是憤青。聽到這樣的言論，我都非常氣憤，同時也為有這樣想法的人感到悲哀。

誰說中國無人？

林昭，一個弱小的女子，寧死不屈反對毛澤東的專政，早在一九五〇年代就提出了「人權」的概念，就開始稱共產黨的統治為「暴政」而入獄。在監獄中，她一個字的檢討也不寫，相反，她用針刺破自己的手指，用自己的血寫下來幾千字的抗議；今天的中國人稱她為「聖女」。

我的一個大哥一樣的朋友，一個被中共重點培養，得到鄧小平極大欣賞的人，一個政治前途無量，如果一路走到今天，很有可能是國家領導人的人，在八九民運過程中他一個字也沒說，只是觀察，也是因為自己是體制內的高級幹部，不方便講話。然而，當中共開了槍的當晚，他立即在黨政幹部大會上，當著所有高官的面，宣布退黨，與自己的政治前途一刀兩斷。現在的他，寧願安靜地做一個學者，對於大好前途的失去，他告訴我：「完全不後悔」。

劉曉波，最近二十年來四次坐牢，但是絕不退卻一步，明知自己的言行，尤其是組織零八憲章的行動，自己一定會付出代價，但是他毫不猶豫地承擔起了這個使命。他獲得諾貝爾和平獎的殊榮，得到了全世界的尊重

于世文，已經有了幸福家庭和成功的事業，他完全可以像很多有錢人一樣花天酒地，或者至少明哲保身。但是他沒有，他放棄了家庭和財富，只為了一個簡單的想法：「要為了六四做一點事情」，「該輪到我了」，然後幾乎是故意地，當然也是坦然地，他走入了監獄。

這樣的名單我可以拉得很長很長。但是篇幅所限，我就不一一列舉了。

誰說中國無人？這些人的高貴，不亞於人類歷史上一切的先行者；這些人的勇氣，超過人類的想像。而他們，都是中國人！就這一點而言，身為中國人，我是驕傲的。

不錯，他們還沒有戰勝中共，但這並不是因為中國人不敢反抗，而是因為中國人面對的，也是世界上最強大最邪惡的勢力。戰勝這樣的勢力，本來就不是容易的事。不然，那些說中國沒有人敢反抗的人，你們自己站出來反抗試試？

而且，即使是面對這麼強大邪惡的勢力，在中國，還是有很多人還在堅持，還在繼續，他們在做一件幾乎是不可能的事，但是絕不放棄，這樣的意志和勇氣，誰人可比？不錯，他們今天沒有贏，但是另一方面看，他們也沒有輸，因為他們保住了自己的尊嚴。而且，歷史可以作證，這樣的人，最終會贏。中國不可能是人類歷史的例外。

那些說中國無人反抗的人，只是證明了自己的無知而已。當然我也不會怪他們，因為他們的無知，來自於關於中國的報導，完全不敢正視中國的反抗者這一部分而已。那麼多的中國報導，那麼多的記者去中國採訪，有多少人真的會去認識，了解那些正在反抗的人呢？他們因為不敢給自己找麻煩，就假裝這樣的反抗不存在，這是典型的犬儒主義心態。

如果他們真的願意去看一看這個部分的中國，他們就會知道，中國，從來沒有缺乏過高貴的勇者，中國人的抗爭也從來沒有停止過。你不能因為一個人沒有勝利，就說他沒在努力；你也不能因為看到一些人不努力，就說中國沒有人在努力，不是嗎？如果你想了解真實的中國，我建議你，可以從了解這些反抗者開始。

問題 70

中共是如何壓制反對力量的

眾所週知，中共是一個反對民主潮流，腐敗成性的執政黨；但是這樣的一個政黨卻能夠穩定執政，沒有遇到強大的反對力量。這絕不是一句「中國人不敢反抗」可以解釋的現象，因為中國人如果真的不敢反抗的話，幾千來的歷史，就不會改朝換代那麼多次了。

當然，犬儒主義的盛行確實削弱了反對力量的道義號召力，但是，反對力量在中國國內始終是存在的，而且一有機會，就會試圖發出自己的呼籲，零八憲章的出現就是潛流一段時間冒出地面的一例。那麼，為甚麼中國的反對力量始終無法構成對中共的挑戰呢？

這裡當然有反對力量自身的問題，但這不是本文的重點，我會另文討論。我要說的是，我們必須承認，中共在壓制反對力量方面，無論是戰略還是戰術上看，確實是有成效的，確實成功地達到了壓抑反對力量成長的目的。這個困局不打破，中國的反對力量無從發展起來。總的來看，壓制是同時從五個方面展開的：

第一個方面，非常清楚直接，就是赤裸裸的暴力。不要以為沒有再發生「六四」，中共就不再靠暴力治國了。中共強大的維穩機器，包括軍隊、武警，國保、公安，仍舊是這個國家能夠穩定統治最基礎的支柱。他們即使不直接使用武力，但是武力的威脅每天都在，隨時準備對付反對力量。大家應當還記得作家余杰為甚麼被迫出走美國吧？他被警察綁架後，五根手指幾乎被拗斷，人被打到幾乎沒命，只好離開了中國。從這方面來說，中共不需要黑社會的支持，他們自己，就是黑社會。

第二個方面，就是經濟手段。這些年中共能夠維持穩定，靠的就是經濟成長帶來的龐大的國家資源。中共用這筆資源做三件事：①收買一批精英人物，使得他們成為新興利益集團，進而吸納他們進入現行體制，保證他們不會加入反對力量；②用維穩經費弭平群體事件，保證這些的事件不會構成反對力量的群眾基礎；以及③用經濟發展的煙花，吸引人民的注意力，轉移他們對公共事物的關心。這三件事，基本上都達到了目的。

第三個方面，就是先發制人的戰術。中共吸取了一九八九年中國民主運動和蘇聯東歐極權主義瓦解的教訓，很早就決定了「把一切反對力量消滅在萌芽之中」的戰術，這個戰術也可以叫做「先發制人」。所以他們只要懷疑哪些人、哪些力量有可能形成反對派，就立即進行嚴厲打擊。在這樣的先發制人的環境下，反對力量當然非常難以生長。這就是我一貫反對那種「中國人沒有勇氣反抗，中國人懦弱」論調的原因：少在那邊站著說話不腰疼。這樣嚴酷的環境，你來試試看！

第四個方面，就是宣傳。儘管傳統的主流意識形態已經徹底瓦解，官方只要一開口，人民就恥笑。但是中共學會了不直接去說那些假話，而是去說一些似是而非的話，表面上聽起來誠懇得很，但是其實只要認真分析就知道根本是語言陷阱。而問題是，大部份中國人不願意仔細分析，這一點讓中共得宣傳依然有效地抹黑和反駁反對力量，甚至分化了反對力量得意見；

最後，第五個方面，就是社會控制。隨著經濟發展，社會分化嚴重，在中國，國家對社會的管控能力確實有所下降，但是我必須說，其實下降得很有限。從網絡實名制到敏感詞；從回國的黑名單到身分證管埋，從單位監控到國保的約談，實際上，中共的社會控制能力並不像外界以為的那麼鬆弛。這仍舊是一個在高度管控下的國家和社會。這樣的環境，反對力量的成長當然艱難。

一句話，在中國沒有形成強大的反對力量，很大程度上，是因為中共的壓制手段確實在不斷調整、不斷進化，因此仍然非常有效。

問題 71 中共對「六四」為甚麼這麼怕？

每逢「六四」週年，北京當局的反應完全是如臨大敵，監控手段的使用可以說是一九八九年以後最嚴厲的一次。二十五年前的事情，為甚麼讓中共一直到今天還如此緊張，甚至越來越緊張？這種緊張的背後，其實說明了很多問題。

第一個問題就是，中共當局自己出來反證了一個事實：「六四」並沒有被中國人遺忘。長期以來，外界似乎一直覺得在中共的嚴密封鎖下，中國人已經淡忘了「六四」，尤其是年輕一代，對於「六四」已經一無所知。倘若，事情真的是這樣，北京當局用得著這麼緊張嗎？顯然，中共比那些鄉愿的人更清楚一件事，那就是，其實「六四」還是中國這個社會最為敏感的一根神經。大家表面上不說，甚至撒謊說自己已經忘記了，但是其實，誰都沒有忘記，年輕人更加好奇。當局的緊張是有理的。

第二個問題就是，習近平政權對自己更沒有自信。通常，內心非常焦慮和惶恐的人，對於自己沒有信心的人，才會表現出莫名的緊張。中國政府維穩力度之大世所罕見，國內幾乎沒有任何反抗的空間，但是即使如此，中共還是十分緊張，一點點風吹草動就如臨大敵，這也反證出來：當局並非外界想像的那麼強大，他們的統治並非那麼固若金湯。否則，這樣的緊張不是自曝其短嗎？一個沒有自信的人，通常會迴避矛盾。對於習近平來說，最好是用最大的力道把「六四」的問題壓住，這樣自己可以不必面對，因為他根本就不知道要如何面對。所以我們也可以看出，期待習近平任內主動解決「六四」問題，實在是太高估習近平了。

第三個問題就是，「六四」問題仍然是重要的政治變量。重大歷史遺留問題，本來就是推動當代社會轉型的重要依託，這樣的問題一天不解決，一天就不會失去其歷史動能。今天，「六四」在中國，已經成為一種符號，這個符號代表了太多的政治能量：反抗、民主、群體仇恨、反腐敗、歷史記憶、轉型正義、未來，以及希望等等。這些政治能量一定要抓到一面合法性的旗幟來呈現自己的力量，而「六四」就是最大的合法性依據。中國一旦出現變局，「六四」勢必首當其衝成為突破口。這個問題一經觸動，全面變革就會勢不可擋，這也就是當局想盡一切辦法，也不能讓「六四」這個潘朵拉之盒被打開的原因。

第四個問題就是，中共的統治一定面臨很大的壓力。我這一周因為參加太多紀念「六四」的活動，體力超支被迫去看醫生。醫生說我壓力太大，導致神經衰弱、精神緊張，讓我務必好好休息。就這一點而言，我與中共可以說是同病相憐。他們顯然也是壓力太大，才會這麼風聲鶴唳，見到黑影就開槍。那麼有意思的問題就來了：一、到底為甚麼他們有這麼大的壓力？二、是哪些壓力，大到讓中共如此神經衰弱？三、我過了「六四」就可以好好休息，中共不可能跟我一樣去休息（雖然我希望如此），那麼，背負著這樣大的壓力的中共，還能撐多久呢？

問題72 為什麼中國的中產階級沒有成為民主推動者？

按照一般的社會發展理論，中產階級的興起必將帶動民主化訴求的產生，這不僅是西方對中國前景的普遍預測，也是國內很多不願面對政治變革的人的自我心理安慰。但是這樣的觀點並非放諸四海而皆準，在中國的特殊環境下，這樣的理論可以說既正確又不正確。說它不正確，是因為相對於西方現代化理論中的市民階層的定義，中國所謂的中產階級並非完全獨立於政治權力和國家機器。相反，他們在很大程度上其實是國家力量的一部分，至少是外圍部分。他們與政府的關係可以說是唇齒相依，一榮俱榮，一損俱損。

有兩條關於有錢人的新聞，看了讓人不能不搖頭。一則是關於中國的：王元山是湖北襄樊市王胖子建築公司董事長，家產達人民幣上億元。根據湖北《長江商報》報導，王元山曾經表示：「有生之年，我要將過億的全部家產無償捐獻給政府。」另一則是關於外國的：一月二十五日，比爾蓋茲在瑞士舉行的世界經濟論壇上宣佈，捐款三億美元，協助改善非洲人民生活，為非洲農民提供種籽、化學肥料和農耕技術，提高農作物的產量。

生活在國外，富人捐贈財產的事情根本不是甚麼新聞了，以美國為例，教育機構、文化設施等公民社會的基礎，很大一部分就是靠這些捐贈奠定的。致富者回饋社會已經成了一種社會機制。這樣的機制我們當然也期待著會在中國生根發芽，我們也期待中國正在迅速崛起的新富階層能夠開始形成回饋社會的習慣。

然而，今天，我們終於看到中國的有錢人開始有捐贈意識了，但是他們的捐贈對象不是國內幾千萬生活在貧困線之下的同胞，卻是擁有世界上最高外匯儲備的政府！我們成天講中國國情，這大概真的算是特殊國情了。這種捐贈政府的心態，聽起來有點令人啼笑皆非，但是它反映的卻是中國社會轉型面臨的深層次問題，那就是中產階級的社會關係的問題。

大家可以想想馬雲為什麼公開表示支持鄧小平一九八九年下令開槍的決定，也可以想想為什麼習近平的姐姐曾經一度持有大筆中國首富王健林的公司的股票，更可以看看前鐵道部長劉志軍與山西女富翁丁書苗的關係，就可以看到，在中國，所謂的「中產階級」與政權的關係，並非相互對立，而是相互依賴。

因此，讓這樣的中產階級支持以分割國家權力為重點的社會和政治變革，完全是與虎謀皮。事實上，政治改革威脅到的不僅僅是當權者的利益，也是這些中產階級的利益。因此，他們不僅不可能成為民主化的鼓吹者，實際上還能成為民主化的阻擋力量。

說它正確，是因為中產階級的崛起會導致民主化的理論真要在中國變為現實，前提條件是中國出現真正的中產階級。這樣的中產階級，不再依賴與國家權力的關係致富，面對政府充分獨立。他們背靠的是社會而不是國家，他們的利益與社會結合在一起。這樣的中產階級，才有可能提出社會變革的訴求，他們的捐贈才有可能流向民間社會，而不是政府機構或者單純的慈善事業。當獨立的非政府組織、敢於講話的媒體，甚至是政治反對運動開始得到這樣的中產階級的經濟支援的時候，中國的民主化才有可能真正啟動。

這樣的中產階級，作為公民社會的一部分，實際上正在出現。在許志永發起的新公民運動中，積極給予支援並為此付出坐牢代價的主功權就是成功的商人。這是我們對中國的未來充滿希望的原因。新興的真正的中產階級肩負著推動民主化的歷史使命，我們應當對他們充滿期待。

問題73 全球化一定對中國的民主化有利嗎？

二〇一五年新年期間我到日本度假，旅程中也與當地的一些舊雨新知見面聊天，其中包括兩位來自中國的年輕的留學生。令我驚訝的是，這兩位九〇後的中國大學生，對普世價值的認知、對民主理念的理解、對中國現狀的批判，以及對未來的堅定信心，還有談吐的從容沈穩，都跟我們一般印象中中國九〇後只顧及自己的消費欲望的形象迥然不同，讓我不能不驚歎「自古英雄出少年」。

問到他們對未來的個人規劃，他們也都表示，因為日本經濟不景氣，畢業後不好找工作，都準備轉而去美國尋找深造和就業的機會。言下之意，在中國沒有發生根本性變化的前提下，他們並沒有回到中國去工作的打算。聽到這裡，我的驚歎，在心中暗自轉化為一聲嘆息。

這些年借助全球化對中國產生的影響，和中國對於人才外流持比較開放的態度，中國的年輕世代的精英階層，呈現明顯的移民傾向。很多中國國內一流大學的優秀學生，很早就以出國為目標。這個年齡層且有越來越降低的趨勢。按理說，留學海外，飽受西方民主社會的薰陶，這一代人應當對中國的民主化有所助益。這也是二十世紀初曾經發生過的事情。留學日本，歐洲和美國回來的中國學生，成了「五四」運動以後，一直到四十年代末期中國自由主義知識份子的主體，他們積極參與社會變革，推動公民社會的成長。這一進程一直到一九四九年中共建立政權才被強行結束。然而，這樣的期待並不一定可以複製在現在新一代移民潮中的中國年輕學生身上，因為他們與二十世紀初期那一代留學生有一個很大的不同——就是他們中的很大部分，選擇留在海外，而不是回來中國。換句話說，他們用腳投票，作了一個「退出」的選擇，包括退出對於推動中國改變而進行努力的進程。這，對中國的民主化，其實是一個負面因素。

我當然無意批評退出的世代，畢竟每個人都有把個人的利益放在最重要位置考量的權利。但是客觀上講，現在出現的新一波移民潮，其結果，對於中國現有體制的維護是有利的，而對於社會走向變革是不利的。美國經濟學家赫希曼在他的《退出，呼籲與忠誠》一書中下結論說，如果存在退出的機會，因為懼怕呼籲可能帶來的危險，那些對體制最不滿且最有潛力改變現狀的民眾卻最有可能選擇移民，這顯然會大大削弱國內要求改變的呼聲，從而延緩民主化的進程。他進而指出，有些威權體制的統治者明白其中的奧秘並且利用之，以穩固自己的政權。

這讓我聯想到中國上世紀九十年代以來的改革開放，其實中國政府最著力的還是「開放」而不是「改革」，以及中共流放異議人士的政策，我們似乎隱約可以看到這樣的發展線索在中國的痕跡。也就是說，對外開放當然尤其有利於民主化的地方，但是借助其他的機制，它也有不利於民主化的地方，我們切不可一概而論，而應當看到問題的複雜性。

開頭我提到的那兩位優秀的留學生，我相信如果他們能夠回去中國，參與社會改革，一定會對中國有所貢獻，我也相信，這樣的九〇後才俊所在多有。然而，他們中的很大一部分，選擇了退出，選擇了離開。這樣的選擇對他們來說是幸運的，他們可以不必再面對那樣的體制，不必生活在惡劣的環境中。

離開中國，他們當然很高興。只是，中共也很高興。這就是我嘆息的原因。

問題74 民主會導致社會動蕩嗎？

首先，目前提出的憲政改革並不要求立刻通過普選和多黨競爭產生議會或政府，也不要求立刻全面開放言論、出版、集會等自由。憲政只是要求通過法制規範公權力的行使，緩解在轉制環境下的市場化產生的社會不公正，因此是有利於社會穩定的。

其次，關於素質問題。阿富汗二〇〇九年十月二十六日完成歷史上第一次民選的總統選舉。阿國本身從無民主選舉的經驗，全國百姓中識字的，男性只有三十六%，女性只有八%。但是聯合國和歐盟等國際機構的代表，都認為這是一次公正乾淨的選舉。印尼是由二萬島嶼組成的國家，也可以進行選舉。難道我們的素質比阿富汗部落的素質還低嗎？我們的大選難道比兩萬島嶼的印尼還困難嗎？

提出素質問題，是對民主根本不瞭解。今天的民主，是代議制的民主，換句話說，最重要的不是民眾的素質，而是精英的素質、代議者的素質。人民就是因為不太瞭解政治，才能委任他們代議的。普通民眾的民主素質絕對不是民主的充分必要條件。

一、如果不開放選舉真的是怕亂，那麼，中共第十七屆中央委員大學學歷以上的占九十二・二%，高級官員的差額選舉從程式上、操作上都沒有問題，為什麼全國人大選個委員長都要等額選舉？為什麼黨內不能進行直選？再有就是香港的例子：香港中產階級很成熟，是市民主流，為什麼不允許香港進行普選？

二、民主的確不一定穩定，但是專制就一定穩定嗎？中國歷史上戰亂不斷，難道是民主導致的嗎？文革就連官方都承認是最大的動亂，那是民主導致的嗎？

今天的中國真的穩定嗎？據中國官方公佈的數據，二〇一〇維穩開支為四萬五千一百四十億元人民幣，超過國防預算。如果真的穩定，會有這種可能嗎？民主會導致國家分裂是個偽命題：世界上成熟多民族民主國家沒一個發生民族分裂的，美、英、法、德、義、澳、加沒分裂，連民族成分最複雜、人口眾多，鈔票上印有幾個民族文字的印度也沒分裂。發生民族分裂悲劇的都是獨裁專制國家：前蘇聯、捷克、斯洛伐克、南斯拉夫、蘇丹等。民主是維護國家統一最好藥方。

三、擔心民主導致動亂，因此就推遲民主。這就好像擔心小孩子長大以後會遇到強暴，於是乾脆現在就殺死一樣荒唐。實際上，民主制度就是要在實驗和實踐的基礎上不斷發現問題、解決問題的。永遠不開放民主實踐，永遠也不會有機會矯正民主發展過程中可能出現的問題。經濟改革都可以「摸著石頭過河」，為什麼政治改革就不可以？

可見，所謂「在中國搞民主會導致社會動蕩」，完全是中共為了維護自己的一黨專制而變造出來的謊言。

問題 75

為什麼說「反共」是一種文明建設？

我從來不諱言，我的政治立場是反共的。現在這個年頭，說「反共」似乎非常的老派。那些老派的人，現在都已經不再反共了，為什麼我還選擇這個很老派的政治立場呢？

非常值得我欣慰的是，應當不會有人說我反共是為了升官發財。現在這個年頭，不管是在哪裡，拍共產黨的馬屁，或者至少，不反共，才比較容易升官發財吧？反共的都被當作另類，被那些利益者們斜著眼睛看，根本不可能是什麼佔便宜的事情。

那麼，問題就來了，我為什麼還堅持反共呢？其實，理由很簡單，那就是我看不過去。我認為，政治立場可以有不同，政治主張更是應當彼此尊重，但是我跟共產黨之間的分歧，至少現在，首先還不是政治主張上的分歧。而最令我看不下去的，就是共產黨的做法，完全是把人類社會的文明標準，一點點往下拉。事關文明，當然不容我們後退一步。

為什麼說事關文明呢？舉兩個我有切身體會的例子吧。

第一個是關於語言的文明。我們習慣看到「五毛」言論的網民都會知道，辨別「五毛」是非常簡單的事情，不分青紅皂白，不管是非曲直，張嘴就罵人，滿口髒話，動不動就對他人進行人格羞辱的，基本上可以判斷就是「五毛」。當然，你也可以反駁說，有的人不是「五毛」，也會張嘴就罵人。但是，這跟「五毛」還有什麼區別呢？不領錢但是還做「五毛」

做的事情，不是比「五毛」還「五毛」嗎？我們每個人，包括那些「五毛」們，在成長的過程中，大概都學過基本的文明規範，那就是不罵人不打人，這是幼稚園裡面就在進行的文明教育。而共產黨培訓出來的這些網路工作者，主要的工作方式就是惡言傷人，這已經不是政治立場的問題了，這是文明問題。如果任由共產黨的這種風格蔓延，我們連「不罵人」這麼基本的文明底線都守不住了。

第二個是關於行為的文明。前不久中國的官方媒體刊登一篇文章，指控我跟中國國內的「全能神教」「勾結」，說我下令支援該教在國內進行暴力恐怖活動。另一家官方媒體據此還發表評論，說「×丹」（當然是指我）參與的民運是「邪教」。事實上，我完全不認識任何「全能神教」的人，更沒有下令支援該教，網路上流傳的一封揭發我的署名「王有才」的信，也完全是假造的。如果這是網路上有人說說，我根本不屑一顧，大家都知道很多人在網路上任意編造。可是現在是中國的官方媒體出面，完全的無中生有，活生生地編造故事。好歹也是有國際認證的政權機構，這樣做就太下作了。

打擊異議人士，本身沒有什麼可奇怪的，任何一個政權大概都不會喜歡批評自己的人。

但是用到這樣的卑劣手段，而且是這樣一個大國的政府部門來做，這就超越了文明的底線了。這證明，這個政府為了對付一個個人，可以完全置基本的文明規範於不顧。如果讓中共的做法得逞，讓這樣的中共還到處受到歡迎和稱讚，我們這個社會，還有文明可言嗎？

不錯，中共很強大，也帶動了經濟增長，但是同時，這個政權的某些做法完全是與人類社會經歷幾百幾千年，辛辛苦苦建立起來的文明規範背道而馳；更為嚴重的是，他們依仗著他們的強大，迫使太多的國家，太多的政客，太多的人，對於他們這種破壞基本文明的行為裝聾作啞，淪為共犯。這樣的中共，是在用暴力強迫人類社會跟它一起在文明的海面上向下沈淪。只要是對自由稍微有一些文明期許的人，有什麼理由不去反共嗎？

V

關於香港、台灣、西藏、新疆問題

問題
76

香港人為什麼忍無可忍？

香港雨傘革命發展爆發的那個階段，每次當局試圖強行驅散示威者，晚上必有十萬以上民眾站出來聲援。有這樣的後盾，其實當局手裡的牌是不多的。這就是運動能堅持很久很重要的原因。那麼，為什麼這一次港人如此堅定地站出來呢？從歷史脈絡上進行梳理，至少有九個原因：

①從清朝被拋棄到英國百年殖民的影響，從「文革」移民到「六四」情結，港人對中國的認同感始終沒有建立起來；二〇一四年六月的民調，認為自己是中國人的，只有三十一%，而認為自己是香港人的占四十%，就可以證明。

②這幾年香港發生的暴力事件（明報總編輯被砍），媒體的自律，在在令港人有壓迫感，認為這些事情都對自由構成了威脅。

③國際金融都市和自由港的地位，曾經給港人帶來光榮感，香港作為中國的一部分，但又不是中國，這個獨特的地位也沒有了；如今，過往的光榮感已經不再。

④民生問題也是癥結之一：地產霸權導致的住房問題、世代不公問題、物價問題、生活品質問題。經濟增長的好處，只集中在少數既得利益者身上，而中小企業發展不起來。香港的貧富差距達到二十一．一五倍（家戶可支配所得最高的前二十%家庭與最低的二十%家庭的所得比），相對來說，台灣六倍多，韓國五倍多。香港七百多萬人口，有一百三十萬在貧困線下，其中一半還有工作，是所謂的「在職貧戶」。聯合國點名香港是亞洲貧富差距最嚴重的地方，也是貧困線下人口比率最高的地方。

⑤普選無法實現，是導致一國兩制破滅的最後一根稻草，港人的失望變成絕望：行政長官的產生辦法，原本依據的，是基本法附件一。而附件一的第七條規定：二〇〇七年以後，行政長官的產生辦法如果需要修改，需要經過立法會三分之二多數通過，行政長官同意，報全國人大常委會批准。這就是所謂「三步走」。但是到了二〇〇四年，全國人大常委會撕毀承諾，做出補充解釋，增加了兩道程序：是否需要修改，行政長官要向全國人大

常委提出報告；人大常委會有權依據基本法，按照實際情況和循序漸進的原則確定。這就是「五步走」，這時候，一國兩制已經破產了。現在八月三十日的常委會決定，更是增加了「愛國愛港」和提名委員會要過半的規定，進一步鳥籠民主；至此，港人的失望已經變成絕望。因為，這是篩選，不是普選。

⑥年輕一代的出現與成長：他們不再那麼看重穩定和秩序，也不再那麼經濟思考，更不能忍受沒有民主。老一輩可以忍受，因為畢竟是從無到有；對於年輕人來說，是從有到無，他們的憤怒老一輩不理解；

⑦對梁振英的不滿：過去有陳方安生、曾蔭權等英國時代遺留的行政官員，港人還有一定的信任和寄託，而梁振英被認為是中共黨員，他的聲望不如唐英年，但是中共霸王硬上弓，逼退唐；港人對梁振英因此充滿了不信任感。同時，民主派四分五裂，也令人失望。他們在立法會也達不到有效制衡的席次。人民找不到寄託的對象，只好自己站出來。

⑧最近幾年以來，從陸客自由行衍生的不文明行為到雙非孕婦，從中國客搶買奶粉到

國民教育，香港人與中國內地人之間的矛盾越來越深，積累到臨界點就會迸發出來；⑨對中共強硬立場的反彈：也就是中國內部變化的反映。一國兩制白皮書中「中共給你多少權利，你才有多少權利」這樣的論述，具有刺激性。而中國人大常委會八月三十一日的決定，比起過去的規定更嚴格。這樣的強硬路線，使得港人更加絕望，從而走上反抗之路。

總之，今天香港的局面，絕對不是單單的普選問題引發的，「冰凍三尺，非一日之寒」。因此，要想短期內解決問題，也是不可能的。

問題77 一國兩制因為什麼而徹底失敗？

在香港，十五歲中學生黃之鋒召集成立「學民思潮」組織，反對港府強行推行美化中國共產黨、美化中國模式，掩蓋「六四」等重大歷史事件的所謂「國民教育」；這一次香港人藉由反對國民教育，反共情緒全面爆發，在我看來，不是一個單一事件，而是港人長期壓抑的不滿情緒和恐慌心理的綜合爆發，也是最近一、兩年來香港與內地關係日益緊張導致的後果。

從歷史上看，港人的反共情緒不僅由來已久，而且日益強化，可以分為四個層面來分析：

第一、香港百年來為英國殖民地，歷史傳承上對內地就缺乏時間積累的感情；英國帶給香港的社會制度和價值觀念，在港人中根深蒂固，不是十年、二十年的時間可以抵消的；

第二、在香港五、六十歲這個年齡層中，很多人是在「文革」前後這段期間，因為無法忍受內地的政治迫害和惡劣的生存條件而逃到香港的，對於他們來說，來到香港，本來就是用腳投票的行為，代表他們對中共的不滿。現在讓他們重新面對中共的統治，他們內心的反彈可想而知。這次運動中，有人打出橫幅，大意是「當年逃出洗腦魔掌，今日豈能重蹈覆轍」，就是這樣的心態表現；

第三、六四情結是港人集體心理中重要的組成部分，「六四」這個問題如同港人的神主牌和最為敏感的神經，是輕易不能觸動的。一九八九年的時候，港人已經知道回歸不可阻擋，對於自己的未來惴惴不安；恰恰在此時，爆發六四事件，讓港人無比驚恐，這一道歷史的傷口可謂創痛巨深，因此港人極為看重。這就是「六四」維園晚會能夠堅持多年不動搖的根本原因。這一次港府推行所謂「國民教育」，其參考書中居然對「六四」隻字不提，這無異於太歲頭上動土，當然會引起港人強烈反彈。

另外，近幾年來，中國人權狀況倒退到離譜的程度。劉曉波，僅僅因為在網路上撰寫批評政府的文章，就被判十一年重刑，李旺陽，不明不白地死去，還被指為「自殺」，北京當局這樣的舉動，使得港人覺得過了這麼多年，當局沒有什麼變化，原來的期待落空，絕望的心理自然激發出強烈的憤慨。這種對於中國人權狀況的特別關注，背後其實還是「六四」情結在發揮作用。

第四、最近幾年來，隨著內地與香港的交流日益緊密，不同文化背景、不同的社會制度、不同的價值觀念的衝突越來越突顯出來。港人對內地人士在香港的言行舉止，感到無法接受。雙非孕婦等問題，更使得港人的不滿，得以建立在堅實的利益衝突基礎上。而北京大學中文系教授孔慶東的一句「香港人是狗」，把這些不滿激發到了頂點。這一次反國民教育運動，也可以看作是最近幾年香港社會與內地社會的衝突的總爆發。

於是，由三名中學生發起的反國民教育運動，能夠迅速在香港社會引起關注和共識，能夠很快動員起整個公民社會的支援和各方力量的介入，甚至連七十年代的社運老鬼們都加入絕食，整個香港社會的氣氛為之沸騰，這是一個長期積累的結果，因此也絕對不是港府在國民教育問題上暫時讓步能夠解決的。

當初中共制定一國兩制，其實本來就是權宜之計，欺騙的成分大於誠意的成分，主要目的就是安撫香港人心。現在中共的耐心逐漸流失。所謂國民教育的推廣，正是胡錦濤在慶祝香港回歸十五週年的時候，在講話中對港府提出的要求。顯然，中共已經不想繼續扮演「一國兩制」守護者的角色了，他們決心撕破「一國兩制」的面皮，這是「一國兩制」徹底失敗的第一層表現。

另外一個失敗的明證在於，中共設計「一國兩制」，其實是想以時間換空間，在所謂「一國兩制」的推展期中間，通過溫水煮青蛙的方式，逐步進行思想滲透，逐步確立輿論導向，期許逐步讓港人的人心也能夠回歸，以免香港繼續成為反共基地。但是近幾年來，香港「九〇後」世代的崛起，徹底粉碎了北京當局的夢想。這些「六四」時候還未出生的年輕人，對於中共及其意識形態抱持強烈的敵意，其「六四」情結比起上一代有過之而無不及，這恐怕是非常出乎北京當局意料之外的。通過「一國兩制」，逐漸收回港人的民心，這一點已經完全失敗。

總之，真正的問題，還在於「一國兩制」的失敗，在於中共統治模式的失敗。簡單說，中共代表的社會發展模式，統稱為「中國模式」，就是把經濟發展放到壓倒一切的位置上，以犧牲社會的民主自由為基礎擴張經濟力量；而港台公民社會所推崇的社會發展模式，是把人民的尊嚴和自由，把社會的正義和寬容當作經濟發展的目的。二者對「幸福」的定義截然不同。

香港回歸已久，然而今天的香港表現出自二〇〇三年來對中國最大的不滿，而香港的認同調查對中國人認同也創下新低的紀錄。香港大學二〇一二年五月間所做民調顯示，港人對中國政府的反感程度，從去年十一月的二十五％大增到三十七％，好感度則從二十九％降低到二十％。香港浸會大學的「香港過渡期研究計劃」大約在同一時期訪問九百多名香港民眾的最新民調中，四成受訪者認同自己是中國人，自認為是「香港中國人」或「香港人」的比例各佔二十七％和十七％。然而，在十八歲到二十九歲的年輕族群中，只有四％自認是中國人。十八歲以上受訪的學生所佔比率更是零。浸會大學這份民調還顯示，香港公務員不滿政府的比率最高，六十二%不滿和非常不滿政府表現，七十六%認為政府施政不公平和非常不公平。這樣的調查數據，就是對「一國兩制」政策徹底失敗的最好註腳。

而在二〇一二年台灣的總統大選中，中國透過台商與親中媒體，赤裸裸的介入台灣的選舉，台灣已經出現「香港化」的跡象。這些都使得大家深深感受到，香港與台灣受到中國制約的影響越來越大，兩種模式的衝突因而日益突顯出來。

這樣的衝突之所以越來越明顯，原因之一是香港的「一國兩制」形同廢棄，中共急於讓香港徹底歸化，處心積慮地讓香港更加靠近內地；在台灣，馬英九政府奉行的兩岸和平政策，使得中國與台灣的距離也越來越近。但是，正是因為這樣的距離拉近，反倒使得港台的公民社會看破了「中國模式」的手腳，看到了中國快速的經濟發展背後帶給社會的嚴重代價。這種現象，我稱之為「因為接近而疏遠」。這就是港台兩地幾乎同時發起對抗中國因素（其實是中共因素）的社運的根本原因。

另外一方面，正是因為台灣已經開始出現「香港化」的現象，本來關係比較疏遠的台港兩地公民社會才開始彼此關注起來。而中國國內的公民社會的發展，也決定著港台兩地的未來命運。未來三地的公民社會如何結合互動，恐怕是值得認真思考和探討的。

問題 78

中共為什麼對香港這麼狠？

自《國安法》實施之後到今天，中共對香港進行的政治清算愈演愈烈：逮捕黎智英、黃之鋒等意見領袖，迫使《蘋果日報》停業，一批又一批社會團體被迫宣布解散，三分之一以上區議員宣布辭職，大批港人背井離鄉，現在，連兒童繪本都被懷疑有違《國安法》導致五名作者被偵辦。

香港，已經徹底陷入紅色恐怖之中，這種路邊三人行，都有可能被盤查的氣氛，只有秦朝暴政末期才出現過。中共在香港的這種做法，只能用歇斯底里來形容，因為已經超出了正常思維的框架。即使站在中共的立場上看，這樣的打壓力度也已經是非理性的，超過了必要程度的。那麼問題來了：中共為什麼對香港這麼恨？為什麼對香港這麼狠？我想有三個原因。

第一個原因，就是失心瘋一般的報復。香港自一九九七年「回歸」之後，社會上就一直對中共的管治進行抵抗，轟轟烈烈的「佔中」和「反送中」兩場運動，幾百萬人上街的畫面震動全世界，讓中共在世人面前顏面掃地。對志大才疏的習近平來說，這等於公開證明他的無能。從中共到習近平，對他們來說，面子比什麼都重要。既然香港人讓他們丟了臉，瘋狂的報復就是可以預料的。這當然也證明了當今的中共領導集團，尤其是最高領導人習近平的心胸之狹隘。

第二個原因，就是所謂的「第二次回歸」。對爭取三連任，也許會放眼「四連任」的習近平來說，是否能完成他口中的「中華民族偉大復興」，中國的「全面統一」是「復興」清單上最重要的一條。香港雖然名義上回歸，但民心完全沒有回歸，習近平和中共用超出常規的鐵腕政策，試圖在氣勢上徹底壓倒港人的反抗意志；用超出常規的恐怖手段，試圖實現完全的回歸，包括在恐懼下產生的人心的回歸。在短期內還無法解決台灣問題的前提下，讓香港徹底回歸，多少也可以讓習近平有一些政績可以誇耀。因此，香港，就成了習近平「皇帝夢」的墊腳石。

第三個原因比較隱晦，但重要性也許不比前兩個差，那就是香港對於中共權貴集團財產安全的重要性。早在二〇二〇年八月，《紐約時報》等西方主流媒體就紛紛報導了中共權貴集團在香港金融、房地產等領域的利益佈局：習近平、栗戰書、汪洋等三名中共政治局常委的近親，近年在香港購買的豪宅總值超過五千一百萬美元。媒體認為：中國人大委員長栗戰書的女兒栗潛心在香港「悄悄打造出一種橫跨這座城市金融菁英和中國政治隱秘世界的生活」。報導最後一針見血地指出：「栗潛心及其他中共權貴，與香港社會和金融體系密不可分，他們將這個英國前殖民地更緊密地與中國聯繫了起來。透過建立盟友，將自己的資金投入香港房地產，讓中國的高層領導人已『將自己的命運與這座城市牢牢捆綁在一起。』然而，栗潛心的父親栗戰書，剛主導新制訂的《港區國安法》迅速通過，為中共在香港壓制異見『提供了一個強大的新武器』，以阻止抗議活動，保護中共領導人的親屬。否則，抗議活動對香港經濟造成嚴重破壞，會讓這群人的處境岌岌可危，甚至受到制裁。」

顯然，中國對香港這麼狠，是因為香港已經成為中共權貴集團轉轉移、囤積、洗白不法收入的基地，這些利益集團的財產，很多都是香港。如果不徹底摧毀香港的媒體自由和活躍的公民社會，這些秘密早晚會被揭露出來，且其運作也會受到香港原有的司法等制度的牽制。打掉香港，可以確保香港繼續成為中共集團的「小金庫」。對中共權貴集團來說，錢才是他們最關心的事情，為了保住自己的錢，他們什麼都幹得出來。而這，就是他們對香港這麼狠的深層原因之一。

問題
79

中國周邊的危機

香港反送中惡法的抗爭引起的政治效應，目前還在逐漸擴散和醞釀中，對於中國政治發展的影響也還有待觀察。但是香港問題的爆發，有另外一個角度，我認為是值得進行延伸思考的，那就是：作為一個號稱正在崛起的大國——中國，是否能夠處理好周邊地區的問題？

從歷史上看，任何一個大國，如果不能處理好與周邊地區的問題，都會面臨巨大的管治危機；或者相反，一個大國，能夠處理和解決周邊地區的危機，才能夠穩定發展內陸地區的政治和經濟。這一次香港發生舉世震驚的大規模抗爭，它所傳遞出有可能是最值得注意的訊號，就是今天的習近平政權，或者說長期以來的中共政權，在處理周邊地區的問題上束手無措。

以時間為座標，遠的來說，西藏問題由來已久，但是至今無法得到一個好的解決，以至於至今西藏問題仍然困擾北京當局；之後是本來已經相對穩定了幾十年的新疆，最近十幾年來越來越不穩定，到了今天，更是動用了集中營和軍事管治的地步；香港回歸也已經二十二年了，這次我們都看到，二十二年的時間並沒有令香港的人心回歸。

如果我們以地理為座標，中國與其他周邊國家之間的危機，雖然還沒有爆發，但仍舊有巨大的威脅性。有的危機現在還看不出來，但是未來，會嚴格考驗中共的處理能力。舉例來說，水資源的問題，就會成為未來中國周邊的糾紛焦點。

前幾年，有一些中國水利專家，提出「藏水北調」構想，稱之為「紅旗河工程」，希望用青藏高原的雪水，截流紅旗河再經人工河道導引往北注入缺水的新疆塔里木盆地，改善西北乾旱情況。這個工程的基本想法，就是將流向國外的水，留在自己家裡。估計工程造價高達四兆人民幣（五千八百九十億美元）。工程一旦實現，從整個黃河上中游到整個的河西走廊，到新疆的東疆和南疆，這條紅旗河會帶來長兩千公里，寬一百公里的綠洲帶，將產生兩億畝農田，據說可以吸引一億人定居。當然，這個工程目前還完全是民間規劃，官方沒有表態。但是考慮到未來的能源危機，這樣的構想早晚會被北京當局認真考慮。但此構想最值得擔憂的，是雅魯藏布江下游的印度河怒江，瀾滄江下游的東南亞諸國，他們的水資源會受到衝擊是毫無疑問的，水變少了，恐將是另一場水資源的國際爭端戰，而鬥爭的雙方，一定就是中國和印度以及東南亞國家。

此外，就算是表面上與中國友善的周邊國家，其內心深處對於中國的崛起，是否就那麼放心，也是大可質疑的。例如新加坡的國防部前不久就宣布，新加坡將向美國購買最多十二架 F-35 戰鬥機，如果計畫順利進行，新加坡將是美國在太平洋地區第四個擁有 F-35 的盟國，其餘三個是日本、澳洲和南韓。

蘭德公司資深國防分析家何天睦就說，北京應把此一發展視為亞太地區仍強烈需要美國留駐當地的訊號。對於印度和新加坡這樣的周邊國家來說，如何讓他們對於中國的崛起放心，是北京當局的最終挑戰。而民主制度的缺乏和大國軍事力量的發展，其實只能加強周邊地區危機的深度和廣度，這，正是中國崛起的重大隱憂之一。

問題 80 新疆問題已經如乾柴烈火

美國國會曾經召開主題為「中國的挑戰」的系列聽證會，其中最為引人注意的，就是揭示出了當前中國政府在新疆採取的族群迫害的嚴重性。如果說正在與中國進行對峙的美國指控帶有一定的傾向的話，素來受中國影響很深的聯合國報告，提供了在美國國會聽證會上一些指控強有力的佐證。

二〇一九年八月十日，聯合國消除種族歧視委員會（CERD）在日內瓦召開會議，會中檢視中國的人權記錄。委員會成員麥克杜格爾（Gay McDougall）在會上說：「我們收到大量可靠報告，指中國以打擊宗教極端主義和維穩為名，把新疆維吾爾族自治區變成秘密的大型勞改營，一個『無人權地帶』，我們對此深表關注。」麥克杜格爾又說，估計在新疆，有兩百萬維族和穆斯林民眾，被關押在集中營中，接受思想改造。這個數據的披露令外界震驚，新疆問題在沈寂了很久之後，再度成為各界關注的重點。

這個問題的重點在於：今天的新疆問題的嚴重性遠遠超過外界的想像，中共當局幾乎完全是在用軍事戒嚴的方式對新疆進行管治，這樣的治理方式毫無疑問只能激化矛盾。說今天的中國的新疆問題已經如乾柴烈火，隨時可能爆發大規模的暴力衝突，完全不是危言聳聽。

要深入了解新疆問題的脈絡，大衛·艾默（David Eimer）的《被隱藏的中國：從新疆、西藏、雲南到滿州的奇異旅程》（八旗文化，二〇一五）一書提供了很多線索。書中指出，在一九三〇年代，新疆的原住民才開始使用「維吾爾」一詞。在那之前，他們自我認同的範疇也是自己家園所在的區域，就是烏魯木齊人、喀什人或是合闐人而已。一九四七年的時候，新疆的漢人人口總數不過二十二萬，而現在，新疆已經有超過八百多萬的漢族人口，占其人口總數的四成多。而這個移民的過程並不是自然發生和順利進行的。據統計，僅僅在一九五〇年代，維吾爾族人反抗北京的統治以及所謂的「破除迷信」運動中，有多達六萬人死亡。顯然，國家暴力在新疆漢化的過程中自始至終扮演了重要的角色，同時也成了歷史的一道傷口，深深地刻在維族人的心中。

在我看來，當局採取溫水煮青蛙式的移民政策，試圖逐漸將新疆漢化，這種殖民政策不僅加劇維吾爾人與漢人之間的衝突，更深遠的影響，是加劇了維吾爾人對於本民族生存前景的擔憂和焦慮，這樣的擔憂和焦慮，必然以重新認識和強化自身族群認同的方式呈現出來。尤其是與維族人同文同種的中亞地區，有三個獨立國家與新疆接壤，接壤地區的新疆維族人與這些國家的維族人的互動，遠比他們跟漢人的互動來得頻繁，這種交流也在在提醒著維族人獨立的可能性。歷史的糾結，現實的政策和周邊環境的影響，這些合在一起，就是新疆問題的根本衝突所在。

面對如此複雜的新疆問題，中共當局竟然用大規模集中營，進行全面所謂「思想改造」

的方式來處理，表面上看起來似乎是在用強硬的手段壓制維族人的反抗，實際上暴露出中共自己的困境，那就是他們找不到更好的方式來防治新疆危機的惡化，所以只能用蠻橫的暴力來進行壓制。我相信，即便中共當局自己也很清楚，用軍事管治的方式來處理民族矛盾，絕對不是最佳的選擇，甚至是最壞的一種選擇。但是中共在束手無策的情況下出此下策，或許，這才是新疆問題的最大危機。

在中國的現代化進程中，出現民族問題和分離主義問題具有必然性。有學者指出，現代化、全球化、城市化的諸多壓力之下，少數民族可能面臨比漢族更多的文化挑戰，因而更急切地在族群的、宗教的和地方性歸屬中尋找自身的身分認同，從而使得這種認同具有了更高的社會重要性。也就是說，民族問題的產生在很大程度上是認同問題，或者說，更深層次的文化問題。這樣的問題，簡單地靠在經濟上輸血支援和在政治上高壓控制是無法解決的。在我看來，無法認識到這一問題，或者不願意從這個角度出發，去解決新疆問題，正是今天新疆問題演變成令中共棘手的困擾的主要原因。

大衛．艾默在《被隱藏的中國：從新疆、西藏、雲南到滿洲的奇異旅程》一書中通過他的親身見聞揭示了中共用簡單化思維管治新疆的具體表現，例如目前年齡低於十八歲者不得參加清真寺禱告。凡是在政府機關工作的維族男子是禁止留鬍子的。現在的中國政府已禁止教育單位僅收維吾爾人，堅持新疆境內所有的族群都得和漢人一起就學。

此外，二〇一四年九月，中國最有影響力的維吾爾學者伊力哈木，被以分裂國家罪名判無期徒刑。今年四十四歲的伊力哈木，其實是中共自己培養出來的民族知識份子，長期任教北京的民族大學，他是溫和的民族主義者，主張統一，反對分裂，譴責暴力，曾經斷言疆獨沒有前途。提倡依法治疆，落實民族自治。他唯一的反抗，就是創辦「維吾爾在線」網站，批評在新疆實行的反恐措施和治疆政策。這樣溫和的反對派，本來可以成為中央政府與新疆分離主義勢力之間，乃至於新疆人與漢人之間的溝通橋樑，但是對他判以重刑，這哪裡是在緩解新疆的矛盾？分明是在激化矛盾。王樂泉統治新疆期間，採用高壓鎮壓政策，並未能解決新疆問題，反而使得新疆問題愈演愈烈，這證明了政治高壓的手段，其效果只能適得其反。

那麼，用中共擅長的經濟手段，效果又如何呢？

在王樂泉之後，中央派張春賢管治新疆，張的基本思路，就是使用經濟手段。具體來說，就是讓東部發達地區與新疆的各個地市對口銜接，想用東部投資來推動經濟發展。但是大衛·艾默通過調查告訴我們，經濟發展如果出現分配的問題，有的時候不僅不能緩和當地的社會矛盾，反而會成為矛盾的源頭之一。

例如，在新疆當地欣欣向榮，而且佔據其生產毛額總值過半的石油與天然氣產業中，維吾爾人只占有百分之一的勞動力。南疆是維吾爾族的心臟地帶，而農業是其主要產業。南疆多半是塔克拉瑪乾沙漠，是極不宜農耕的區域，因而愈來愈多的維吾爾族人選擇遵循中國其他區域漢族農民的模式：遷移到城市，以尋求待遇高的工作。

然而維吾爾人所受教育既不足，又無法流利使用普通話，多半無法找到工作。二〇〇九年的暴動分子中就有許多來自農村地區的新移入者。這些問題都明顯地反映出為甚麼中央政府對新疆投入大量資金，希望通過發展經濟緩和民族矛盾，但是效果卻不明顯。

關於新疆問題，歸根解讀，就是北京當局無法正視和處理最深層次的部分，那就是如何正面處理由於文化和歷史淵源而產生的認同問題。

問題 81 現在的中共不可能解決西藏問題

在新疆問題引起國際社會關注的時候，我們也不要忘記西藏問題對於中國整體發展的影響。與新疆問題不同的是，藏人在流亡的達賴喇嘛和流亡政府的主導下，採取「和平、理性」的中間道路，又有達賴喇嘛本人國際聲望的襯托，表面上看起來，似乎更有可能與中央政府達成協議。但是實際上，中共要解決西藏問題，其實幾乎是不可能的；他們目前的計畫就是以拖待變，等待達賴喇嘛圓寂之後，再根據新的情況採取解決方案。但是，即使是有一天達賴喇嘛離開人世，西藏問題在現有的框架上，仍不可能有妥善的協商結果。這裡提出三道主要障礙，是不容易跨越的：

首先就是歷史積怨的問題。在中共統治下，藏族地區七千多座寺廟幾乎完全化為灰燼，到「文革」結束的時候，僅存八座，十幾萬僧尼最後僅剩幾千。一九五九年起藏人史無前例地大規模流亡，散佈到印度以及其他二十多個國家，成為二十世紀規模最大的宗教性大遷徙。根據著名西藏問題研究者李江琳的調查，從一九五六年到一九六二年，西藏三區發生了一場秘密戰爭。在這場戰爭中，被殲滅的藏人達到三十四萬六千人，被抓起來的有十二萬。中共在統治西藏地區的幾十年中積累的這些歷史舊帳，西藏人民不會忘記。不處理歷史遺留問題，無法安撫藏人心中的怨恨；而處理歷史遺留問題，不要說中共現在連「文革」都要維護，更不會承認西藏問題上犯下的錯誤，更重要的是，中共幾十年來所形成在西藏問題上的利益集團，是不會答應的。雙方的歷史心結，在中國政治制度沒有變化的框架下，是無法解開的。

其次是達賴喇嘛的地位問題。這麼多年來，中共當局一直沒有停止對達賴喇嘛的惡毒言語攻擊，連「魔鬼」這樣的詞都曾經用上過，對於達賴喇嘛在國際社會上走動的空間，也極盡打壓之能事。但是，對於藏人來說，達賴喇嘛，不是共產黨，仍然是他們心目中最高的精神領袖。這樣的信念，幾十年未變。

還記得二〇〇六年一月，達賴喇嘛在印度南部舉辦的一場法會上，用感性的語言呼籲藏人不要再穿戴和買賣動物皮毛，在場的藏人當即立誓，境內更有成千上萬的藏人聞風而動，將價值不菲的皮毛製品付之一炬。達賴喇嘛在境外，都可以對境內的西藏地區有如此大的影響，這是中共最為忌憚之處，因此他們是不會答應達賴喇嘛回到西藏的，那將意味著中共對西藏完全失去影響力。而對於達賴喇嘛來說，不能返回西藏，所有的談判都毫無意義。這也是雙方多年來始終無法談妥的問題，未來也看不到轉圜的空間。

最後就是中間道路的問題。這是西藏流亡政府提出的談判底線，它包括八個要點：

①不尋求獨立，致力於將傳統三個藏區建立成一個政治實體。
②該政治實體享有真實的民族區域自治權。
③自治區將由民主選舉產生的立法和行政機構管理，同時應有一個獨立的司法體系。
④一旦中國政府同意上述三點，西藏將留在中國不尋求分離。
⑤西藏將建成一個非暴力的和平區，中國政府僅保留國際需要有限數量的軍隊。
⑥中央政府負責西藏國際關係和國防，其餘事務皆歸西藏自治，諸如宗教、文化、教育、經濟、衛生、生態、環保；
⑦中國政府應當停止人權侵犯及移民中國人到西藏的政策。
⑧為解決西藏問題，達賴喇嘛將賦予中國政府真誠協商談判的主要責任。

在這八點中，光第一、第二點就是中共無法接受的，因為「實質的」區域自治權意味著中共官員必須退出西藏，這對中共來說等於丟失西藏。可是對於藏人來說，如果沒有「實質性」的自治權，那還談什麼呢？

以上三點，不管達賴喇嘛是否在世，北京和西藏流亡政府之前都無法達成共識。這也就是雙方持續談判將近四十年了，至今仍然沒有結果的根本原因。

問題 82

西藏問題真的無解嗎？

昆明事件，再度把中國日益嚴重的民族地區衝突問題擺在世界面前，也導致包括西藏在內的所謂邊疆問題，已經成為全國性的問題。面對暴力衝突逐漸升級的前景，除了譴責極端勢力濫殺無辜民眾之外，中共長期以來實行的民族政策，也應當列入檢討的清單，否則就無法解釋一個簡單的事實：為什麼在新疆和西藏地區，近幾年對分離勢力加強鎮壓的結果，反倒是暴力襲擊事件愈演愈烈。

說到中國中央政府長期以來對待少數民族的政策問題，核心就是所謂的「高度自治」到底是否在新疆和西藏地區落實。我相信，第一、無論是在新疆還是西藏，真正主張現階段就要完全獨立的，並不是大多數；第二、但是，對於中央政府的民族政策存在的不滿，是廣泛存在的。那麼不滿來自哪裡呢？主要癥結，還是在於當局對民族地區的自治政策口是心非，並未真正放手讓維族和藏族人高度自治。

這並不僅僅是反對派人士長期以來對中共民族政策的批評，其實，就是中共內部高層，也曾經有完全相同的看法。代表人物，就是曾經擔任中共中央總書記的胡耀邦。

昆明事件，再度把中國日益嚴重的民族地區衝突問題擺在世界面前，也導致包括西藏在內的所謂邊疆問題，已經成為全國性的問題。面對暴力衝突逐漸升級的前景，除了譴責極端勢力濫殺無辜民眾之外，中共長期以來實行的民族政策，也應當列入檢討的清單，否則就無法解釋一個簡單的事實：為什麼在新疆和西藏地區，近幾年對分離勢力加強鎮壓的結果，反倒是暴力襲擊事件愈演愈烈。

說到中國中央政府長期以來對待少數民族的政策問題，核心就是所謂的「高度自治」到底是否在新疆和西藏地區落實。我相信，第一、無論是在新疆還是西藏，真正主張現階段就要完全獨立的，並不是大多數；第二、但是，對於中央政府的民族政策存在的不滿，是廣泛存在的。那麼不滿來自哪裡呢？主要癥結，還是在於當局對民族地區的自治政策口是心非，並未真正放手讓維族和藏族人高度自治。

這並不僅僅是反對派人士長期以來對中共民族政策的批評，其實，就是中共內部高層，也曾經有完全相同的看法。代表人物，就是曾經擔任中共中央總書記的胡耀邦。

根據《胡錦濤傳》和鄧力群回憶錄的記載，胡耀邦一九八〇年在視察拉薩郊區反帝公社一些居民的住房時，親眼目睹西藏人民極為惡劣的生活狀況後非常震驚，他當面對駐藏官員質問：「中央援助西藏的專門撥款都扔到雅魯藏布江裡去了？」他對多年來以漢族軍人為主的西藏當局推行極左路線的惡果，痛心地留下這麼一句話：「這完全是殖民地的做法！」

一九八〇年五月二十九日，胡耀邦在西藏自治區幹部大會上發表講話。他用六個字概括其講話精神：「免稅、放開、走人」。所謂「走人」，就是把在西藏的漢族幹部大量撤回內地，使藏族幹部的比例達到絕對多數。他說：「在兩、三年之內，我的意見最好是兩年，把國家的脫產幹部，我不是講不脫產的，不脫產的那要全部是藏族，國家的脫產幹部，包括教員啦，藏族幹部要占到三分之二以上。」他說，對在西藏的漢族幹部「要有計劃地、相當大批地回到內地去，並妥善安排工作，這麼一來，我看三方面會滿意，中央滿意，漢族幹部滿意，藏族幹部同人民滿意，三方面滿意，我們為什麼不幹這個事情呢！」

胡耀邦的建議一經提出，遭到黨內強硬派的人力反彈，尤其是長期在西藏工作的漢族幹部更是強烈反對，他們紛紛表示，一旦漢族幹部撤出，分離勢力必然增長。因此，胡耀邦的政策沒有被當時的中共當家人鄧小平採納。這裡，其實已經可以看到，圍繞西藏政策，已經形成了龐大的利益集團，他們會以穩定為名，維護自身的利益。而穩定，對於中共來說，是一道神主牌，只要打出這張牌，其他主張就只能退避三舍。當然，我們現在也都看到，以穩定為名拒絕接受胡耀邦建議的結果，並沒有使得西藏的形勢更加穩定。

我找出這段歷史，是要證明，即使連中共內部，其實也曾經認識到民族政策存在著未能落實高度自治的問題，也曾經嘗試改善這個問題。只是這樣的開明政策在「左」才是正統的中共內部，註定無法通過。或許，在新疆和西藏問題越來越嚴重的今天，有必要重溫一下胡耀邦的民族政策。

問題 83 中國人真的都是統派嗎？

隨著武漢肺炎疫情的延燒，從台灣的民眾輿論和情緒的角度看，對於中國的反感日益升高。面對長期遭受來自中共的打壓，以及這些年台灣內部政治和社會發展帶來的本土意識大幅提高，出現這樣的民族主義情緒是完全可以理解的，在很大程度上也是無可指責的，但是我認為，一個成熟的社會，即使有某種集體認知，也應當使其建立在事實，而不是情緒的基礎上。

最令我擔憂的，就是瀰漫在網上的一種網民集體認知，那就是：「中國人都是統派，即使追求民主的中國人也是。所以，即使中共有一天民主化，他們可能還是會想統一台灣。」

這不是事實。

我舉一個小小的例子：上個週末，我在華盛頓參加一個關於中美關係的小型沙龍，主辦方邀請來的講者，是《隱形戰》書的作者，曾經擔任美軍總統戰略顧問和駐華使館參贊的斯伯汀（Robert Spalding）將軍。在討論的階段，有一位來自台灣的女生舉手提問，大意是問：「如果中國改變兩岸現狀，美國會如何反應？」將軍展現了軍人風格，簡單明瞭地回答：「我們會選擇與台灣站在一起。」但這不是重點。

重點是，將軍話音剛落，全場響起一片掌聲。這是全場最熱烈的一次掌聲，表達了與會的聽眾對斯伯汀將軍這個回答的高度認同和讚賞。而在場的人，也就是鼓掌的人中，百分之九十是來自中國大陸的聽眾。（我想那位提問的台灣女生可以作證）。換句話說，至少昨天那場活動中來自中國的參加者，百分之九十以上是支持美國保護台灣，而不是支持武力統一的。

這一點其實不出我的意料，因為，我所認識的中國人中將近一半的人，我知道他們在台灣問題上的立場都跟我一樣：我們都反對中共武力統一台灣，我們都認為台灣未來的前途應當由台灣人自己決定。

好，你可以說我是在同溫層。但至少你不能否認，這個同溫層是存在的。你不能否認：

中國人並非都是狂熱的民族主義份子，不惜一戰也要打下台灣的統派。你應當知道：也有一些中國人同情台灣，願意站在台灣的立場上反對中共對台灣的打壓，包括我在內。

當然，你也可以說這是少數中國人的表現，大部分中國人都被大一統思想洗腦得非常厲害。這點我完全同意，我承認頭腦清醒的中國人的確是少數；但是，少數也是人，你不能因為人數少，就無視他們的存在。當你不分青紅皂白，只要是中國人就貼上統派的標籤的時候，你就是無視了這些少數派的存在，做了錯誤的判斷。

我說過，我理解台灣和香港民眾對中國的惡感。了解我的人都知道，在兩岸民意的對峙中，我是站在台灣和香港這邊的。然而，我也必須再次強調：你的所有道德高度，都應當建立在事實的基礎上，而不是情緒的基礎上。

以我對中共的了解，他們的大外宣工作中，一定有一部分，是假扮台灣人或香港人，在網路上發表偏激言論，激發兩岸三地人民之間的情緒對立。人民之間的對立，基於種族而產生的敵對情緒，這是極權政府最樂意看到的事情。因為疫情而感受到壓力和衝擊的中共，此時最有可能平緩中國人民憤的作法，就是轉移他們的注意力。而還有什麼，比煽動民族主義情緒更能做到這一點的呢？在這個時刻，讓情緒左右一切，不去做基本的區分，直接判斷對方，這樣的民意洶湧，就完全落入了中共的圈套，除了發洩一下情緒之外，對台灣的利益，一點好處都沒有。

問題84 香港問題與「去鄧化」

香港現在變成了一座大監獄。繼黃之鋒，黎智英等國際知名的民主派標竿人物被捕之後，三月四日，四十七名香港民主派的領軍人物也被全部收押，至此，香港民間反對運動的領導人可謂全軍覆沒。即使如此，北京的打壓仍舊繼續加大。正在召開的「兩會」將修改香港選舉規則，從根本上不給港人留下任何自主的權利。對香港這樣的窮追猛打的做法，已經到了令人匪夷所思的地步。

其實，《國安法》通過以後，香港民主派已經全面退卻，或者離開政治舞台，或者流亡國外，對港府和北京構成的威脅已經大為降低；同時，國際社會對香港問題的關注度相當高，美國會繼續把香港問題當作談判籌碼，本來一向友好的英國現在幾乎跟中國翻臉。綜合以上因素，即使從中共一貫蠻橫霸道作風的角度看，現在對香港這種歇斯底里的報復也完全超過了必要的程度，到了不顧一切代價的地步。

到底是為什麼，中共要對香港這樣趕盡殺絕？這裡的原因應當是綜合性的，包括中共對徹底收服香港還是缺乏自信，包括在反送中運動的衝擊下顏面盡失所導致的報復心態，也包括了對國際局勢的單方面的判斷等等，而我在這裡要指出另外一個可能的因素，就是習近平把處理香港問題當作「去鄧（小平）化」的一部分，為自己的歷史定位奠定基礎。

習近平上任以後的「去鄧化」傾向，很早就暴露出來了。當他提出「不能用改革開放的後三十年的成績否定建國之後的前三十年的成績」時，矛頭就指向鄧小平了。因為鄧小平被黨內和外界認定是「改革開放的總設計師」，因此，貶抑改革開放的三十年，實際上就是貶抑鄧小平的歷史定位。

「去鄧化」的第二步，就是大幅度修改鄧小平指定的對外政策「韜光養晦」策略，讓外交系統以「戰狼」面目出現。這是對鄧小平路線的重大修正。而香港問題，可以更進一步地貫徹「去鄧化」的方針。正因為鄧小平提出「香港一國兩制五十年不變」的政策，不管鄧本人這樣說是真心還是假意，但「五十年不變」已經成了鄧小平路線的主要內容之一。

現在完全拋棄「一國兩制」，等於拋棄中共在香港問題上的鄧小平路線。從改革開放，到韜光養晦，到一國兩制，這一系列的鄧小平的政治遺產，已經被習近平逐一清除。習近平「去鄧化」的部署可以說是一以貫之。

習近平要「去鄧化」，說到底還是他個人的野心作祟——那就是成為中共歷代統治者中除毛澤東之外的第二人，成為可以與毛澤東並列的「偉大領袖」。要達到與毛澤東並駕齊驅的程度，江澤民、胡錦濤自然構不成障礙，習近平作為「紅二代」，根本看不上這些「外戚」貴族，而橫亙在他和毛澤東之間的，非鄧小平莫屬。只要鄧小平的神主牌不倒，中共的黨史就一定是「毛澤東、鄧小平、習近平」這樣的排列順序；只有逐漸在黨史中抹去或淡化鄧小平的政治影響，習近平才能跟毛澤東並列。

最近中共宣傳機構在他的帶領下，突然開始大講「加強黨史研究」，明眼人應當都看得出來，所謂「加強研究」，其實就包含著「重寫黨史」的含義，而「重寫」的內容，自然就是強化習近平與毛澤東的傳承關係。

而習近平鍥而不捨地追求與毛澤東並駕齊驅，更根本的原因是——中共歷史上只有毛澤東的統治是終身制。習近平如果能得到的「毛澤東第二」的地位，確立他的終身制自然就不是問題了。因而香港問題，就成了習近平「稱帝」的一塊墊腳石。

問題 85

台灣應當如何支援中國的民主發展？

一、

關於台灣對中國民主化的支援，我本人也曾經被捲入到是非和官司之中，那就是陳水扁的所謂「國務機要費案」。在此我先做一個說明，也可以反襯出台灣與中國民主化運動關係的複雜性。

有關這個案件，很多的媒體報導這個新聞，都有一個聳動的標題，叫做「王丹坦承收取扁資助」。這其實是媒體暴力的典型體現，因為這樣的標題完全是混淆是非，誤導視聽。具體的詳情，因為涉及機密，出於尊重司法，我不會涉及。包括具體與事實落差的部分，礙於司法的要求，我也只好保持沈默。我要提出討論的是：國務機要費是中華民國政府的錢還是陳水扁先生個人的錢？

倘若，國務機要費是陳水扁先生個人的錢，那麼這裡就沒有貪汙的問題。但是台灣的司法機關認定陳水扁先生涉嫌貪汙，顯然是認定國務機要費不是扁個人的錢，而是中華民國政府的錢。那麼，從國務機要費中拿出部分款項，在沒有政治附加條件的前提下，支援中國的民運人士，怎麼搖身一變，就成了收取陳水扁先生的錢了呢？

這筆錢，並非陳水扁先生的錢，而是中華民國政府的錢。換句話說，這是作為中華民國總統的陳水扁先生，作為中國民國政府的法人代表，代表中華民國向中國的民運人士提供的財力支援。這，才是事實的真相。但是在特定媒體的報導下，居然變成了海外民運人士從陳水扁手裡拿錢。政府支援和個人贊助，這是完全不同的兩回事。在這裡成了同一件事。

坦率講，作為海外民運力量，對於任何不附加政治條件，而且來源正當的政治捐助，我們都是歡迎的。我們尤其期待和歡迎台灣的中華民國政府能夠瞭解到中國民主化對於台灣的正面意義，因此積極予以具體的，而不是口惠而實不至的支援。倘若這筆錢來自陳水扁先生個人，我想我不會予以考慮。但是如果是來自中華民國的政府代表，我表示歡迎和感謝。這完全是不同的兩件事，而媒體的報導出來，居然變成了同一件事，這不是最大的混淆是非嗎？這樣的媒體，不是非常的沒有職業道德和基本的職業素質嗎？我素來知道某些台灣媒體的惡劣，但是從來沒有想到居然是這樣的惡劣！

如果是中共的媒體這樣報導，我完全不會奇怪（事實上中國的五毛以及官方媒體對於這個事情已經做了同樣口徑的大量歪曲報導），因為中共對於海外民運人士，長期以來慣用的打擊方式，就是把我們與台獨力量掛鉤，以便削弱我們在民族主義高漲下中國民眾中間的影響力。但是台灣的部分媒體也這樣做，就真的有些匪夷所思了。

我最後要問的是：台灣的中華民國政府是不是應當支援中國的民主運動以及海外民運呢？

二、

如果純粹從道理上講，中國的民主化對全世界都有好處，對台灣也有好處，這一點大概沒有人會反對；但是一涉及具體的層面，就是台灣要如何幫助中國的民主化，就意見分歧了。有些人覺得我們台灣幹嘛要幫助中國的民主化，那是你家的事情，與我無關。這樣的人話不投機，我沒有什麼可說的。但是也有不少台灣的朋友會認為，我們也知道中國民主化對台灣有好處，但是台灣這麼小，自顧不暇，我們什麼也做不了。對這樣的朋友，我就有話可說了。因為我認為，台灣雖小，還是可以做一些更大的事情的，世界史上有很多可以學習的例子，妄自菲薄不是愛台灣應有的表現。具體來說，有以下一些事情是台灣可以用來推動中國民主化發展的：

①在兩岸互動的過程中，應當直接不斷地提出，以中國民主化作為任何討論兩岸政治前景可能性的先決條件。這不僅可以在國際上獲得支援，也可以迫使中共不斷面對民主化的議題，更可以使得中共在煽動民眾的民族主義狂熱時投鼠忌器。

②台灣民間社會有豐厚的非政府組織資源和運作經驗，應當透過民間的方式將這樣的資源和經驗傳播到中國，幫助中國的民間社會找到自己的生長點；幫助中國的非政府組織得到國際社會的支援和關注。

③加強對中國民間的民主宣傳，通過廣播、網路的方式傳播外界的自由資訊進入中國；中央廣播電台的功能應當進一步加強；青年學生可以更多地介入到中國的社群網站，例如微博、微信、人人網等，擴大與對岸學生的資訊交換。

④在中國工作的台商可以與當地的公民社會力量結合，在文化、教育、環境保護等方面幫助中國的社會進步；民主化是長遠的良好投資環境的根本保證，台商應當從長遠投資的角度參與當地公民社會的建設，這並不觸及所在地的政治體制。

⑤擴大邀請中國的海外留學生來台灣訪問，讓他們有機會瞭解台灣民主化過程的經驗和教訓；加強台灣社會與在台灣唸書的陸生群體之間的接觸，邀請他們深入到台灣社會的肌體裡面，組織參訪社區大學，非政府組織，推動陸生認識台灣的民主。

⑦加強民主基金會的功能，逐漸把民主基金會的工作重點轉移到推進中國民主化的方向上來；同時整合民間的相關資源，建立具有協調性的支援中國民主發展的更為廣泛的平台。

⑧支援海外中國民運組織的工作。直接介入到中國內部的民主運動，確實具有雙向的

風險，因此海外的中國民運就可以成為支援中國國內民運的橋樑，相關資源和支援可以通過海外的渠道輸入到中國內部。

⑨在類似Google事件或者「冰點」事件這樣的時刻，台灣應當從民主自由的基本價值出發，無論是政府，還是民間，都應當正面發出關注或者聲援中國民主發展的聲音，增加輿論壓力。

這些事情都並不太難，也不會導致中共惱羞成怒，導致兩岸關係倒退，重點還是在於台灣是否有人有意願去做這些事。後者才是台灣在面對中國民主這個議題的時候，最大的心理障礙。

問題86 為什麼中國的演變不會是台灣模式？

台灣民主化擁有一些中國無法比擬的條件，即「不可比性」，因此我們也不能機械地照搬台灣民主運動的經驗。

不可比性之一，是台灣民主化歷程的突出特點之一，就是民主化與本土化的同時並進。在台灣始終有一個統獨和族群的問題，作為社會關注焦點，不斷凝聚反對派陣營。這一訴求比簡單的民主、自由口號更具有凝聚力，所以民進黨內派系林立，但卻打贏了一場又一場選戰。但是在中國，不僅民間，即使知識界內部，對於中國民主化的路徑以及國家未來面貌，都缺乏基本的共識，民主力量也缺乏一個更有感召力和凝聚力、貼近社會現實的訴求。

第二、台灣自五十年代就有地方選舉，這使台灣的反對運動很早就得以開始在選戰中積累實力、宣傳訴求、鍛鍊能力。整個台灣反對運動的成長就是圍繞選舉這一主軸展開的。而中國的反對運動則缺少這樣一個練兵的場所。

第三、兩岸面臨的國際壓力大為不同。台灣在安全與經濟上依賴美國，因此來自國際社會的壓力在台灣更有效；而中國對國際社會的依賴程度比台灣低，抗壓能力就會強一些。現在因為資本主義世界面臨經濟危機，能夠在民主發展方面對中國施加影響的空間更小。

第四、進入七十年代，台灣出現了所謂「經濟起飛」，工農業、出口加工業及外貿均有大幅度發展，已由原來以農業經濟為主體的社會演變成為以加工出口經濟為主體的工商社會。在台灣社會經濟結構蛻變過程中，大量中小型企業隨之迅速發展；在經濟發展的同時，台灣的教育也相應有所發展，知識分子隊伍逐步擴大。在上述社會經濟背景下，一個新興的社會階層，即中產階級迅速壯大，作為主要代表中產階級利益、以知識分子和中小企業家為主體的新興黨外勢力，在台灣政治舞台上崛起，並逐步由過去的地區性勢力發展為全島性的政治力量。但是在中國國內，所謂「中產階級」的力量並未健康成長。新富階層本身出身統治階層，同時也是體制轉軌過程的既得利益者。因此中國的中產階級反倒是政治改革的反對者。

第五、作為統治當局，面對來自民間的民主呼聲，台灣的國民黨和今天的中國共產黨採取的是不同的對應策略。一九八五年底，黨外人士的「公共政策研究會」在各地成立分部。一九八六年三月二十九日至三十日，國民黨十二屆中央委員會第三次全體會議正式指示推進民主憲政以及國家現代化。其後又於四月九日召開中央常務委員會，成立由中央委員構成的「十二人小組」，負責檢討戒嚴令、民意機構改革、地方首長民選、開放黨禁四個問題。五月，針對黨外人士的活動，蔣經國指示以「溝通」代替「規制」。九月，「民進黨」成立，對這種挑戰戒嚴令的行動，十一月十一日內政部長吳伯雄宣佈「不承認，也不予解散」，沒有對組黨行為採取鎮壓行動。這一年的六月，國民黨正式提出六點改革的建議，包括充實中央民意代表機關、地方自治法治化、制定國家安全法、民間團體組織許可制度，強化社會治安及黨務革新等。

經過一年的醞釀，一九八七年七月十五日，蔣經國宣布解除在台灣地區實施了長達三十八年的戒嚴令，隨後解除了報禁和黨禁，正式啟動了民主改革的進程。「解嚴」是台灣政治轉型的關鍵，也是和平演變得以實現的重要原因。

對於國民黨的這一決定，台灣政治學者蕭新煌解釋有四個原因：「一是政治反對勢力的壯大以及對解嚴訴求的升級；二是來自國外，尤其是美國的壓力；三是執政黨內部的若干精英對盡早結束『戒嚴體制』逐漸形成某種試探性的嘗試；四是民間社會自八十年代以來已儼然形成的求變心態」。這其中，國民黨決定不再強行對抗社會，決定主動因應社會形勢的變化，這樣的順應形勢的決策，使得台灣的民主轉型避免了大規模衝突的可能性。

以台灣經驗反觀中國政治前景，我們看到，共產黨正面臨八十年代國民黨的處境，根據上述蕭新煌對「解嚴」四個原因的分析，在中國出現「解嚴」這樣的民主改革舉動可謂萬事具備，只欠東風。這個「東風」就是作為執政黨的共產黨的改革意願。我們都不願看到中國出現社會動蕩，都希望社會轉型可以和平進行，這裡共產黨當局有一定的主動權。如果他們能理性因應社會危機的壓力，主動放棄一部分既得利益以啟動政治變革，中國穩定的系數是相當大的。但是也正是從這一點出發，我認為中國前景令人樂觀的因素太少。因為顯然，共產黨現在不願順應時代潮流，仍希圖動用暴力手段強力維持社會穩定以及自身的地位。

問題 87
台灣的「二二八」和中國的「六四」有什麼連結？

我曾應邀到東華大學參加「二二八」紀念日相關的活動，有幸與前民進黨主席姚嘉文、前國史館館長張炎憲、詩人孟浪和我敬重的作家，也是白色恐怖受難者之一的陳列老師一起，同台比較台灣的「二二八」事件與中國的「六四」事件。會上，我談了自己的四點感想：

第一、「二二八」與「六四」，都是一道歷史的傷口，也是台灣與中國的民族發展中非常重要的歷史記憶。現在兩岸都有人說，不管是「二二八」還是「六四」，畢竟已經是那麼久遠的事情了，應當慢慢地淡忘。但是我認為，不論是在台灣，還是在中國，轉型正義都還遠遠沒有徹底進行。歷史傷口的癒合需要有效的藥物，而真相、道歉、反思和防範這些轉型正義的內容就是最有效的藥物。在轉型正義沒有進行的前提下，要求淡忘是不負責任的。更何況，歷史記憶是民族主體性的根本，而歷史記憶就是歷史記憶，不能因為有些記憶帶來光榮我們就永遠銘記，有些記憶帶來傷痛和衝突我們就輕言放棄。

第二、在圍繞「二二八」和「六四」問題的討論中，都有人圍繞數字問題做文章。在台灣，有人說，國民黨政權殺了那麼多人，「二二八」事件只死了四萬人是小 Case；在中國國內，最常見的為「六四」屠殺辯護的理由，就是天安門廣場沒有死人，而絕口不提在長安街上死傷慘重的事實；或者抓住當時有人說死傷數萬的事情，強調沒有死那麼多人。暴政各有不同，為暴政辯護的姿態卻是如此相似。我認為，當權者用暴力鎮壓民眾，死十個人，跟死十萬人沒有本質的區別。人血不是數字，每一個生命都值得珍惜。這樣的辯護，背後暴露出的是冷血，是對生命的忽視。如果一個社會縱容這樣的言論存在，這個社會就不是一個高度文明的社會。而說這樣的話的人，根本就不是一個文明人。

第三、從「二二八」到解嚴，台灣正視過去那一段歷史用了四十年的時間；而「六四」到現在，也有二十五年了。這樣的比較告訴我們，正義有的時候是姍姍來遲的，追求正義的人，需要堅韌的意志和耐心，需要長期的堅持和努力。台灣的經驗告訴我們，只要反對派和人民有足夠的堅持和信心，正義早晚還是會來到的，這一點，對於中國的「六四」問題的解決很有借鑑意義，對我們是很大的歷史啟發和鼓舞。同時也要看到，在一九八七年以後台灣的政治轉型過程中，圍繞「二二八」問題的討論與動員化成巨大的政治能量，推動了民主進程。這說明，歷史問題不解決，就會仍然是現實政治問題並影響到現實政治的發展。我相信，「六四」對於中國，也是如此。

第四、我和孟浪來自中國，姚嘉文、張炎憲、陳列幾位先生是台灣人，我們同台比較「二二八」與「六四」兩個歷史事件，這本身就具有象徵意義。多年來，我們一直呼籲兩岸要建立公民社會之間的對話與聯繫，建構一個華人公民社會共同圈。這樣的對話，這樣的共同圈，要建立在什麼樣的基礎上呢？我想，共同的歷史傷口，共同對於民主自由的嚮往，共同對於暴政專制的反抗，或許就是這樣的基礎之一。兩岸人民之間不能只有分歧，也要找出共識，而歷史記憶、民主政治、轉型正義，就可以成為這樣的共識。

因此我認為，從「二二八」到「六四」，希望可以成為連接台灣與中國公民社會之間的橋樑。

VI

如何看待中國的未來

問題
88

「自我實現的預言」會改變中國嗎？

大概半個多世紀以前，社會學家 Robert K. Merton 曾經提出一個命題，叫做「自我實現的預言」（Self-fulfilling Prophecy）。它的意思就是說：一個「自我實現的預言」一開始並不存在，但是人們因為選擇相信而做出的行為，會直接或間接地導致事情發展的結果符合了預言所設定的情況，於是本來並不存在的預言就成了現實。

這在中國古代也有類似的說法，比如「三人成虎」，就是說本來沒有老虎，結果口耳相傳，說「有老虎」的人多了，超過三個人了，於是大家就真的覺得有了老虎，於是紛紛走避。日常生活中，這種自我實現的預言效應也相當普遍。比如作為一個老師，我們通常會採取鼓勵為主的教育方式，因為那些經常被激勵的學生，往往會有更突出的表現。這也是運用「自我實現的預言」原理的例子。

自我實現的預言絕不僅僅是一種個人性的心理現象，它往往也作為一種群體心理現象，在社會變遷和歷史演進中扮演重要角色。很多大變動之前社會上流言四起，這就是一種群體性的自我實現預言現象。哈佛大學教授孔飛力有一部名著《叫魂》，講的就是這種群體心理與社會變動的關係。從這樣一個角度來看今天在中國發生的茉莉花革命的號召，我們可以看到它的另一種意義，那就是迫使政府開始在社會上製造這種「自我實現的預言」。

今天的中共，最致力於追求的，就是所謂的「穩定」。他們壓制言論、封鎖網路，無外乎就是為了製造一個穩定的假象，或者說壟斷資訊以維護穩定。可笑的是，在應對茉莉花事件這件事上，恰恰是中共當局本身扮演了最大的不穩定因素。

我們已經看到，三波茉莉花革命，真正動員出來的群眾並不多，可是政府出動的警力卻令人嘆為觀止，形成了現場的抗議者寥寥無幾，鎮壓者如臨大敵的荒誕場面。當局不僅封鎖現場，還在北京、上海等大城市發動居委會等基層治安體系上街巡邏，在高校等敏感機構進行緊急宣傳，造成全國一片風聲鶴唳的緊張氣氛。這種過激反應，其實際的結果只能有一個，那就是向全社會傳遞一個明確的信號：中國要出事情了。

所謂穩定，首先是人心的穩定。所謂的動蕩，首先也是從人心的動蕩開始的。在外界一致認為中共還能夠維持高壓統治，其地位在可見的未來還是不可撼動的情況下，當局卻反覆在社會上製造緊張空氣，根據我們剛才提到的群體心理學理論，這就已經在社會上開始醞釀一種有關不穩定的預言。這樣的氣氛如果長期持續，在社會上慢慢發酵，自然會導致民眾提高對於不穩定的觀望興趣。當人人都開始覺得中國要出事情了的時候，任何一點風吹草動都會比過去更加容易形成大的風波。也就是說，不穩定的預言，經由人民的傳播，早晚會變成不穩定的現實。這就是「自我實現的預言」。

茉莉花革命本身也許沒有能夠製造出這種「自我實現的預言」，但是它成功地迫使當局產生了過激反應，而自己去製造了這種「自我實現的預言」。這種預言，本身就是爆發革命必備的土壤。當局不知不覺地，已經在開始為自己挖掘墳墓了。

問題 89

革命不一定完全是政治層面的變革

「革命」是耳熟能詳的字眼，它通常與社會進步聯繫在一起。但是，對於「革命」到底是什麼？怎樣的革命才能推動社會進步，怎樣的革命其實會導致反革命的出現？這些問題還需要更多的討論，我們才能更深入地瞭解革命在人類社會發展中的重要意義。

前不久我重新閱讀托克維爾的《舊制度與大革命》，再次見證經典著作值得一讀再讀這件事。托克維爾在分析法國大革命的時候曾經指出：「法國革命的目的不僅是要變革舊政府，而且要廢除舊的社會結構，因此，它必須同時攻擊一切現存權力，摧毀一切公認的勢力，除去各種傳統，更新風俗習慣，並且可以說，從人們的頭腦中盪滌所有一貫培育尊敬服從的思想。」

我之所以提出這一段話，是因為它點名了一個很重要的道理，那就是：革命，不一定是完全政治性的，更不是政權更替可以代表的。[8] 革命有更深刻的內涵，那就是社會觀念的改變、社會機構的更新。也許有人看了托克維爾這段話，會對革命心生畏懼，會認為為何一定要掃蕩一切現存權力和各種傳統，這樣不是會天下大亂嗎？這個疑問聽起來有道理，但是論者沒有看到的是，政權不是單一的敵人，它能夠存在並施行壓制的功能，是因為有一個盤根錯節的結構性支援體系在，這樣的體系就是托克維爾所說的「舊的社會結構，一切現存權力，一切公認的勢力，各種傳統和風俗習慣，所有一貫培育尊敬服從的思想」等等。沒有這些，就沒有專制政權的存在；要攻擊專制政權，就一定要處理這些看上去幾乎是文化領域的因素。

一九二二年五月十四日的《努力周刊》上，胡適、蔡元培、梁漱溟、李大釗、丁文江等當時中國最重要的一群意見領袖們，聯名發表了《我們的政治主張》。在這篇當時的中國知識份子表達政治見解的綱領性宣言中，有一段重要的話，與托克維爾的主張有異曲同工的地方。胡適他們提出：「我們深信中國之所以敗壞到這步田地，雖然有種種原因，但『好人自命清高』確是一個重要的原因。『好人籠著手，壞人背著走』。因此，我們深信，今日政治改革的第一步在於好人必須要有奮鬥的精神。」

在這批意見領袖看來，革命，首先是要建立起公民的參與意識，或者說，革命，首先是公民意識的建立。只有具備了公民意識，才不會有托克維爾說的那種「一貫培育尊敬服從的思想」。換句話說，在沒有形成公民意識的社會中爆發的革命，往往會出現變質的現象，甚至出現「革命反噬革命者」的歷史悲劇。這樣的悲劇在人類歷史上不斷上演，中國所謂的共產革命，最後變成暴君專制，就是一例。

這些前人的論述告訴我們：首先，既然革命不僅僅是政權輪替，也包括社會觀念和文化層次的改變，革命就不可能是短期內完成的事業，需要更長的歷史階段來培育公民社會；其次，革命不能僅僅停留在政治的層面，如果革命只處理政治問題，革命最後就會變成政治；最後，不要以為革命就一定是暴力的，思想觀念的改革也是革命，這樣的革命並不會導致天下大亂。

而在今天的社會或者中國，「革命」這個詞已經可以被「社會運動」代替了。這樣的社會運動，雖然訴求上將是以個人或群體的利益，尤其是經濟利益為主，但是背後彰顯的價值，卻是人民的抵抗權，以及公民參與意識的增長，這是絕對不容忽視的。

問題 90

人民上街是必要的革命形式

二〇一三年六月底的《經濟學人》雜誌曾經專門以「抗議遊行」為主題，並配發了一篇評論。這篇評論介紹說，在過去的一周之內，全球三個洲都發生了抗議示威。在巴西，人們上街反對高額的公交費用；在土耳其，人們對一項建築工程說不；在印尼，人們拒絕接受燃料價格的上漲；保加利亞人則要杜絕政府的任人唯親。在歐元區，人們反對的是緊縮的財政政策。《經濟學人》的這篇報導如果再推遲兩個月發表，一定還會加上台灣的二十五萬白衫軍在凱達格蘭大道為冤死的士兵討公道，以及反對政府強拆民宅的「拆政府」行動。

短短幾個月，全球爆發的這一連串民眾抗議遊行活動，雖然區域和目的不同，但是《經濟學人》還是從中看到了一些類似的特點。他們的評論指出，「阿拉伯之春」似乎掀起了一陣反對一切的浪潮。如今，示威活動的組織不再依賴工會或其他遊說組織。正如在巴西，一小批有明確目的的人發動了示威，由於沒有組織性，他們很快就解散了，但也正是因為缺乏組織限制，懷有不同訴求的人們都出現在街頭，示威火焰迅速燎原。這段評論如果沒有標明是針對巴西，我們一定會以為這是在說台灣的白衫軍抗議。巴西和台灣，遠隔萬里，但是群眾抗議的形式和新的特點如出一轍，這正是《經濟學人》感興趣之處，也是我們不能不思考的地方。

它至少說明，新型的社會抗議運動的形成，有著全球化背景下相同的社會環境和技術條件（如網路）的背景。台灣的群眾事件絕不是特例，它是全球性社會運動的在地表現。正如《經濟學人》敏銳地觀察到的：「在全球各地，示威活動的組織速度不同，但參與者大都是普通的中產階級。對他們來說，示威既是對腐敗、低效率的傲慢當局之憤怒表達，也是一場尋歡作樂。」結論是，即使在民主國家，大規模的公民運動也越來越成為正常的政治機制之一。

對人民上街心懷疑慮的人，都應當看看這篇報導，他就會知道：上街是人民行使公民權利的一種普通而正常的手段，是一個社會的運轉機制出現問題的正常反應，是全世界各種國家都存在普遍的集體行為。這絕不是什麼激進，不是什麼不穩定的表現，更不是民粹暴力，這是正常的政治現象。它只說明瞭一個問題——那就是社會出了問題。是社會出問題導致人民上街，而不是人民上街導致社會出了問題。

在新的社會發展的框架下，人的思維，尤其是統治者的思維也應當與時俱進，應當把人民上街看作正常現象。那些覺得人民上街不正常的政府，一定是不正常且心懷鬼胎的政府；那些覺得人民上街不正常的人，一定是自己不正常且心懷鬼胎的人。古今中外的歷史上，很少見到社會革命或者政治進步，沒有經歷過大規模人民上街的這一階段的。我相信中國也不會例外。中國人首先要打破一個觀念，那就是：「人民上街並不可怕，人民上街是最基本的公民權利，也是最常見的推動社會前進的方式。」

問題 91

革命的合法性在於人民擁有「抵抗權」

在憲政民主體制建立的過程中，尤其是在社會處於某種程度動蕩的情形下，我們經常會看到這樣的疑慮：「社會建設需要一定的憲政秩序，如果人民動不動就行使抵抗權，國家憲政機器如何正常運轉，社會建設要如何進行？」這樣的擔憂，實際上成了阻礙民主發展的因素之一，而且很容易被反民主的政府利用，因此值得分析。這樣的擔憂聽起來有一定的道理，但是如果仔細分析，屬於典型的「似是而非」的觀點，將淪為「反動的修辭」之一。問題何在呢？問題就在於要如何看待「抵抗的權力」這個概念。

首先我們就應確認，人民抵抗的權力是憲法保障的公民基本權利之一，它本身就是憲法秩序的一環。只有把國家秩序的建立，與抵抗權，與異議社團，與反對運動，與非暴力抵制等社會針對國家的不合作行為這兩個方面結合起來，才能形成完整的現代憲政體制的架構。

關鍵在於明確這樣一種認識：抵抗權在本質上是保障社會正義和憲法的重要手段之一，而並非意味著對體制或秩序的破壞，因此不能把人民抵抗的權力與社會的憲政秩序對立起來。事實上，國家的秩序與人民的抵抗，本身也是一種權力的制衡機制，雙方缺一不可，否則任何一方都可能構成宰制的力量。

那麼，到底什麼是人民的抵抗權呢？按照憲法學的主流觀點，所謂抵抗權是指在國家權力嚴重侵犯個人尊嚴，存在惡性違憲行為或違憲現象的場合，公民如果不能通過其他合法的救濟手段來確保個人的尊嚴及自由權利，有權採取拒絕履行實在法上義務的方式來進行抵抗。這種抵抗既包括消極的不服從，也包括積極的反抗性鬥爭。

根據德沃金（Ronald Dworkin）的說法，公民不服從運動所體現的抵抗就是根據公民良心自由的原則進行的有理有節、非暴力性公共行為，甚至在許多場合還屬於一種不合法但卻合乎道德的權利主張。可見，抵抗權是一種權力制衡機制，防止多數對少數的濫權，防止暴政對公民的濫權。

可見，不要說在一個極權制度的國家裡，人民行使抵抗權是正義而必要的政治行為，即使是在已經建立了基本的憲政結構的民主國家裡，人民的抵抗權仍然是重要憲政秩序的一部分。那些對人民抵抗權的行使保持懷疑和擔憂態度的人，心中恐怕存在一個極大的誤區，那就是以為國家的建設只是國家機器的事情，而忽略了人民的能動性，他們忘記了：「人民，正是通過自下而上的行動，包括抵抗權的行使，來參與國家政治建設的。」

最後我們還要看到，所謂「人民動不動就行使抵抗權，社會秩序無法維持」的擔憂，是毫無道理的。第一、人民還要工作，還要帶小孩，不可能「動不動就行使抵抗權」；換句話說，如果真的出現了「人民動不動就行使抵抗權」的現象，那一定是政治已經失去秩序的結果，而不是原因；第二、人民是否會經常動用抵抗權，主要是要看政府對人民的訴求是否有正確的回應。如果政府一味蠻幹，完全不把人民偶爾上街的狀況放在心上，人民才會「動不動就上街」。因此，會不會出現「人民動不動就行使抵抗權」的現象，其實關鍵在於政府，而不在於人民。

問題
92

革命，往往從言論自由開始

記得一九八八年我還在北京大學讀書的時候，每天黃昏到五四操場上運動之後，都會打開收音機，調到中頻，開始「收聽敵台」的「反革命活動」。從美國之音到ＢＢＣ，從台灣《自由中國》到法國國際廣播電台，心情有些亢奮又有些緊張，好像一個來到童話世界的小孩掀開了百寶箱的蓋子。從外電中，我知道了方勵之對境外媒體發表的言論，聽到了關於胡耀邦下臺的內幕，也看到了中國被蓄意掩藏的另一面：「人民渴望民主，中國需要自由。」

後來我在班裡辦油印刊物《燕園風》，試圖嘗試校園內部對政治問題的公開討論。但是其中最大膽的舉動，就是在刊物中開設了一個「外電摘要」欄目，定期把我聽到的敏感話題從外電中「內銷」到刊物上。此舉雖然挑戰政治禁忌，但是意義也是有限，因為那個時候，很多同學都收聽「敵台」，普遍程度已經到了我們都忘記了這是「敵台」的地步。那個時候，每天到了晚飯時間，北大宿舍區很多視窗都可以聽到「這裡是美國知音」的新聞片頭的聲音，也算是蔚為奇觀。

最能代表境外電台影響力的例子發生在一九八九年學生運動期間。四月下旬的一天，我在校園裡面旁聽一群人在討論──當時的校園，到處都是來看大字報並且現場就討論起來的人。這群人的中間是一位自稱是新華社記者的中年人，他好像是在採訪，問周圍的學生：「境外電台在大學生中真是人人都聽嗎？」周圍的人紛紛點頭。記者看得出來多少有些失望。這時，突然有一位學生說：「我就不聽外電！」記者如獲至寶，連忙掏出小本問：「為什麼？」這位學生吐吐舌頭說：「因為我沒有收音機啊。」大家一陣哄堂大笑。那位記者的心情我不知道，但我看見他什麼也沒有記錄就把本子收回去了。

我要說，一九八九年的民主運動能夠很快風起雲湧，是因為在此之前，年輕學生通過不同渠道，瞭解了很多真實情況的前提下發生的。換句話說，是言論自由的種子，開出了學生運動這朵鮮花。所以我認為，在中國的民主化進程中，最大的突破口就是言論自由，因為只要言論的鉗制被打破，只要國王的新衣被揭開，極權統治的秘密就會破功。

從在這個方面來看，多年以來，境外電台扮演了先鋒的角色。沒有這些所謂的「敵台」，中共公民意識的形成、反對派的影響、對民主與自由的熱情，都是不可能發生的。在今天的中國，境外電台的影響已經內化成了中國社會演變的一部分，已經進入到了社會生活之中，不知道有多少人每天是從境外電台中吸收養分，不知道有多少冤情是經由境外電台的傳播引起社會的關注。國際社會如果困惑該如何推動中國向民主化的方向走，加強對中國的廣播就是最好的方式。

問題93 革命，也可以從基層選舉開始

由於區縣人民代表是目前中國公民能夠直選的最高層級政府部門，歷次區縣人民代表選舉都有引起公眾和國際社會注意的事件發生。例如，一九八〇年的第一次選舉中，高校競選運動是北京之春運動的重要組成部份；一九八七年選舉中，北京大學的學生將剛開除黨籍的方勵之妻子李淑嫻選為人大代表；九十年代，北京著名維權人士許志永就當選人大代表。村級選舉更是國際社會關注中國政治進步的熱門話題。

目前，中國各類社會矛盾和問題隨著高速經濟發展和急遽社會變化不僅沒有緩解，而且日益嚴重；所謂數量、規模和暴力化程度激增的群體事件和突發事件表明，人民對政府解決問題的信心和耐心日益削弱；民間獨立專業人士正試圖開闢新的合法途徑表達民意，解決百姓關心的問題，化解社會衝突和危機；基層選舉，將是一個重要的機會。

中國的民間人士一直在尋找衝破中共政治禁錮的突破口，近年來維權運動逐漸成為主流。當時隨著維權運動的逐漸壯大，當局已經開始將打擊重點轉向維權運動。可以想像，維權運動的發展空間將受到越來越大的限制。在這種情況下，參與基層選舉的意義更形顯著。

在現行法律框架下參與選舉，使得中共必然投鼠忌器；網路的發展，使得參與選舉的手段更加便利；社會利益的衝突使得社會群體尋求代理人的動機更加強烈。種種因素都使得選舉很有可能成為中國民間勢力向當局挑戰的新熱點。一些地方當局也有可能在選舉上做一些進一步鬆綁，比如廣東省人大《廣東省各級人民代表大會選舉實施細則（修訂草案）》中就加入新構思，准許人大代表候選人「自我宣傳」，候選人可以和選民見面、自我介紹並回答選民問題，近似外國的拉票活動。

總之，我認為，基層選舉無論是否造成突破，都將成為未來中國政治民主化過程中的重要指標。

問題 94

革命的兩個關鍵詞是什麼？

一場爆發在埃及的革命，使得第四波民主化浪潮的可能性，成為大家討論的焦點。這一波浪潮的革命，與歷史上其他同類社會事件相比，具有鮮明的自身特色，概括起來，就是這一次埃及革命的兩個關鍵詞：「網路」和「青年」。

在埃及革命中，我們看到的不僅是網路作為核心機制，如何推動了社會革命的形成；我們還看到了表面強大的威權體制，在網路威力一旦被啟動，表現出的無能為力。這讓我們再次看到了網路改變社會的主要方式，那就是它具有的無限可能性。當埃及青年透過臉書、推特等開始動員時，穆巴拉克政權第一時間的反應就是回到威權的管制方式——關閉網路。他們萬萬沒有想到的是，對於同網路長大的年輕世代，關閉網路不僅引發他們的怒火，更重要的是，使得他們除了走上街頭之外，別無選擇。

統治者的進退失據，彰顯了網路的巨大影響力。網路就像一頭沈睡的獅子，當使用者只是用它來約會、打遊戲、聽歌、種菜的時候，它對於威權體制來說，具有觀賞價值，似乎有益無害，因為可以在很大程度上轉移青年的政治關懷；但是，這隻獅子一旦被喚醒，它的爆發力是不可阻擋的。

然而即使有了網路這樣的巨大能量，仍然需要有人來啟動。在埃及，就是一小群青年啟動了網路的力量。華爾街日報的一篇報導，讓我們看到了十幾位年輕的積極分子，是如何精心策劃，透過聲東擊西的策略，使得這場抗議得以順利展開。

我常常說，歷史的轉折，需要的是在關鍵的時刻，有關鍵少數可以發揮作用。在埃及革命中，就是這十幾個人，扮演了關鍵少數的角色，而這個關鍵少數，也確實改變了埃及的歷史。這十幾個人，具有幾個特點：一是都是專業人士，比如律師、公司白領；二是有部分成員，受到家庭成員過去的抗議歷史的影響，三是他們都對網路運用極為嫻熟，有的甚至本身就是網站管理員。他們年輕，因而勇敢、無畏、聰明、有熱情、有行動力，同時掌握現代技術。

埃及革命不是自動爆發的，是他們策劃出來的。為什麼是他們？部分的原因是在埃及的經濟危機中，青年受到的衝擊最大，作為對未來有美好期待的年齡，他們內心受到的衝擊因而也超乎其他年齡層。因此，青年，本身就是社會革命天生的主力軍。

回頭看中國，當我們討論中國可能發生變革的同時，悲觀派最失望的，就是網路和青年。他們認為網路轉移了人民的注意力，讓青年沈淪其中，造成今天的青年不關心政治，沒有社會關懷，因此中國的變革遙不可期。但是，我相信，同樣的抱怨，在一年前，甚至五年前的埃及，一定也發生過。當革命還沒有發生時，我們本就最容易看到負面因素。可是埃及革命證明，網路和青年，就是社會革命的關鍵詞。而當這二者結合起來的時候，就是社會革命成功的時候了。也正是基於這個理念，我們成立了華人民主書院。

問題 95

中國的極權將會因為什麼而崩潰？

關於「中國崩潰論」，很多自認為客觀理性的學者不以為然，他們認為這都是反共人士的論調，因為這些人士對共產黨不滿，才會負面評價中國的發展，因此說的話不可信。可是他們忘記了，歷史上，即使是像前蘇聯這樣龐大的極權主義帝國，也是在幾乎沒有人相信它會崩潰的當下，突然就崩潰了。同樣的事情，為什麼就不會再次發生？如果真有歷史觀的話，就應當知道，每一個極權主義制度，最終都走向了崩潰，憑什麼中國就一定是例外呢？

那些說中共的統治不會崩潰的人，其實犯了一個極其幼稚的錯誤——他們把還沒有發生的事情，當作必然不會發生的事情了。這就像車禍發生之前的乘客一樣，他們只看到風和日麗的窗外風景和一路順利的熟練駕駛，這時你跟他說：「要出車禍了，」他當然覺得你是瘋子。但是，我們都知道，車禍沒有發生，絕不代表車禍不會發生。很多當年完全無法相信前蘇聯會崩潰的人，現在無視前蘇聯就是已經崩潰了的事實，又開始拒絕相信中共的統治會崩潰了。

在我看來，極權主義的統治是必然會崩潰的。如果中共不改變它具極權性質的國家治理模式的話，中共的統治也是一定會崩潰的。只是我們無法給出具體的崩潰方式和時間而已。為什麼極權制度一定會崩潰呢？這就是以下我要探討的問題。

一、

《尋路中國》（何偉，八旗文化，二〇一二）一書根據作者自己駕車走遍大半個中國的經歷，展示了很多中國社會最底層令人吃驚的現實，被稱為中國版的《在路上》。與作者的另兩本著作《甲骨文》和《消失中的江城》一起，形成三部曲，可以視為近年來最好的，由外國人撰寫的中國深層觀察。書中有一個細節的描寫具有豐富的象徵性：

作者有一次駕車，在路上被幾個公路交警攔下來盤查，於是發生了下面一幕：

「你一定是間諜！」他說。其他人笑著附和起來。

「他是間諜！他開車到處走，他能講中文——他一定是間諜！間諜！間諜！」

笑得渾身打顫的警察把兩張駕照遞回給我。我過了好一會兒才說得出話來。

「我可以繼續上路嗎？」

「當然可以！」

開走的時候，我從後視鏡看到他們在路旁打鬧。警察們互相推打著，笑著：「間諜！間諜！」

這段令人哭笑不得、但是極為真實的細節，可以從中解讀出一些深刻的道理：我們且不說當局灌輸給警察的那套邏輯是多麼的荒謬：「開車到處走，能講中文，所以一定是間諜。」重點是，聽到警察說自己是間諜，作者自己都緊張到好一陣子說不出話來，但是結果警察完全沒有進行任何跟他們先前認定有關的工作，例如拘留、詢問，或至少查一下更多的證件等等，直接就揮手放人了。一邊說是間諜，一邊還是大笑著放人，這比先前那個邏輯的荒謬還要更荒謬，而極權制度最終倒臺的道理，就在這「荒謬中的荒謬」中。為什麼這麼講呢？因為：

①極權制度的統治邏輯實在過於荒謬，其結果就是連制度的執行者本人，都把這樣的邏輯當作笑話。換句話說，這樣的制度，他們蠱惑人心的理論，在具體的現實面前，早晚會淪落到這樣的境地，那就是自己都不相信自己。想想看，今天的中國把所謂的「社會主義」、所謂的「共產黨要為人民服務」、所謂的「共同富裕」論述得這樣冠冕堂皇，即使中共官員自己，能有幾個人相信呢？大家都只是嘴上說說而已，其實內心裡並不相信。

如果習近平真的相信西方的社會制度和教育是「虛偽」的，就不會送自己的女兒去哈佛大學讀書了，可見他自己也不相信自己教育人民的那一套。而歷史告訴我們，任何一個制度，如果它的基本理論，連自己都不再相信，就很難繼續維持下去了。所以，極權崩潰的第一個原因，就是統治邏輯已經過於荒謬，以至於沒有人當真。米蘭·昆德拉寫過一本著名的小說《玩笑》，描寫的就是這個道理。有興趣的朋友可以去看看其中深刻的反諷，而昆德拉描寫的那個極權主義政權，現在已經崩潰了。

②表面上看，中共的維穩體制龐大而嚴密，社會控制無所而不在，公路上隨時有警察盤查駕照就是其中一個環節。其他還有很多很多的環節，甚至嚴密到了在敏感時期，連菜

刀也要實名購買的地步。按理說，這樣的統治應當不會崩潰的。然而，為什麼歷史上所有的極權統治都先後崩潰了呢？這個道理很簡單，那就是不管制度多麼嚴格，具體執行的還是每一個個人。當個人不再嚴格執行制度的時候，這個制度就會崩潰。試想，如果這些交警真的具備敵情意識，本來應當繼續盤查作者的，結果他們自己完全不當回事，這，就是體制會出現的漏洞。

中共的維穩體制確實強大，但是卻無法控制每一個具體執行的個人，因為這些人太多了，控制每一個人，需要巨大的成本，即使是中國，也負擔不起這麼大的成本。於是，這些個人中的某一個，一旦造成事故，體制的大堤就會瞬間崩潰。歷史上已經有太多這樣的例證了：中東的茉莉花革命就是因為幾個警察的粗暴執法引起的，台灣當年「二二八」事件的起因，也是某一個執法警察過於粗暴的執法引起的。而在中國，這麼龐大的維穩隊伍，誰能保證每一個人都不出事呢？一旦有一個人失控，就有可能引發民憤，這，就是中共成天戰戰兢兢的原因，也是歷史上極權主義政權最後都走向崩潰的一個內在原因。

二、虛偽的中共意識形態宣傳造成一種畸形的官場現象，有一種很幽默的說法傳神地表達了

這種「上班是共產黨，下班是民主黨」的狀況，意思是說，中共官員上班時間說一些冠冕堂皇的話，下班以後，發牢騷、說怪話、罵娘，而且罵得越來越凶，儼然成了反對中共體制的人士。

要清楚地把握中共官員的思想狀況，必須看到「文革」和「六四」在中國人思想領域產生的影響，主要就是不再認同中共的意識形態宣傳，社會現實更是毫不留情地與這種虛偽到極點的宣傳形成了巨大反差。作為精神化生存的人，中共官員不可能獨立於社會之外，他們對於法制混亂、貧富懸殊、腐敗橫行的事實，所看到的，只會比一般民眾更多。只是因為利益所在，他們對於這個體制，同時又存有依賴甚至維護的心理。

比如說，從高智晟律師被困陝西，最後被迫回京的情形來看，陝西地方官員執行了上級交代的任務，用流氓手段逼走了高智晟，可是在私底下，卻又對高智晟的家人說，他們很理解高智晟所做的事，之所以那麼做也是迫於無奈，請求諒解，並且有位局長向高智晟的家人透露說，當地政府邀請中國政法大學的教授給官員講課，卻沒想到課堂成了對中共惡政的控訴場所，弄得在場的書記市長左右為難。那些監視高智晟的警察將他禮送出境後，「讓我們不要計較，不要以後找他們的麻煩」。

更有意思的是，騷擾高智晟的特務公然對高智晟說：「你不用跟我們講道理，我們就是流氓」。這真是滑天下之稽，恐怕世界上再沒有第二個政權的維護者會如此直白地向對手宣稱自己是流氓了，這說明，就連這些特務，也是「行動上屬於共產黨，思想言論上屬於民主黨」的，這又是另一種奇怪的扭曲和人格分裂現象。

他們作為共產黨的一面，無疑是為了坐穩自己的位置或討好高層官員的歡心以獲取獎賞。然而作為個人，他們在執行公務時，幾乎不可能脫離「共產黨」的一面而服從於「民主黨」的良心。但我們必須看到，這些官員或多或少對這個政權非人性的一面有所厭惡，在這種心態驅使下，他們不會只考慮今天而不顧明天，尤其是，絕大多數中共官員不可能大撈一筆後實現全家移民海外的金蟬脫殼，他們以及他們的子孫後代還要在中國生活，中國的未來，和他仍是息息相關的，在這一點上，他們與少數中共高層既得利益者對未來的考量，是有根本區別乃至衝突的。因此，他們作為「民主黨」的一面，表現的就是對官場失範，法治缺失的一種隱憂。

曾有中共官員對一位異議人士表示：「我們也不滿，好在日子過得下去，就得過且過吧。但是如果你們帶頭上街，我一定隨後跟上。」也許他的想法不能代表全部中共官員的心態，但是我們可以清楚地看到，在迫害人權的過程中，越來越沒有人敢於直接面對被迫害者了，他們總是在躲閃，不願為一個非人性的政權押上自己的未來。

這種躲閃背後蘊含的雙重人格現象，使我們看到「時機一旦成熟，一個赤手空拳的平民百姓就能解除一整個師的武裝」這種前景。因為，在時機成熟的時候，多數官員內心的「民主黨」，會戰勝他自己「共產黨」的一面。就目前而言，這些官員雖然不能「生活在真實中」，但他們在工作以外的時間，已經越來越傾向於說真話了。

等到這些共產黨人在行動上開始反對他內心的「共產黨」時，真正和諧的社會到來，也就為期不遠了。而中國社會，似乎正靜悄悄地為某個時機的成熟做著準備。這，也是我認為中共統治一定會崩潰的原因。

三、

美國著名中國問題研究專家沈大衛在二〇〇八年出版的《中國共產黨：收縮與調適》一書中，曾經總結了導致共產主義政權崩潰的一些基本因素，包括：

> 經濟：經濟停滯；消費貧乏；軍費超支，中央政府支出扭曲；「第二經濟」體系和黑市；與國際貿易和金融體系隔絕；缺乏外國直接投資；一些國家的通貨膨脹；不可兌換的貨幣；資不抵債的銀行部門和債務積壓；落後的農業；低效的中央計劃；執政黨對計劃過

程的干預；不發達和幼稚的市場機制；價格扭曲；補貼和「軟預算約束」；國家壟斷對財產權利的侵蝕；中央和地方幾乎沒有共用的財政收入，但地方由於預算外收入而減少了對土地的依賴；不斷增長的政府財政赤字；蘇聯的「新思維」與匈牙利和南斯拉夫的市場改革；由於新的地方幹部既得利益集團和被賦權的公民，經濟改革開始出現路徑依賴；地方黨政機構（還有軍隊）的新收入來源和隨之增多的政府「尋租」行為。

政治：像戈巴契夫這樣具有變革傾向的改革派領導人；蘇聯的「公開性」；獨立工會的形成；改革精英與公民社會之間的聯繫；馬克思列寧主義思想的去合法化；官員腐敗與執政黨的特權；執政黨執行黨紀能力的下降；在地方黨組織外出現的新政治精英；（各級）幹部在新經濟中獲得既得利益；官僚機構缺乏回應性和效率；權貴的違法亂紀；儘管轉向「技術官僚體制」，但幹部和官僚越來越無能；基層黨組織的衰敗和消失；地方不服從黨中央和中央政府的命令或陽奉陰違；國家公共服務能力的下降。

社會：半獨立或獨立的民間組織（公民社會）的興起；對工作場所和國家的疏離；腐敗的蔓延；勞動力流動性和其他就業機會的增多；對公民的監督和監視的減少；（挫敗的）國

外旅行欲望與物質獎勵的脫鉤（「新傳統」依附結構的衰落）；日趨緊張的勞資關係；零星的社會抗議，罷工和怠工；地方政府控制的法外「稅收」，沒收和收費；建立合法利益表達渠道的壓力。

文化：道德真空以及公眾對政權及其意識形態的不信任；對社會主義文化的漠視和對歷史的改寫——尋找過去；日益不服從的媒體；全球化對大眾文化的影響；道德激勵吸引力的下降；民族關係緊張和地區/民族分離主義的興起；日益高漲的民族主義認同；宗教吸引力的增加。

強制：「黨/軍」關係的衰落——職業軍隊的興起；議會和安全機構對執政黨的不穩定的忠誠；強力機構的腐敗；大眾恐怖和脅迫策略的減少；人權關切的敏感性的增加。

國際：「帝國的過度擴張」；「布列茲涅夫主義」的崩潰；東德和西德之間的「東方政策」；東歐國家日益獨立的外交政策；外部（蘇聯）強加的政黨——國家；全球化。（David L. Shambaugh 北京中央編譯出版社，二〇〇八，P226～228）

如果我們按照這些羅列出來的因素，一一採集數據，對照中國的具體狀況，我相信，你一定會發現，中國的現狀，在很多方面，已經具備了沈大衛所說的共產主義政權崩潰的條件。現在的問題，只是這些條件還沒有發酵而已，但是，絕不代表這些條件不存在。我認為，這是我們認識中國的時候，必須有的清楚認知。

問題 96 張春橋的預言會實現嗎？

二〇一五年七月，一年一度的香港書展上，有一本書引起了外界的廣泛關注。這本書就是香港中文大學出版社出版的《張春橋獄中家書》函裝手跡版附簡體文字版。這本書收錄了張春橋一九八五年到二〇〇三年在北京秦城監獄服刑和在江蘇省江陰地區被監視居住這兩段時期中，寫給家人的五十八封書信，以及旅英作家凱蒂對張春橋長女張維維的訪談。

這本書引起轟動是可以想像的：第一、最近幾年，在中共內部某種勢力的策動下，為林彪平反的聲音此起彼伏，與林彪關係密切並因此也受到牢獄之災的原中共高級將領吳法憲、邱會作，以及陳伯達、王力等「文革」領導人紛紛高調出版個人回憶錄，大肆為自己翻案，但是，儘管所謂「林彪集團」的人馬如此大動作為自己爭取平反，我們卻一直看不到「四人幫」主要成員的類似舉動。這次《張春橋獄中家書》的出版，可以說是第一次，其意義當然重大。

引起轟動的第二個原因，也是因為張春橋這個人。眾所週知，在四人幫中，張春橋是理論水平最高、最具有頭腦的人。毛澤東發動文革，其主要的理論體系，例如「無產階級專政下繼續革命」、「批判資產階級法權」等，都出自張春橋之頭腦。更為大家津津樂道的是，在四人幫被捕之後，一直到中共組織特別法庭對他們進行審判時，張春橋表現得非常淡定從容，在公開的審訊場合他幾乎完全保持沈默，既避免給自己製造麻煩，也表現了對於鄧小平為首的政敵以及特別法庭的輕蔑，那一副城府深奧，老謀深算的樣子，相信所有看過大審判實況轉播的中國人，都印象深刻。

這樣的一個人，他其實在心中應當是有很多話要說的，但是在現實中，他又從來一字不說。現在，他的獄中家書突然面世，洋洋灑灑五十八封之多，談論範圍涉及到往事、時事、讀書心得，以及對社會發展的評論，這樣豐富的第一手材料，對於研究文革歷史的學者、對四人幫成員的內心世界充滿好奇的讀者來說，當然是彌足珍貴的。

我至今沒有拿到這本書，對於全部內容還不了解，但是相關的書評看了一些，引起我興趣的，是他對今天中國發展以及為未來中國走向的一些評論，因為我們不能不承認，張春橋曾經在黨內位居高位多年，對中共內部的政治生態是非常了解的，他又頭腦深刻，相關的評論自然值得深思。而最令我認為有討論價值的，就是他在一九九六年十二月十二日寫給女兒張維維信中的這麼一段話：

「『革命死了，革命萬歲！』——這是馬克思在法國革命失敗後說的一句意味深長的話。只要資產階級和無產階級的矛盾存在，革命就存在。二十世紀發生了兩次大革命（作者註：張在這裡指的是俄羅斯的十月革命和毛澤東領導的中國革命），二十一世界會發生幾次呢？我不是算命先生，我不知道。但是，我相信一定會發生。在你五十歲生日的時候，祝願你下一個五十年過得更好，親眼看看二十一世紀的革命。」

這段話，可以說是張春橋，這個文革思想的主要詮釋者，對於中國二十一世紀發展的政治預言。要解讀這個預言，首先就要了解張春橋在信中提到的「革命」指的是什麼。聯繫前後文的意思，他所預言會在二十一世紀再次爆發的革命，就是基於階級矛盾而必然爆發的以階級鬥爭為主要形式的無產階級革命，換句話說，就是另一場「無產階級文化大革命」。

簡單說，張春橋在他去世之前，通過家書的方式，向外界做了一個大膽的預言：在二十一世紀的中國，還會發生類似「文革」那樣的以階級鬥爭為主軸，以消滅資產階級為目的的政治運動，甚至是腥風血雨的革命。

也許一般的讀者看到這裡會一笑帶過，但是我認為，以張春橋的思考能力，這樣的預言是他深思熟慮的結果，不能當作胡言亂語看待。現在的問題就是，張春橋的預言，會不會成真？

要討論文革是否還會發生，最簡單而可靠的邏輯推演方式，就是回到過去的那場浩劫發起源頭，看看到底是哪些因素導致了文革的發生。然後再看看今天的中國政治，這樣的因素是否還存在或者是否即將重新出現，如果答案為是，那文革再次發生就是有可能的；如果答案為否，那麼文革就不會再發生。以下，我們就逐一分析一下。

一九六六年開始的所謂「無產階級文化大革命」，之所以能成為席捲全國的十年浩劫，原因當然很多，我們不可能一一羅列。但是誰都不能否認，首要的原因，就是對毛澤東的個人崇拜。關於這一點，不僅民間有共識，就連中共，也經由鄧小平的講話肯定了這是文革的主要成因。那麼，今天，是否也已經開始出現個人崇拜的現象了呢？

當然有。那就是中共宣傳部門主導的對習近平的個人崇拜。當然，對習近平的個人崇拜，論程度還遠遠比不上對毛澤東的個人崇拜。不過這也只是現在還沒有發生二次文革的原因之一，並不代表第二次「文革」就不會發生。相反，對習近平的個人崇拜的產生，為第二次文革的產生，已經潛移默化地奠定了基礎。

最明顯的例子就是《人民日報》頭版的版面安排。眾所週知，十二月四日，是全國人大通過的全國憲法日。但是這一天的官方最高權威媒體的頭版十一條新聞和評論，全部是關於習近平會見各類外國來賓的消息以及對習近平思想的論述文章，滿版盡是習近平；以至於網上有人諷刺說：「憲法日這一天的中國，沒有憲法，只有習近平。」而第二版也不遑多讓，竟然有九張習近平接見外賓的照片。這樣的版面安排之荒唐，已經達到了北韓的水平。

如果說第一次「文革」爆發的第一原因是對最高領袖的個人崇拜的話，重要性可以排列在第二位的原因，就是中共全黨上下在意識形態上對所謂「階級鬥爭」的共識。正是因為包括劉少奇、鄧小平在內的高級領導人都認同毛澤東關於「階級鬥爭」的主張，「文革」才會在中國的政治發展中變得順理成章。

而習近平上台以後到今天，「階級鬥爭」的論調又重新開始在中共黨內出現。最有代表性的，就是二〇一四年九月二十三日，中共高層智囊、中國社會科學院院長王偉光發表於求是雜誌社《紅旗文稿》二〇一四年第十八期的《堅持人民民主專政，並不輸理》一文；這篇文章旗幟鮮明地重新提出了「階級鬥爭」的問題。當時至今，很多外界評論都認為，這只不過是中共黨內「左」傾勢力回潮的表現，認為並不一定代表習近平的思想。這是大錯特錯的。實際上，習近平自己也曾經多次發表過類似觀點。例如二〇一四年二月十七日的一次講話中，習近平更加明確地說：「看待政治制度模式，必須堅持馬克思主義政治立場。馬克思主義政治立場，首先就是階級立場，進行階級分析。」顯然，「階級鬥爭」就是習近平心中念茲在茲的基治國本理念。

綜上所述，第一次「文革」之所以產生的主要原因前兩條，在今天的中國都在開始逐漸醞釀。這一切，都是為第二次「文革」創造條件。今天沒有發生的事情，不代表以後不會發生。如果中國沒有辦法阻擋住上述兩種趨勢的發展進度，那麼，張春橋在秦城監獄中的政治預言就會真的成為現實。

問題
97

弗格森預言會實現嗎？

二〇一九年是柏林圍牆倒塌三十週年，回顧當年蘇聯解體，冷戰結束的歷史，頗有驚心動魄之感，因為一切都來得太突然。當時的震驚過後，很多專家學者開始研究前蘇聯的案例，討論為何如此龐大的一個帝國，會以如此突兀的方式幾乎是一夜之間崩潰。最新的分析是美國史丹佛大學胡佛研究所資深研究員弗格森（Niall Ferguson）做出的。他在紀念柏林牆倒塌三十週年的文章中，專門分析了一九八九年柏林圍牆倒塌導致蘇聯為首的社會主義陣營垮台的七大關鍵因素。基於這七大因素，他預言中國的防火牆，必將在未來十到二十年內與柏林圍牆一樣土崩瓦解。我稱之為「弗格森預言」。

弗格森預言是否真的會實現？讓我們來看看他所分析關於前蘇聯瓦解的七大原因，是否與今天中國的發展現狀有相符之處，就可以大致做出一個判斷。

按照弗格森的理論，導致以前蘇聯為代表的社會主義國家政權垮台的七大原因分別是：

①經濟增長停滯將導致體制潰爛；

②中產階級即使不期望民主也不甘接受空洞口號；
③腐敗、低效和環境惡化是一黨制國家的固有特徵；
④再多監視也無法保住一個合法性缺失的政權；
⑤在監視狀態下人人習慣撒謊，從而使災難不可避免；
⑥周邊分裂最終引向系統崩潰；
⑦最後一點，渴望自由和為自由而戰的外部力量引起了柏林圍牆的倒塌。

對比今天中國的狀況，第一條是符合的，因為中國經濟增長的停滯，已經是不可否認的事實；而且在內需無法有效提升的情況下，我們看不到中國經濟恢復活力的可能性。這種狀況已經導致資金外流，體制潰爛的現象初露端倪；第二條卻有不同表現：今天中國的中產階級不一定內心不期望民主，但是對於中共的統治，至少目前，還停留在勉強接受的階段，在沒有替代方案的前提下，中產階級普遍不希望看到政局動蕩，這與前蘇聯和東歐國家一九八〇年代後期經營階層的心態相比，要保守得多；第三條應當說有一半符合，另一半不符合：習近平的反腐敗運動已經被看破手腳，中國的腐敗現象不可能從根本上解決；經濟發展上的低效率也是政府自己也承認的惡；不過需要考量的是，中國在政治上對社會的監控，應當是高效率的。

第四條在目前的中國也沒有全面形成，因為今天中共的數字極權主義掌握著比當年前蘇聯更為簡短的監控技術，至少到目前為止，還是可以維持中共的合法性不受到嚴重的挑戰的；第五條倒是完全符合，香港的問題就是例子：這次香港區議會選舉的結果我想是出乎北京意料之外的，這在很大程度上是主管港澳工作的部門報喜不報憂的結果，因為層層撒謊導致事故發生的機率在中國是非常高的；第六條也基本符合中國的現狀。說「基本符合」，是因為「周邊分裂」的態勢已經形成，但還沒有發展到足以威脅政權的程度，但是未來的威脅會越來越大，是可以預期的；最後一條，引發柏林圍牆倒塌的「來自外部的力量」，曾經幫助北京防火牆的建立，但是現在整個西方世界已經開始反思對於中國的認識，因此這股力量也可以說是在成形和發展之中。

綜合以上分析，弗格森預言的七項要件，對比中國的現實，符合率超過百分之七十，因此在未來實現的可能性是相當大的。但是鑑於還有百分之三十的要素目前還不具備，因此我對於弗格森預言是否能夠在十年這麼短的時間內實現，仍然持保留態度。

問題 98

哪些是可能改變中國的人？

二〇一四年年底開始，中國河南省新鄉市紅旗區小店鎮北街村的村委會進行改選，爭取連任的村委會主任陳紀恩獲得絕對多數票，但是卻被上級政府宣布當選無效。這反映出鄉村民主選舉這個長期以來欺世盜名的所謂「民主實驗」，其實完全是「假民主」——農民可以選舉，但是選舉的結果要當局批准。多年來，很多西方中國問題專家，對於中國的鄉村選舉予以肯定，以為這是中國民主進步的開始，殊不知根本就是被表象所欺騙。

不過，鄉村選舉不是本文的重點。我要講的故事是：為甚麼村民擁護的陳紀恩，卻不被當局所容？陳紀恩到底是什麼人？做了什麼事？

事實上，陳紀恩高票當選，卻被宣布當選無效，原因很簡單，就是因為陳是一個帶領村民積極進行維權活動的地方精英人物，而他的罪名就是兩個字：維權。

二〇〇六年，河南省一天內下發七份〈鄉鎮建設用地批覆文件〉，決定將小店鎮四千多畝農田以「鄉鎮建設用地」的名義予以徵收，其中就包括北街村的一千五百三十六畝耕地。整個小店鎮爆發了幾萬人參加的維權行動，陳紀恩就是帶頭的。二〇〇八年，陳紀恩當選北街村村委會主任之後，發起了復耕運動，帶領村民在劃為建設用地的農地上重新種植莊稼。村民與政府之間進行了長期的抗爭，陳紀恩成為核心領導。二〇一一年村委會換屆選舉，有效票一千兩百八十張，他獲得一千一百一十二張，其在當地的威望可見一斑，但是也因而被地方政府視為眼中釘。

二〇一四年五月三十日，地方法院以「敲詐勒索罪」判處陳紀恩有期徒刑一年零一個月。陳紀恩並未屈服，上訴到新鄉市中級法院。結果中級法院以事實不清為由，撤銷一審判決，將案件發回重審。而這時，七十三歲的陳紀恩已經在看守所裡待了一年零一個月。恢復自由那天，幾百名北街村的村民舉著橫幅和彩旗，在看守所前迎接老村長，橫幅上寫著「老村長您辛苦了」、「討回公道，還我土地」等。陳紀恩走出看守所的大門那一瞬間，鞭炮大作，村民們給他胸前佩戴上大紅花，陳紀恩老淚縱橫。

一直到現在，陳紀恩的村委會主任的資格還未被上級政府批准，辦公室鑰匙都不給他。但是他在村委會大院裡搭起帳篷召集村民會議，已經開始辦公。在競選聲明中他說過：「我一定積極爭取北京高等院校專家學者、新聞媒體的支持，為全村村民爭取利益，為全村村民謀利益，力爭儘快解決土地正義。」

這就是一個普通村幹部陳紀恩的故事，而在我看來，未來可能改變中國的，就是這樣的人。為甚麼這麼說呢？

陳紀恩是中國典型的基層地方精英人物。在中共奪取政權，進行「社會主義改造」之後，作為農村社會結構中樞力量的鄉紳階層被徹底清除，地方精英人物或者被收納進體制，或者被體制從肉體上消滅，這樣，中共的極權體制才得以穩固其在廣大的鄉村地區的統治。

但是現在國家與鄉村的矛盾因為徵地建設的問題日趨嚴重，而幾十年的經濟發展和社會變遷，在基層農村中培養出了新一代精英人物，陳紀恩就是代表。幾年前廣東烏坎事件中帶領村民舉行民主自治選舉的老村長林祖戀也是這樣的人物。這批地方精英人物以維護家園的利益為核心，因為他們的在地性，也很難被當局收買，因此成為事實上的地方領導集團，他們在國家與社會的博弈中必將扮演越來越重要的角色。中國古代皇朝時期歷次農民起義，帶頭的就多是這類人物。

隨著習近平政府所謂新「城市化」的進一步發展，國家與農民就土地徵收問題發生的糾紛會層出不窮，而陳紀恩這樣的地方精英所起的作用，很可能成為迫使中國轉型的重要因素。

在一般的中國評論中，表現出對於中國未來走向民主化的悲觀，是壓倒性的情緒。這種情緒的建立，有一個重要的論據，那就是認為中國人民習慣了奴役的狀態，根本不會站起來反抗專制制度。不僅是旁觀者，就連中國人自己，提到中國的命運，也常常因此而灰心，所謂「哀其不幸，怒其不爭」。

但事實上，這樣的悲觀判斷根本就是錯誤的。這樣的錯誤，表現在兩個方面。一個是歷史虛無主義，表現為忽略已經發生過的歷史，無視在中國歷史上，雖然有餓死幾千萬人都沒反抗的「大饑荒」時期，但是也有西單民主牆、八九民運等大規模反抗運動的事實。這樣的判斷其實是選擇性的判斷，做出這種判斷的人，只會在歷史中尋找對於自己論點有利的證據。

還有一個方面，就是只把大規模的政治反抗運動當反抗，而忽略了日常抵抗的存在，忽略了那些幾乎每天都在發生、小規模，甚至是個人性的，極為草根性質的那些反抗。犯有這種錯誤的人，應當是看看曾經以《華爾街日報》駐京記者身份，長期觀察中國發生的一切變化的張彥（Ian Johnson）的著作《野草：底層中國的緩慢革命》（八旗文化，二〇一六）。通過記述三個底層中國故事——因為老房子被強拆而集體上訴、法輪功信徒的女兒為了給母親伸冤都走上上訪之路、維權律師起訴地方政府向農民徵收苛捐雜稅。作者想告訴外界的，就是中國的普通百姓在生活中表現的堅毅不拔、勇於反抗的一面。

他在書中指出，在中國，「結構性的轉變正在刺耳地進行當中，改變亦勢在必行。改變的推動力主要來自我們鮮少耳聞的人物：決定控告政府的小鎮律師、支持住家遭到政府強制拆除的人，進而挺身而出的律師、嘗試揭露警察暴行的婦女。無論他們是否成功，都在中國布下了改變的種子，協助煽動一場緩慢的革命。」

或者，也可以看看最近在大塊出版社出版的中國作家王力雄的政治預言小說《大典》。在這部以寓言的方式預測中國未來的小說中，作者的立場與張彥一樣，同樣認為底層小人物的反抗，不僅是真正存在的，也是決定未來中國命運的重要變量。用作者的話說就是：其實，「只要有一個想自保的官僚、一個有野心的商人、一個邊疆小警察加上一個政治白癡工程師，就有可能使得原本看上去固若金湯的專制帝國瞬間土崩瓦解」。他的小說就虛擬了這樣的狀況將會怎樣發生。

假如你對張彥的親身觀察和王力雄的長期思考仍舊不願採信的話，也可以張開眼看看最近發生的事情：當北京市政府剛開始大規模暴力驅趕所謂「低端人口」的時候，也是有很多評論認為不會有人站出來反抗。但是沒有多久，我們就在網絡上看到了在十二月十日世界人權日這一天，成百上千的所謂「低端人口」走上北京市宣武區街頭，打出了「保護人權」的橫幅；我們也看到了畫家華湧到現場拍攝記錄這一事件而遭到警方搜捕，結果上百名當地民眾把他包圍在中間不讓警察把他抓走的感人畫面；而除了他之外，還有北京清華大學的十幾名社會學系的九〇後大學生也不顧危險，到現場進行田野調查；我們更看到上百名中國公共知識份子聯名發表公開信，抗議當局的蠻橫做法。難道，這些都不是反抗嗎？

其實，那些認為中國人民不會反抗的論點，忽略了一個非常簡單的道理，那就是：「反抗沒有成功，並不代表就沒有反抗。」中國不是沒有人反抗，只是反抗還沒有成功，如此而已。

問題 100

我對中國未來的主張

長期以來，我們都呼籲國內外的有識之士不能把「改變中國」停留在口號上和情緒性的宣洩上，而是應當提出關於改變的具體的、有建設性和可行性的政策主張，以利於社會各界進行討論，盡快凝聚出民間的共識。這也是我們智庫「對話中國」的宗旨。對於中國的未來，我提出我個人的看法，算作拋磚引玉，與大家分享討論，那就是：

以「新三民主義」改造中國。

所謂：新三民主義就是：「通過土地改革歸還農民土地；通過增加國有企業稅收和壓縮國家行政開支建立國民福利基金，以確保人民可以分享經濟發展的成果；通過言論自由、司法獨立和選舉這三大政治工程保證每個人作為公民的政治權利。概括起來，就是「還地與農民，還利與人民，還權與公民」。

首先，中國的問題，根本還是農村的問題。而今天存在的嚴重的農村問題，很大程度上是農村土地產權不明確導致的。正是因為農村土地的產權現在仍由國家控制，才導致了烏坎村事件這樣因為基層官員濫權圖利引發的糾紛。解決農村的穩定問題，解放農民的生產力，就要在農村地區進行「第二次土地改革」，把土地真正地還給農民。

廣大的農民對此是有強烈的訴求的。二〇〇七年十二月九日，黑龍江省富錦市東南崗村等七十二村四萬農民向全國公告，宣布擁有土地所有權，表示：「土地是農民的命根子，是農民最大的人權。」十二月十二日，山西省大荔縣，華陰市，潼關縣七十六個行政村約七萬回遷農民向全國公告：「我們三縣市約七萬農民現在共同決定收回我們的土地所有權，我們將組織起來直接按農民平均畝數劃歸各戶永久佔有，結束各級官員多年來的非法佔有私分行為。」十二月十五日，江蘇省宜興市省莊村一百五十戶農民向全國公告：「永久所有宅基地，在自己的土地上實現『居者有其屋』」。這些民眾的訴求雖然被壓抑了下去，但是早晚，新政府必須解決這個問題。

解決的方法就是：在提供有效土地保護機制的前提下，允許土地自由流轉，向私有化努力。

其次，今天中國經濟發展的最大問題，就是發展模式，還是依靠投資拉動，而不能依賴社會的內需維持成長。癥結之一，就是整個社會的福利制度建立不起來，人民在承擔住房、醫療、教育和保險四座大山的同時不可能有能力進行消費，換句話說，四十多年改革開放帶來的經濟增長成果，人民沒有能夠按照比例原則充分分享到。這個問題最突出地現在國有企業的問題上。

今天的中國，國有企業每年純利達上萬億元，但是上繳給國家的利潤只有數百億元，占全部利潤的比例不到三%。我主張，國有企業的利潤，應當讓全民分享。如果直接分配股權可能存在技術上的困難，那麼至少可以把國企利潤的大部分上繳國家，列入社會保障體系和教育的預算之中，以這種方式讓人民分享。

二○一○年國企純利二萬億元，而根據人民日報二○一一年二月二十一日報導，國企利潤與上年相比，增加三十七·九%，但是全部國企上繳給國家的利潤只有四百四十億元，僅僅占全部利潤的二·二%。中國人民枉背了一個全球最賺錢銀行、全球最賺錢電信公司、全亞洲最大石化企業的虛名。十四億人中有多少人享受了自己作為股東的國企成果？

美國耶魯大學經濟學教授陳志武先生曾經建議：將國有資產、國有股權民有化。即成立國民權益基金，將剩下的國有企業股份裝入其中，央企放到全國國民權益基金，地方國企放到各省的國民權益基金，然後將這些基金股份均分到老百姓手裡，讓全國公民分享經濟增長的財富效應。對此我深表贊同。

此外，也不可忽視浪費公帑的問題。全國政協委員任玉嶺早在二○○六年兩會期間提交的提案中就指出：從一九七八年到二○○三年，二十五年之間，我國行政管理費用已經增長七十八倍。行政管理費用占財政總支出的比例，從四·七一%上漲到十九·○三%；然而這個比例在日本是二·三八%，英國是四·一九%，美國是九·九%，韓國是五·○六%。

新華網說：中國每年公款吃喝達八千億元。人民網說：中國每年公車支出每年超過兩千億元。這些錢如果能夠拿出來建構社會保險機制，應當是綽綽有餘的。換句話說，如果能夠大幅度壓縮行政開支，其實足以解決建設福利國家所需的基本經費。

最後，我認為，在中國，經濟的問題歸根結底是政治的問題。人民普遍不滿的腐敗問題，實際上是政治權力過分集中在一個政治利益集團手中的結果。解鈴還須繫鈴人，解決社會矛盾，必須進行政治改革，這已經不僅是民間的呼聲，連中共高層也不斷有類似的呼籲。我們認為，開放報禁，讓人民通過輿論監督制衡利益集團可以有效克服改革阻力；通過體制改革讓司法系統能夠真正獨立，可以紓解部分社會矛盾，並抑制地方政府的濫權行為；通過逐步推展的普選讓社會的政治能量能夠在有序的範圍內啟動，這些都是有利於中國的穩定和平轉型的。

總之，所謂的「政治改革」，從綱領上講，以主權在民、法治主義、開放社會、多元價值、制衡原理、充分自由、全民參與為原則，以憲政體制、責任政治、言論自由、資訊公開、媒體監督、文官中立，司法審查獨立，定期選舉、軍隊國家化、社會福利為主要內容，以理性協商、服從多數、尊重少數、容忍異己、程式正義為實現的重要方式，建立一個「自由、公正、繁榮、穩定」的新中國。

當然，以上意見只是非常框架性的主張，我希望有更多的人能站出來，以一個公民的立場對於國家發展的未來方向提出更具體的方案。

渠成文化 王丹自選集8

百問中國
——你所不知道的強國假面與真相

作者：王丹
圖書策畫：匠心文創
發行人：陳錦德
出版總監：柯延婷
專案主編：謝政均
美術設計：Dot SRT 蔡尚儒
編輯校對：匠心文創
E-mail：cxwc0801@gmail.com
網址：www.facebook.com/CXWC0801
出版日期：2021 年 10 月 初版一刷

總代理：旭昇圖書有限公司
地址：新北市中和區中山路二段 352 號 2 樓
電話：02-2245-1480（代表號）
印製：安隆印刷
定價：新臺幣 350 元
ISBN：978-986-06084-9-6

企製好書匠心獨具 · 暢銷創富水到渠成

國家圖書館出版品預行編目（CIP）資料

百問中國：你所不知道的強國假面與真相／王丹著 · ——初版 · ——臺北市：匠心文化創意行銷有限公司，2021.08，368 面；14.8×21 公分 · ISBN 978-986-06084-9-6(平裝)
1. 中國大陸研究 2. 言論集

574.1 110014378

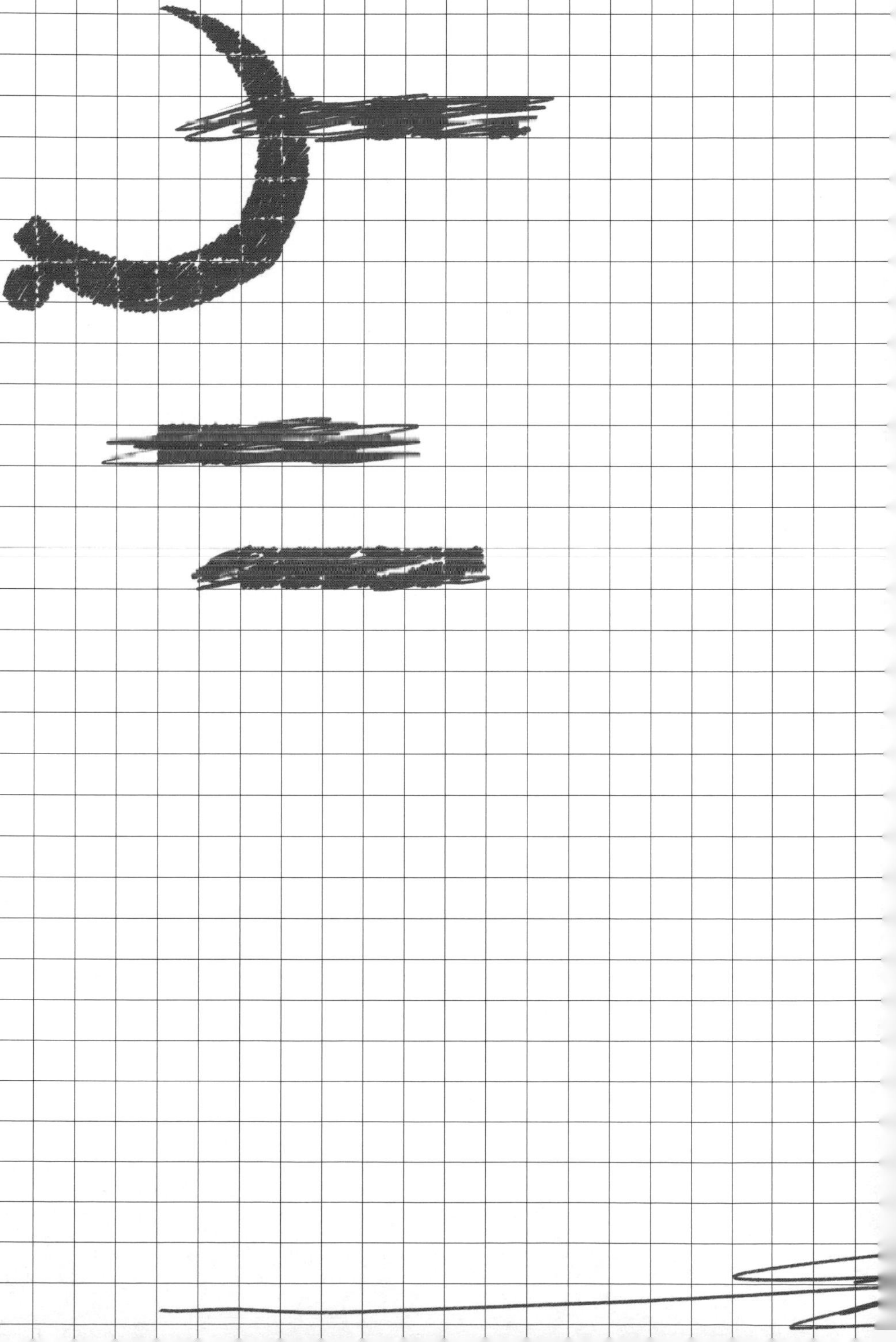

IV 關於中國的

西藏和新疆問題

香港

IV 關於中國的民主運動